STATE GRID GREEN SUPPLY CHAIN

国网绿色现代数智供应链
—— 知识体系丛书 ——

供应链采购管理

国家电网有限公司 组编

中国电力出版社
CHINA ELECTRIC POWER PRESS

内 容 提 要

本书是对国家电网有限公司供应链采购管理创新与实践的系统提炼，在阐述采购与供应链基本理论、采购管理体系、招标与非招标基础知识等供应链采购理论基础上，系统总结了国家电网有限公司采购组织与管理体系、数智化转型应用、采购实践与创新等内容，以基础理论与实践案例相结合的形式，总结凝练近年来国家电网有限公司在采购集约化、数字化、智能化、绿色化方面的实践经验。

本书紧贴供应链采购管理工作实际，突出规范性、创新性和可操作性，可作为招标采购专业者的日常业务工具书，也可供企业和供应链采购相关从业人员学习参考。

图书在版编目（CIP）数据

供应链采购管理 / 国家电网有限公司组编. -- 北京 : 中国电力出版社, 2024. 12. -- (国网绿色现代数智供应链知识体系丛书). -- ISBN 978-7-5198-9056-8

Ⅰ. F426.61

中国国家版本馆 CIP 数据核字第 20242PX443 号

出版发行：中国电力出版社
地　　址：北京市东城区北京站西街 19 号（邮政编码 100005）
网　　址：http://www.cepp.sgcc.com.cn
责任编辑：穆智勇（010-63412336）　苗唯时
责任校对：黄　蓓　马　宁
装帧设计：张俊霞
责任印制：石　雷

印　　刷：三河市万龙印装有限公司
版　　次：2024 年 12 月第一版
印　　次：2024 年 12 月北京第一次印刷
开　　本：787 毫米×1092 毫米　16 开本
印　　张：14.5
字　　数：251 千字
定　　价：90.00 元

丛 书 编 委 会

主　任　季明彬

副主任　卓洪树　任伟理　王增志　宋　岱

委　员　孙　浩　宋天民　易建山

丛 书 专 家 组

组　长　何黎明

副组长　蔡　进

成　员　王书成　胡凌云　汪希斌　张志军　赵　辉
常朝晖　董健慧　季楷明　朱长征　刘雪飞
刘伟华　朱翔华

特邀审稿专家

何明珂　刘晓红　胡江云　王喜富　高红岩
苏菊宁　孔继利

丛书编写组

主　编　卓洪树

副主编　孙　浩　宋天民　易建山

成　员　杨砚砚　陈　广　张　柯　熊汉武　龙　磊

赵海纲　王培龙　胡　东　赵　斌　杨志栋

孟　贤　黄　裙　储海东　谭　骞　陈少兵

刘俊杰　樊　炜　陈石通　周亦夫　张新雨

丁　昊　朱迦迪　刘明巍　李　屹　尹　超

何　明　吴　强　李海弘　张　兵　王光旸

陈秀娟　王　健　孙启兵　张　瑞　孙　扬

孙　萌　于　胜　戎袁杰　张元新　胡永焕

厉　苗　吴　臻　纪　航　刘　昕　丁亚斐

贾成杰　许沛丰　王宇曦　王延海　侯立元

牛艳召　曾思成　党　冬　黄　柱　宋述贵

张　斌　何　灵　汪　琨　满思达　张　昊

郝佳齐　姜旭航　王　玮　仇爱军　郭　振

周晓炯　孔宗泽　赵红阳　王　聪　王银洁

李明哲　杨　凯　邹慧安　孙宏志　李洪琳

骆星智　李俊颖　赵　钰　时薇薇

本册编写组

组　　长　宋天民

副组长　商　皓　梅仉和

成　　员　赵海纲　龙　磊　王培龙　陈少兵　谭　骞
刘俊杰　黄　柱　宋述贵　党　冬　张　斌
何　灵　王　健　陈秀娟　孙启兵　王　曦
于　涛　张丽敏　赵宇思　曾丹乐　张　倩
程艳从　李　贺　郭伟东　候小虎　韩　悦
吕晓青　吴　浩　胡恺锐　卢　晶　王广江
江天博　周　程　黄雪涛　孙若萱　屈章彬
邓晨凤　张　珏　苏荣臻　吴　玲　李　雷
梅　晋　吴承伟

特邀专家　张志军

Foreword
序　一

随着全球一体化的程度越来越高，市场竞争不断加剧，供应链管理已成为经济和社会活动中的一个重要组成部分。供应链管理发展到今天，早已突破企业之间、产业之间的边界，成为国家竞争力的重要体现，也是国家之间合作与博弈的热点焦点。以习近平同志为核心的党中央高度重视供应链建设工作，作出了提升供应链现代化水平和自主可控能力、提高供应链稳定性和国际竞争力等系列决策部署，为中央企业供应链发展指明了方向。党的二十届三中全会再次强调“健全提升产业链供应链韧性和安全水平制度”“打造自主可控的产业链供应链”“健全绿色低碳发展机制”“推动产业链供应链国际合作”。国务院国资委对中央企业在建设世界一流企业中加强供应链管理提出明确要求。国家电网有限公司全面贯彻党中央、国务院指示精神，聚焦供应链数智转型、绿色低碳、协同发展，创新打造国网绿色现代数智供应链管理体系，支撑经济和社会高质量发展。

作为关系国民经济命脉和国家能源安全的特大型国有重点骨干企业，国家电网有限公司始终坚持以习近平新时代中国特色社会主义思想为指导，坚持问题导向、目标导向和系统观念，推动公司和电网高质量发展，保障电力供应、促进能源转型、支撑和服务中国式现代化建设。在改革和发展过程中，国家电网有限公司紧紧围绕党中央、国务院关于推动产业链供应链优化升级重大决策部署，持续推动供应链创新发展，特别是从 2022 年起，创新构建具有“协同化、智慧化、精益化、绿色化、国际化”特征的国网绿色现代数智供应链管理体系（简称“国网绿链”），以平台为着力点、采购为切入点、整合为突破点，实施“绿链八大行动”，形成“标准引领、需求驱动、数智运营、平台服务”的绿色数智发展新业态，提效率、增效益、促效能，有效提高了采购和供应链资源保障能力、风险防控能力、价值创造能力和行业引领能力，确保产业链供应链安全稳定。

国网绿链聚焦供应链数智转型，用链式思维创新生产组织服务方式，以实物 ID

为纽带，实现“一码贯通，双流驱动”，建设供应链公共服务平台，建立供应链基础大数据库、高端智库，打造能源电力产业链供应链统一“数据底座”，有效打通创新链、资金链、人才链、价值链，推动全链业务实现跨专业、跨企业、跨行业数字化交互和智能化协同，促进形成新质生产力，服务能源电力产业链供应链高质量发展。国网绿链聚焦供应链绿色低碳，将绿色、低碳、环保的理念和技术融入供应链全过程、各环节，构建绿色低碳标准、评价、认证体系，印发央企首个《绿色采购指南》，深入实施绿色采购，推动能源电力领域技术创新、装备升级、节能减排和环保循环，助力形成绿色产业集群，构建供应链“全绿”“深绿”生态，服务能耗“双控”向碳排放“双控”转变。国网绿链聚焦供应链协同发展，充分发挥国家电网有限公司作为能源电力产业链“链长”和供应链“链主”的超大规模市场“采购引领”作用，大力营造公开、公平、公正和诚实信用的招投标环境，倡导行业向绿色低碳、数智制造转型升级，推动产业链供应链高质量发展，助力构建协同共赢的供应链生态，促进全国统一大市场建设，推动新发展格局落地。

在供应链变革与重构的新格局中，供应链体系的价值逐步得到体现。国家电网有限公司在构建国网绿链的过程中，不断总结实践经验和创新成效，提炼超大型企业供应链发展的方法论，形成了国网绿链的理论及知识体系。本套丛书是国网绿链知识体系的精髓，既涵盖全社会供应链先进管理体系、流程、方法和技术，又突出了国网绿链的创新特色成效。希望以丛书的出版为契机，搭建共享交流平台，为大型国有企业探索现代供应链实践提供借鉴。诚挚欢迎关心关注供应链发展的社会各界人士提出宝贵意见。国家电网有限公司将持续深化绿色现代数智供应链管理体系建设，加快建设具有中国特色国际领先的能源互联网企业，为以中国式现代化全面推进强国建设、民族复兴伟业作出更大贡献！

国家电网有限公司副总经理 

Foreword
序　二

当今世界正经历百年未有之大变局，国际金融市场动荡、经济全球化遭遇逆流、部分国家保护主义和单边主义盛行等不利局面正冲击现有经济秩序，全球产业链供应链面临着快速重构的风险。大国之间对供应链主导权的争夺进入白热化阶段，区域化阵营化竞争手段正逐步取代以往市场化竞争，产业链供应链韧性与安全成为供应链布局的重要考虑因素，数智化、绿色化成为供应链转型的国际共识。

习近平总书记高度重视产业链供应链发展建设工作，在党的十九大报告中首提现代供应链，将其作为深化供给侧结构性改革、发展现代化经济体系的重要组成部分。党的二十大报告中明确提出“着力提升产业链供应链韧性和安全水平”，是以习近平同志为核心的党中央从全局和战略的高度作出的重大决策部署。《中华人民共和国国民经济和社会发展第十四个五年规划和2035年远景目标纲要》也提出了“分行业做好供应链战略设计和精准施策，形成具有更强创新力、更高附加值、更安全可靠的产业链供应链”。2023年国务院国资委印发的《关于中央企业在建设世界一流企业中加强供应链管理的指导意见》中进一步明确了供应链管理的重要性。二十届三中全会公报中进一步强调了要“健全提升产业链供应链韧性和安全水平制度，健全促进实体经济和数字经济深度融合制度”。

在此基础上，全社会供应链思维明显提升，各企业大胆创新、积极探索，有利地推动了企业供应链国际化、绿色化、智能化水平持续提升，形成了一批先进实践经验。一批供应链领先企业迅速成长，围绕全球采购、生产、分销、物流等全面布局，在充分利用国际国内两个市场、两种资源等方面，起到了积极示范引领作用。随着习近平生态文明思想的贯彻落实，碳达峰、碳中和目标设立，建立健全绿色低碳循环发展的经济体系，已逐步由愿景走向现实。构建绿色供应链，需要国有企业主动承担绿色转型领头责任，引导企业做好业务发展与社会责任的有机平衡，将绿色可持续发展嵌入供应商选择、生产、物流、再生资源回收利用等全流程各环节。加快发展新质生产力，推动企业数字化转型提速，促进数字技术与实体经济融合，对企业供应链管理提出了新的要求。

作为关系国计民生的特大型国有骨干企业和全国供应链创新与应用示范企业，国家电网有限公司深入贯彻落实党中央、国务院关于推动产业链供应链发展相关重大决策要求，充分发挥知识资源对供应链创新发展支撑服务作用，构建绿色现代数智供应链管理知识体系，有效吸收了当前国际、国内主流知识体系精华，在总结自身成功的供应链管理实践案例基础上，结合中国能源行业产业链供应链发展特色，编写出这套兼具国际视野与中国特色、专业知识与企业实践相结合的知识体系丛书。该套丛书依托其特色优势，不仅能激励和引领国内企业持续创新供应链管理理念和方法、全面提升供应链管理现代化水平、助推我国现代供应链高质量发展，亦可作为培训教材培养一批具有先进供应链管理经验的高级专业人才，为指导提升我国供应链从业者业务能力水平作出贡献。

实现世界一流企业的发展目标任重道远。在此，我向大家推荐《国网绿色现代数智供应链知识体系丛书》，希望该系列丛书能够给各行业企业尤其是能源企业供应链从业者提供借鉴和帮助，进一步引导我国各行业企业供应链管理水平不断提升，促进我国产业链供应链高质量发展。

中国物流与采购联合会会长 何黎明

Foreword 序 三

随着经济全球化和网络化的发展，新供应链理念已经成为促进全球领先企业及其上下游企业实现资源优化配置、提升运营效率、提高核心竞争能力、适应全球市场发展要求的重要途径和手段。当前，我国正在深化供给侧结构性改革，经济已由高速增长转向高质量发展。受逆全球化、贸易保护等多重因素影响，全球供应链加速调整和重构，不稳定性和不确定性显著增加，供应链保障已经成为国家战略安全的重要组成。中央企业在国家产业链供应链体系建设中具有不可替代的地位，也承担着义不容辞的责任。

国家电网有限公司作为关系国民经济命脉和国家能源安全的特大型国有重点骨干企业，始终坚持以习近平新时代中国特色社会主义思想为指导，牢牢把握能源保障和安全这个须臾不可忽视的“国之大者”，全面贯彻落实国家战略部署要求，主动顺应信息技术发展潮流，围绕“绿色、数字、智能”现代化发展方向，打造具有行业领先地位和示范作用的绿色现代数智供应链管理体系，为推动国家电网有限公司高质量发展，支撑和服务中国式现代化提供了优质高效的供应链服务保障。

国网绿色现代数智供应链管理体系不仅提升了企业自身的供应链管理水平，在推动行业内乃至社会的供应链发展方面也有重要意义。

一是发挥“排头兵”的示范作用，为超大型企业供应链管理创新提供借鉴。对于国有企业来说，传统的供应链管理已经无法适应市场的需求，标准化、集约化、专业化、数字化、智能化是供应链转型的大方向。国网绿链坚持管理创新和科技创新双轮驱动，推动了供应链绿色化、数字化、智能化、现代化转型，在有效提升自身供应链运营水平的同时，为能源电力产业链供应链资源整合、提质增效、转型发展贡献了巨大力量，这些改革和创新经验为国内外企业的供应链创新发展提供了“国网方案”。

二是推动电工装备行业发展，带动产业链供应链价值提升。国家电网有限公司是全球最大的公用事业企业，处于产业链供应链的核心枢纽和链主地位。国网绿链充分发挥了超大规模采购的市场驱动力，用需求引领跨行业、跨平台、跨企业的专业化整合，不仅助力了全国统一大市场建设，还带动了全供应链绿色低碳、数智转型，营造和谐共赢的供应链生态圈，推动能源电力装备制造业乃至供应链上下游企业提档升级。

三是有效提升稳链固链能力，助推国家战略落地。国家电网有限公司作为全球电力领域的领跑者，利用国网绿链这个“火车头”，一方面引领了能源电力供应链产业链创新与变革，提升了供应链产业链韧性和安全稳定水平；另一方面带动了中国能源电力行业走向国际市场，加快我国的供应链标准和模式“走出去”，确保全球供应链的开放、稳定、安全，积极建设全球能源互联网，推动“一带一路”沿线经济带发展，助力构建人类命运共同体。

中国供应链发展要找到属于自己的道路，依靠的正是各行各业供应链从业者不断地探索和创新，众多的“先行者”为推动中国供应链事业发展，形成具有中国特色的供应链管理理论作出了重要贡献，而国家电网有限公司正是其中的“领头雁”。

《国网绿色现代数智供应链知识体系丛书》全面研究世界一流供应链发展方向和国家电网有限公司供应链应用经验，系统阐述了绿色现代数智供应链发展理论支撑、管理体系框架、战略要素构成、业务运营实践方面的创新思路及成效，相信来自各界的读者，无论是企业管理者，还是政策制定者，都能够从这套丛书中收获新的思路和启发。希望国家电网有限公司进一步以世界一流目标为指引，以央企的时代情怀，在供应链创新与应用中，进一步发挥“大国重器与压舱石”作用，在推动国家经济高质量发展中勇当标杆、率先垂范，为中国经济高质量发展作出更深层次的思考和更大的贡献。

中国人民大学商学院教授 

Preface 前 言

国家电网有限公司坚决贯彻党中央、国务院战略部署，落实国资委《关于中央企业在建设世界一流企业中加强供应链管理的指导意见》，创新构建绿色现代数智供应链，持续推动物资管理水平提升。在此基础上，结合内外部环境需求，总结绿色现代数智供应链建设经验，构建了国家电网有限公司绿链知识体系，这是加强绿色现代数智供应链管理体系建设的一项重要举措，也是能源电力行业的首创。

《国网绿色现代数智供应链知识体系丛书》是深化国家电网有限公司绿链知识体系建设、打造供应链专业化人才队伍的重要抓手。丛书紧跟供应链专业化发展新趋势，将国际、国内前沿供应链管理理论与国家电网有限公司供应链管理创新实践相结合，以“理念先进、内容全面、专业实用、创新发展”为原则，既具备普适性，又体现创新性，既涵盖国际通用的供应链六大基础要素，又延伸覆盖规划设计、施工安装、运行维护等要素，形成具有国家电网有限公司特色的供应链九大要素。丛书采用一总册九分册形式，其中总册为《绿色现代数智供应链》，九分册分别为《供应链需求与计划管理》《供应链采购管理》《供应链物流管理》《供应链合同管理》《供应链质量监督管理》《供应链供应商关系管理》《供应链精益运营》《供应链风险管理》《供应链标准化与数智化管理》。

丛书既面向国家电网有限公司内部，为公司供应链从业人员夯实基础、拓展视野、提升水平、指导实际操作提供指引，又面向产业链供应链链上企业，为相关供应商、服务商、物流商理解绿色现代数智供应链理念和管理要求建立有效途径，促进供应链上中下游利益相关方深化协作，带动链上企业共同发展。同时可供各行业供应链管理人员学习和交流参考，促进共同提升全社会供应链管理水平，推动国家加快构建现代供应链管理体系。

本书是丛书的《供应链采购管理》分册，主要介绍了采购与供应链基本理论、采购管理体系、招标与非招标基础知识等供应链采购理论，并基于国家招投标管理有关法律法规、供应链采购管理理论等内容，以绿色现代数智供应链建设为主线，全面总结了国家电网有限公司在供应链采购管理上的创新实践做法。

在章节分布上，本书系统性地梳理了供应链采购管理理论基础，以及国家电网有限公司在采购组织与管理体系建设、采购数智化转型应用、绿色采购管理等方面的实践经验，并精选了部分典型案例，多维度、多方面地展现了国家电网有限公司在采购集约化、数字化、智能化方面取得的成效。同时，结合绿色化、数智化的现代供应链发展思路，对未来供应链采购管理工作进行了一些前瞻性的思考。

本书在编写过程中，得到多位同行及内外部专家的指导和支持，在此表示诚挚的感谢。限于编者水平，书中不足之处在所难免，恳请各位专家、读者提出宝贵意见。

编　者

2024 年 11 月

国网绿色现代数智供应链知识体系丛书

供应链采购管理

Contents

目 录

序一

序二

序三

前言

第一章 采购与供应链概述 …… 1

第一节 采购基本理论 …… 2

第二节 采购管理与供应链管理 …… 9

第三节 集团化企业的采购管理 …… 14

第二章 企业采购管理体系 …… 21

第一节 企业采购管理组织架构 …… 22

第二节 企业采购环节管理 …… 26

第三节 企业采购绩效管理 …… 34

第三章 企业招标采购 …… 36

第一节 招标投标概述 …… 37

第二节 工程建设项目强制招标制度 …… 43

第三节 企业招标采购管理 …… 48

第四章 企业非招标采购 …… 67

第一节 采购方式的选择 …… 68

第二节 非招标方式采购代理服务规范 …… 70

第三节 国有企业采购操作规范 …… 78

第五章 国家电网公司采购组织与管理体系……80
第一节 国家电网公司采购管理简述……81
第二节 国家电网公司采购组织体系……89
第三节 国家电网公司采购制度体系……95
第四节 国家电网公司采购法律保障体系……98
第五节 国家电网公司采购监督体系……100
第六节 国家电网公司评标专家管理……103
第七节 国家电网公司招标代理机构管理……106
第八节 国家电网公司供应商管理……108
第九节 国家电网公司评标场所管理……114
第六章 国家电网公司采购实践……119
第一节 国家电网公司采购业务概况……120
第二节 国家电网公司采购业务实践……121
第三节 国家电网公司采购实践案例……141
第七章 国家电网公司采购创新……156
第一节 采购标准化建设……157
第二节 采购数据结构化……161
第三节 采购数智化转型……165
第八章 国家电网公司采购展望……181
第一节 采购导向绿色升级……182
第二节 采购助力全寿命周期管理……198
第三节 采购协同技术发展……207
参考文献……213

第一章

采购与供应链概述

采购和供应链是密切相关的一组概念，相互依存、相互关联。采购是供应链的重要组成部分，它是指供应链中从供应商处购买所需物资、原材料或成品的环节。采购环节的决策会直接影响供应链的效率和成本，而供应链的优化又需要采购策略的支撑。采购和供应链都需要关注市场和客户需求，并根据市场的变化及时调整采购供应策略和流程。在实践中，采购部门需要密切配合供应链部门，共同制定采购策略和供应链流程，以确保供应链的高效、稳定、安全和可靠。

第一节 采购基本理论

一、采购概述

采购是指采购主体基于消费、生产或转售等目的，从组织外部有偿获取资源的经济活动。根据采购主体的不同，采购可以分为个人采购、企业采购和公共采购等。个人采购是为了满足个人需求而进行的采购；企业采购是为了满足企业生产经营活动或实现企业战略目标而进行的采购；公共采购是为了满足政府机构日常需要或为社会公众提供基础设施、公共服务需要而进行的采购，包括政府采购及其他公共采购。采购工作的内容不仅限于交易本身，还包括采购需求研究、采购计划、安排和决策，以及采购交易之后的检验、监督及纠正等。

（一）采购目标和原则

1. 采购目标

采购是个人或企业在一定的条件下从供应市场获取产品或服务，作为自己的资源，以满足自身需要或保证生产、经营活动正常开展的一项经营活动。采购活动应满足优价、优质、及时、稳定等基本目标。不同的采购主体，或者同一采购主体在不同发展阶段，追求的采购目标也有所不同。

（1）个人采购的目标。个人采购的目标与其生活水平密切相关。当生活水平处于贫困与温饱阶段时，其采购目标通常以价廉和及时为主，体现了个人采购对价格和时间的追求；当居民生活水平进入小康阶段后，个人采购目标转向“物美”，体现了个人采购对质量的追求；如果居民生活水平进入到富裕阶段，享受性、发展性、奢侈性采购会陆续出现，其采购目标也将出现个性化、多样性的特点。

（2）企业采购的目标。企业采购是为企业的生存发展服务的，比个人采购要复杂得多，相应地也有了更多的目标。除了对质量、价格和时间的需求外，企业还会按照国家法律法规及企业自身发展战略，在降低风险、与特定企业建立或维持伙伴关系、节能减排、保护环境、承担社会责任等方面，提出更多采购目标。

（3）公共采购的目标。公共采购的目标更趋多样化。公共采购的目的是为了满足公共事务管理和服务的需要，公共事务管理和服务的对象是全体社会公众。社会公众的广泛性和公众需求的多样性，决定了衡量公共事务管理和服务有诸多标准，如是否优质、高效，是否实现了社会公平正义乃至国家安全等目标。由于使用公共资金，与企业采购相比，公共采购还增加了反腐倡廉、支持国货、扶植中小企业等为国家特定的政治经济政策服务的目标。

2. 采购的原则

采购原则是为采购目标服务的，采购目标的多样性决定了采购原则的多样性。常见的采购原则包括公开、公平、公正、诚实信用、竞争、择优、科学、经济、效益、效率等。

个人采购、企业采购与公共采购的原则会有很大差别。针对某一次特定的采购活动，或某次特定采购的特定阶段，采购人要在各项采购原则中进行权衡和取舍。

3. 采购的制约因素

采购目标能否实现，受到各种主客观因素的制约和影响，包括资金、时间方面的限制，市场供应情况，采购人的经验和能力，采购工具及相关的法律法规等。个人采购、企业采购和公共采购在制约因素方面的差别，主要体现在采购工具和相关法律法规、规章制度等方面。

采购工具是指采购方式、评价方式、评价因素、合同类型等与具体的采购环节相关的方法、程序或格式等。与个人及企业采购相比，公共采购的采购工具具有多样性和规范性的特点。

在公共采购领域，我国同时存在《中华人民共和国招标投标法》和《中华人民共和国政府采购法》两部法律。

4. 采购目标的实现

采购目标多元化是采购的重要特点之一。针对某一次特定的采购，采购人面临的首要工作就是对采购目标进行鉴别、权衡和取舍，即确定本次采购的主要目标和次要目标，据此明确采购原则，制订采购计划，实施采购程序。在采购实践中，采购人员需要在公共采购法律框架内，根据一定市场条件对各种采购原则进行权衡和取舍，有效地使用各种采购工具完成特定的采购目标。

在采购实践中，不同采购原则达到的目标并不一致，有时甚至会产生矛盾。例如，公开采购通常可以促进竞争，而有效的竞争可以提高资金的使用效益，提高投入产出比；但公开采购会增加采购成本、延长采购时间。因此，遵循公开原则和遵循效益原则之间就存在一定冲突和矛盾。采购人员经常面临的任务是平衡和优化好各项采购原则之间的矛盾。

在平衡和优化各项采购原则时，采购人员应了解采购工具、市场及法律法规等制约因素。对于企业采购人员来说，最关键的制约因素是法律法规和采购内控管理制度。法律法规和采购内控管理制度赋予了采购人员权限，决定了采购人员在企业采购活动中发挥主动性、灵活性和创造性的程度和界限。

采购的目标、原则和制约因素之间的关系并不是孤立的，而是互相联系的。在采购实践中，很多采购人员没有正确认识三者之间的辩证关系。常犯的错误有两类：①仅考虑采购目标的实现，忽视了法律法规的要求和规范，任意地行使和发挥自身的权力；②忽视了采购的目标，不对采购原则进行权衡和优化，以为只要采购行为符合法律制度的要求就圆满地完成了采购工作。采购人员在制订采购方案时，应当整体看待采购目标、原则和制约因素三者之间的联系，平衡好各项采购原则，在法律制度框架内选择、应用好各种采购工具，最终实现采购目标。

（二）采购相关原理应用

企业采购人员应当了解和掌握建立采购机制的内在动因，从而在采购实践中更加有效地运用其中的原理和规律，最大限度地实现采购目标。本节对于企业采购相关理论（详见二维码）进行简要介绍，具体包括博弈论、公共选择理论、委托—代理理论、交易成本理论、资金时间价值原理。

二、采购组织形式

采购是企业运营中不可或缺的一环，涉及企业的成本、质量、供应链等诸多方面。为了更好地开展采购业务，企业需要选择合适的采购组织形式和采购方式。

采购组织形式是指企业采购活动的组织实施方式，包括集中采购（简称集采）、分散采购和混合采购。

（一）集中采购形式

集中采购是指企业将采购活动集中在某个特定的部门或机构实施，以实现采购的规模效益和专业化管理。目前，国内大型企业大多成立了专门的集中采购中心，统一管理和实施企业采购工作。企业集中采购具有有利于发挥规模采购效应、规范采购行为、优化供应链管理、推进采购标准化和信息化、提高货物和服务质量等显著优点。

集中采购形式也存在一些缺陷，主要有：

（1）增加采购工作环节，降低采购效率。为实施集中采购，企业往往需要成立独立的集中采购中心或指定专门机构统一组织采购活动。因此，在使用单位和集中采购机构之间增加了委托—代理关系。同时鉴于集中采购机构的职能所限，还需要增加采购审批环节。

（2）集中采购往往按批次组织实施，时间相对固化，难以满足部分采购项目在时间方面的个性化需求。

（3）集中采购过程较长，不适用需求时间紧迫、难以形成规模效应的低值零星小额采购。

（4）在委托—代理关系下，集中采购实施机构与使用单位各自关注角度不同，双方协调沟通成本较大。

（5）集中采购实施单位与使用单位的管理责任关系较难界定，容易造成责任推诿。

集中采购适用于企业集团或跨国公司中能够形成一定规模优势的大宗、批量且标准化程度较高的同类货物和服务，但难以满足部分采购项目在时间方面的个性化需求，不适合需求时间紧迫、价值低、数量小的零星采购项目。因此，企业应根据采购标的需求特征实行分类管理，发挥集中采购优势，降低集中采购弊端。

（二）分散采购形式

分散采购是指企业的采购活动分散在各部门或下属各公司，由下属各部门或各公司自行组织采购的一种采购组织形式。在分散采购形式下，也可由下属各部门或各公司委托的专业机构组织实施采购。

对于集团化企业来说，分散采购能适应不同地区市场环境变化，对市场反映灵敏，购销迅速。此外，由于需求部门或下属机构直接拥有采购权，分散采购也有利于提高采购单位和采购人员的工作积极性和责任心。但是，分散采购也有很多难以克服的弊端，主要有：①下属机构或公司各自为战，集团公司系统内同一采购标的难以形成规模效益；②集团公司系统内容易出现同一品目、同一标的重复交叉采购现象，采购人员费用较大；③集团公司对采购活动的控制力较弱，采购监管更依赖于采购实施主体或下属公司的自我监督，更容易出现舞弊现象和腐败行为。因此，分散采购通常适用于不同需求主体之间采购需求存在较大差异的采购品目。

（三）综合组织形式

综合组织形式也就是集中采购和分散采购相结合的采购组织形式。在这种组织形式下，企业根据采购标的属性特征、采购需求等方面的不同，将一部分采购标的归由企业指定的特定部门或机构组织实施采购，另一部分采购标的由下属各部门或各公司自行组织委托第三方组织实施采购。

如前所述，集中采购和分散采购各有优缺点。对于一家企业来说，客观情况可能非常复杂，采用单一的采购组织形式往往难以满足实际需要，有必要在集中采购和分散采购之间找到一个适当的平衡点。近年来，国内很多企业经常采用集中采购和分散采购相结合的综合组织形式，也有企业根据自身不同发展阶段，在不同阶段分别采用集中采购、分散采购或综合组织形式。

三、采购方式

（一）采购的分类

采购的分类方式有很多种，常见的有按采购主体划分、按标的物属性划分、按采购标的物的国别划分、按支付对价的方式划分和按照选择交易主体的方式划分等。

按照采购主体划分，可以分为公共采购、企业采购和个人采购；按照采购标的物的属性划分，可分为工程采购、货物采购和服务采购；按照交易主体的国别和采购标的物的来源地划分，可以分为国内采购和国际采购；按照支付对价的方式划分，可以分为购买、租赁、委托、雇佣等；按照选择交易主体的方式划分，可以分为招标、谈判、询比、直接采购、比选、询价、竞价、订单等方式。

世界银行和亚洲开发银行把采购方式划分为国际竞争性招标、有限国际招标、国内竞争性招标、询价采购、直接签订合同等方式。

（二）主要采购方式

按照选择交易主体的方式划分，常用的采购方式有招标、谈判、询比、竞价、直接采购、询价、比选、订单八种方式。企业应根据采购目的和要求，结合市场的供应情况选择恰当的采购方式。

1. 招标采购

招标采购是采购人公布交易标的的特征和部分交易条件，按照依法确定的规则和程序，对多个供应商提交的投标报价或投标方案进行评审，择优选择中标人并确定全部交易条件的一种交易方式。

招标是一种卖方有序竞争采购方式，也是最为常见的一种采购方式。按照竞争的公开程度，招标采购又可以分为公开招标和邀请招标。公开招标是指招标人以招标公告的方式邀请不特定的法人或者其他组织投标。邀请招标是指招标人以投标邀请书的方式邀请特定的法人或者其他组织投标。

需要注意的是，并非所有项目都适合采用招标采购。招标作为一种采购方式，和其他采购方式一样，也有自己独特的适用情形。招标方式的适用情形详见本书第三章。

2. 谈判采购

谈判采购是采购人组建的谈判小组与供应商依次分别进行一轮或多轮谈判，并对其提交的响应文件进行评审，采购人根据谈判小组最终谈判结果及评审结论确定成交供应商的采购方式。

谈判采购也是一种常见的竞争采购方式。按照竞争的公开程度，谈判采购也可分为公开谈判和邀请谈判。谈判采购通常适用于以下情形：

（1）采购人不能准确地提出采购项目需求及其技术要求，需要与供应商谈判后研究确定的；

（2）采购需求明确，但有多种实施方案可供选择，采购人需要与供应商谈判从而优化、确定实施方案的；

（3）采购项目市场竞争不充分，已知潜在供应商比较少，或已通过公告邀请方式验证有效响应的供应商不足三家的。

3. 询比采购

询比采购是采购人组建评审小组对供应商按照采购文件规定的规则和时间一次递交的响应文件进行评审，采购人根据评审小组的评审结果确定成交供应商的采购方式。

询比采购也是一种竞争采购方式，可分为公开询比和邀请询比。询比采购通常适用于采购人可准确提出采购项目需求和技术要求、市场竞争比较充分的采购项目。

4. 竞价采购

竞价采购是采购人对响应采购的供应商按照采购文件规定的规则和时限多次提交的竞争性报价进行评价排序，并确定成交供应商的采购方式。

竞价采购是仅考虑价格或与价格相关的竞争因素，竞争性特别强的一种采购方式，通常采用公开竞价。竞价采购适用于技术参数明确、完整，规格标准基本统一、通用，市场竞争比较充分的采购项目，且通常在电子竞价平台上在线公开进行。

以价格竞争为主的物资出售、权益出让等交易活动，可参照竞价采购方式实施。

5. 直接采购

直接采购是采购人组建的协商小组与特定供应商进行协商，采购人根据协商结果直接签订合同的采购方式。此种采购方式要求采购人或采购代理机构在采购项目需求的技术、经济等方面具有物有所值的综合评价能力。

直接采购是一种非竞争性的采购方式，通常采用直接邀请特定供应商的方式实施采购。直接采购适用于以下情形：

（1）只能从唯一供应商处采购的，包括需要采用不可替代的专利或专有技术的；

（2）为了保证采购项目与原采购项目技术功能需求一致或配套的要求，需要继续从原供应商处采购的；

（3）因抢险救灾等不可预见的紧急情况需要进行紧急采购的；

（4）为执行创新技术推广运用、提高重大装备国产化水平等国家政策，需要直接采购的；

（5）涉及国家秘密或企业秘密，不适宜进行竞争性采购的；

（6）潜在供应商与采购人存在控股或者管理关系，且依法有资格能力提供相关货物、工程或服务的。

6. 询价采购

询价采购是采购人向供应商或承包人就采购的工程、货物或服务询问价格，选择确定交易对象及交易条件的采购方式。询价采购是一种竞争采购方式，可分为公开询价和邀请询价。

询价采购适用于规格标准统一、现货货源充足且市场价格变化不大的货物采购，或者小额简易工程或服务项目的采购活动。询价采购通常要求询价对象的数量为三个以上。

7. 比选采购

比选采购是采购人发出采购信息，邀请多个供应商或承包人就采购的工程、货物或服务提供报价和方案，按照事先公布的规则进行比较并从中选择交易对象的采购方式。比选的规范程度相对较低，需要在实践中继续探索和完善。

8. 订单采购

订单采购是采购人主动向供应商或承包人发出订单从而达成交易的采购方式。大体上属于直接采购的一种特殊表现方式。

第二节 采购管理与供应链管理

一、采购管理

（一）采购管理要素

采购管理应贯穿采购活动的全过程，企业应当对采购计划下达、采购单生成、采购单执行、到货接收、检验入库、采购发票收集到采购结算的全过程、各环节进行严密跟踪、监督，以实现对采购活动的科学管理。采购管理应把握好以下五大要素：

（1）供应商。一般人都会认为选择规模较小的供应商，交货品质与供货的稳定性不能得到保证，规模大的供应商较令人放心。但有时规模大的供应商不能与企业采购需求匹配，采购人员就必须视情况来选择适当的供应商。在采购实践中，为了取得合理的市场价位，采购人员必须尽可能地开发可靠的“替代性供应货源”，并寻求与制造供应商之间的良性竞争模式。

（2）时间。对于时间的要求，可分为内部使用单位的需求时间与要求供应商交货的时间两部分。需要注意的是，供应商交货期并非越短越好，供应商如果要配合采购人短期内交货，商品的价格也通常会有所调整。因此，采购人员应缩短供应商前置时间及周期时间，以配合使用单位的需求时间与生产排程，达成及时供货的目的。

（3）价格。价格只是交易的显性部分，尚有许多隐性的成本必须注意，例如品质、服务的差异。如果采购人员在比价时只选择最低单价的供应商，在总成本上并不见得更加有利。因此，采购人员必须在“符合品质要求”的情况下，以“最低价格”购买，切忌被低的价格数字所蒙骗。

（4）数量。对内，采购人员须顾及有效的库存管理，达成较高的存货周转率，减少不必要的储存持有成本。要降低因为库存积压过多所带来的库存品损坏、过期、失窃等导致存货发生损失的情形。对外，采购人员须协调供应商的经济生产批量，改进采购作业效率，以达到订购或制造产品数量的“最低总取得成本”。

（5）品质。采购人员必须清楚过度的品质要求会增加成本负担，一味地追求最高标准的品质，对产品而言并不一定能增加其实质上的价值。

（二）供应链管理

在市场竞争越来越激烈的当今社会，企业之间的竞争实际上就是供应链之间的竞争。供应链是由供应商、制造商、仓库、配送中心和渠道商等构成的物流网络。供应链管理（Supply Chain Management，SCM）主要涉及需求计划、招标采购、生产制造、产品交付、履约执行、退役回收六个领域。

构造高效供应链可以从以下四个方面入手：

（1）以顾客为中心。顾客价值是供应链管理的核心，企业根据顾客的需求来组织生产，产品从设计开始，企业已经让顾客参与，以使产品能真正符合顾客的需求。

（2）强调核心竞争力。由于企业的资源有限，想在各式各样的行业和领域都获得竞争优势是十分困难的，因此必须集中资源在其专长的某个领域，即核心业务上。企业核心竞争力具有别的企业模仿不了、市场上买不到、价值拆不开、资源带不走等特点。

（3）相互协作的双赢理念。传统的企业运营中，供销之间互不相干，是一种敌对争利的关系，系统协调性差。在供应链管理的模式下，所有环节都看作一个整体，因为最终客户选择一件产品，整条供应链上所有成员都受益。在供应链管理模式下，企业应特别关注战略伙伴关系管理，方式上以面向供应商和用户取代传统的面向产品，增加与主要供应商和用户的联系，实现信息共享等。

（4）优化信息流程。为适应供应链管理的优化，必须从与生产产品有关的第一层供应商开始，环环相扣，直到货物到达最终用户手中，真正按链的特性改造企业业务流程，使各个节点企业都具有处理物流和信息流的自组织和自适应能力。要形成贯穿供应链的分布数据库的信息集成，便于管理人员迅速、准确地获取采购订单的电子接受与发送、多位置库存控制、批量和系列号跟踪、周期盘点等重要信息。

（三）采购组合管理

在传统的采购模式下，供需双方须通过公开采购信息、多次谈判沟通等措施达成采购合意，采购方很难参与到供应方的生产组织过程和质量控制活动中。传统采购模式下，供需双方的工作互不透明，缺乏有效的合作与协调，通常只关注自己眼前的利益，是典型的信息不对称博弈过程。

1. 传统采购方式面临的问题

传统采购模式下，供需双方的商业关系是一种零和博弈。传统采购的重点放在如何与供应商进行商业交易的活动上，特点是比较重视交易过程中各个供应商的价格比较，通过供应商的多头竞争，从中选择价格最低者作为合作对象。这种做法表面上节约了采购成本，但实际却增加了管理费用。同时，这种敌对关系使买卖双方封锁自己的经营信息，双方的合作是一种短期行为，从而使企业置身于更大的不确定性风险之

中。为了减少不确定性给生产带来的影响，企业不得不增加原材料、半成品、成品的库存。

2. 采购战略组合矩阵

由于传统采购模式存在一些弊端，国外很多专家学者对采购组合管理开始了研究和探讨。从 20 世纪 80～90 年代开始，Kraljic（卡拉杰克）最先应用组合矩阵进行采购管理和供应商管理。经过 30 多年的发展，采购组合矩阵模型在理论和实践上获得较大发展。应用于采购战略的组合矩阵见图 1－1。

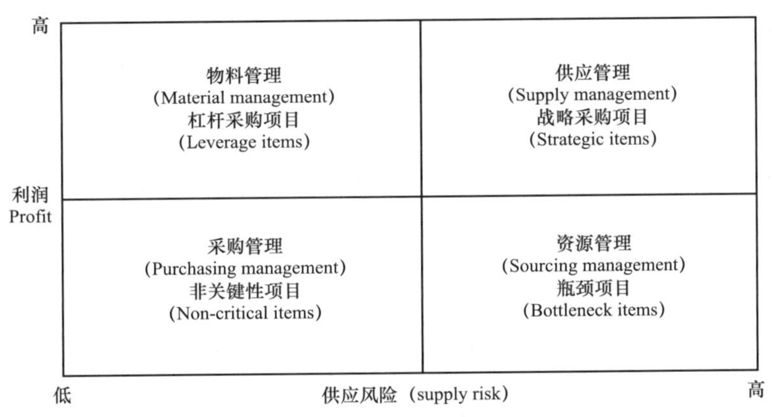

图 1－1　采购合同战略管理的产品组合管理矩阵

基于产品组合管理矩阵，企业可以根据采购物品对利润影响程度和供应风险（主要体现在供应商的数目）把所有采购物品分为 4 个象限。不同象限表示不同采购成本和供应风险，并具有不同的采购战略。

（1）战略采购项目。在战略采购项目中，供应商个数少，且采购物品对企业利润会产生较大的影响。供应商在供求关系中处于优先地位，其在质量、包装、配送等方面的谈判中占据有利的地位，而采购人没有更多的选择，只能接受供应商提出的合同要求。战略采购项目的采购活动具有较大的风险，如供应风险或断裂风险等。企业的采购战略应该通过发展供应商策略来实现，从单元采购向多元组合采购战略发展，使得采购物品所处的象限向杠杆采购项目方向移动。

（2）杠杆采购项目。杠杆采购项目中，供应商的数目众多，企业的供应风险低，但供应链的需求风险、库存风险、运输风险等仍然存在。为降低这些风险，企业采购战略主要体现在与供应商建立伙伴合作关系。供应商的竞争优势是提供附加值服务，如准时化配送、库存管理服务、个性化包装，等等。采购工作的核心是不断监查供应商的具体表现，动态地建立有效率的供应商组合，以实现有效的物料管理、降低采购成本和供应链风险。

（3）非关键项目。非关键项目主要体现为低价值物品采购活动，其供应风险低。采购战略集中在提高采购流程的效率，如采购流程标准化或电子采购等。通常外包非关键项目的采购活动也是采购战略的一个重要选择，企业可以把采购任务外包给大型的分销商，或者外包给战略采购和杠杆采购项目中的供应商。

（4）瓶颈项目。瓶颈项目的采购活动具有较大的供应风险。此类项目的采购战略不在于寻求降低采购成本，而在于确保产品的供应。企业应备有应急方案，以及必不可少的安全库存。

采购组合管理在供应链风险管理中具有重要意义，可以把企业的战略、商业运作过程和项目的开发与采购合同紧密联系起来，使得企业能够根据实际需要分配企业的资源。近年来，一些大型国央企也开始尝试采购组合管理模式，并取得一定成效。

（四）供应商管理

供应商管理对于企业采购业务有着举足轻重的作用。供应商管理实施于围绕企业采购业务的相关领域，通过与供应商建立长期、紧密的业务关系，对双方资源和竞争优势进行整合，共同开拓市场，扩大市场需求和份额，降低产品前期的高额成本，是实现双赢的企业管理模式。

现有的供应商管理理论（详见二维码）主要涉及供应商分类、供应商合作关系分类、供应商开发、供应商考察、供应商评价、供应商激励等内容，涵盖了供应商管理的主要过程和关键环节。

1. 供应商分类

供应商分类的理论模型包含 Kraljic 矩阵模型、供应商感知模型、供应商 ABC 分类法、True SRM 模型、增值率—竞争力模型等。

2. 供应商合作关系分类

供应商合作关系分类的理论模型包含 CIPS 供应商合作关系分类模型、ASCM 供应商合作关系分类模型、供应商合作关系分类金字塔等。

3. 供应商开发

供应商开发流程包括明确需求、供应市场分析、确定采购战略、寻找潜在供应商。经过多年的研究和实践，供应商的开发模式已经相对成熟。常见的供应商开发战略主要包含长期合作战略、总成本最低战略、双方共同的责任三种。

4. 供应商考察

供应商考察流程包括成立考察小组、收集供应商信息、确定考察方案、开展考察工作、出具考察报告、反馈考察结论。供应商考察的方式主要有现场考察、非现场考察和第三方组织考察等。供应商考察内容主要包含反映短期能力的商品层面和生产技术层面，以及反映长期能力的质量管理层面和企业综合能力层面，具体考察指标和考察项目需要企业根据实际需要自行选择。

5. 供应商评价

供应商评价步骤包括明确评价目标、成立评价小组、设计评价指标体系、收集评价数据、计算供应商得分、分析评价结果、划分评价等级、评价结果反馈、提出改进目标。经过不断发展，供应商评价指标体系从传统的价格、产品质量、产品交付期等延伸到供货服务水平、合作兼容水平、信息化水平、绿色低碳和企业发展前景等更专业、针对性更强的指标。

6. 供应商激励

供应链管理模式下的激励手段多种多样，从激励理论的角度划分，供应商激励可分为正激励和负激励两类。

二、现代采购管理发展方向

党的十八大以来，我国采购管理理论和实践都取得了长足发展。采购管理从理念、表现形式、技术发展、采购策略、人才培养等方面呈现出新的发展趋势（详见二维码）。

三、传统采购管理向供应链采购管理的转变

从供应链管理的视角来看，企业由传统采购管理向现代采购管理转变的关键，在于把供求双方之间的关系从一般买卖关系向长期合作伙伴关系转变。企业应当摒弃传统的拼命压价、千方百计逼迫供应商让步、寻找多个供应商并分而治之的采购管理模式。在供应链环境下，供需双方应当建立协作伙伴关系，共享库存数据、降低库存成本，并共同解决产品质量、成本问题，降低采购成本。

采购是供应链当中的一个重要环节，它对企业管理成效影响巨大。把采购当成供应链的一部分进行管理，需要注意以下三方面的问题：①要制订采购计划，其中包括采购商品的价格、付款条件、质量、商品来源地、交货方式和运输方式等；②要选择

合适的供应商并确定适当的合作方式；③要合理确定采购的数量和批次，防止造成不必要的库存和增加运输成本。

第三节　集团化企业的采购管理

一、集团化企业采购的特点

在经济发展和企业发展纷纷加速向高质量发展转型的驱动下，企业采购部门的定位已从原来的“花钱”转变为价值创造。随着市场全球化的深入推进，采购在整个供应链中的地位和作用越加突出，“打造增强企业核心竞争力的外部供应链体系”成为集团化企业的必然选择。随着国内外企业采购管理理论和实践的不断深入，大型企业集团化采购管理呈现出以下特点。

（一）采购管理组织趋于集中化

国内外大型跨国企业集团的采购管理组织架构呈现出集中化、专业化、扁平化和强管控的特点。优秀大型企业集团采购管理的主流趋势是集中化发展，少数领先企业已经做到采购组织完全集中管理，即所有寻源人员隶属同一个单一部门，直接向首席采购官汇报，总部完全管控所有采购职能。同时，管理组织架构呈现扁平化趋势，不需要在全球每个分支机构都复制全套的采购组织，而是通过成立采购委员会和采购中心支撑全球各分支机构的采购业务。在管控模式上，优秀的采购组织采取运营管控模式，在人事任免、工作汇报、绩效考核等方面进行垂直化强管控。

根据集团总部对采购的管控力度，可以将采购组织分为完全分散型、混合分散型、混合集中型、完全集中型四大类（见图 1–2）。绝大多数企业已从分散型转向混合集中型，如西门子、中石化、GE、中海油、华为等；少数领先企业进一步集中化，达到完全集中型，如 IBM、宝武集团等。IBM 公司经过一系列变革，目前已经实现完全集中管理，通过运营模式的集团化一体化转型，从各事业部独立的供应链管理，逐步转变为整合供应链的集中管理，形成了“全局管理、采购寻源和采购执行”的专业化层级，由总部负责全局管理，并在总部层面建立全球统一的寻源团队，最终达到全球整合。

（二）采购组织形式趋于集中采购

目前绝大多数大型集团化企业都实行集中采购，根据集中程度和集中方式不同，又可分为高度集中型和中央领导型两种管理体制。

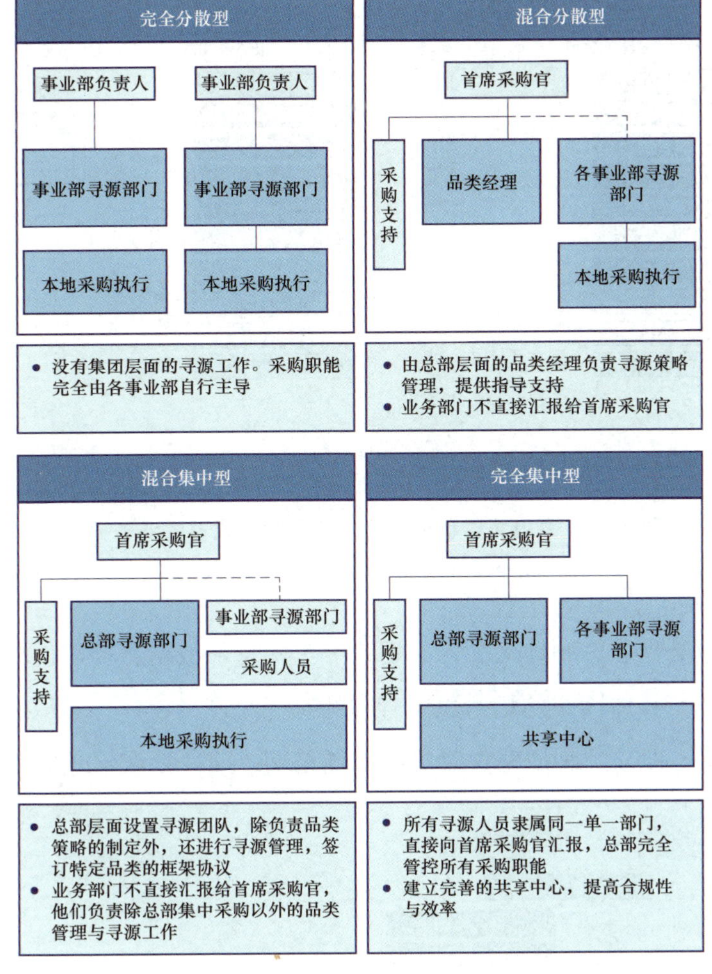

图 1－2　集团化公司集中化采购组织分类示意图

1. 高度集中型

高度集中型是指采购业务全部集中到总部层面，下属企业（包括子公司和事业部）不设采购部门，不组织物资采购（见图 1－3）。这种管理模式下，部分企业设立了全球供应链中心，总部完成所有采购环节。更多的企业是总部进行采购决策，下属企业进行采购执行，总部与企业之间需建立完善的合作采购体系。

这种采购全部集中到总部的管理模式有利于集中发挥采购规模优势，增强与供应商谈判的议价能力，优选战略供应商并与之签署较长时间的战略框架协议，能够获得性价比较高的稳定供应。但是对于规模庞大、结构复杂的跨国企业集团，这样的采购管理模式容易忽略不同业务板块、不同地区公司在需求上的差异，对于集团内部企业间协同管理能力要求较高，往往需要付出较昂贵的采购管理成本。

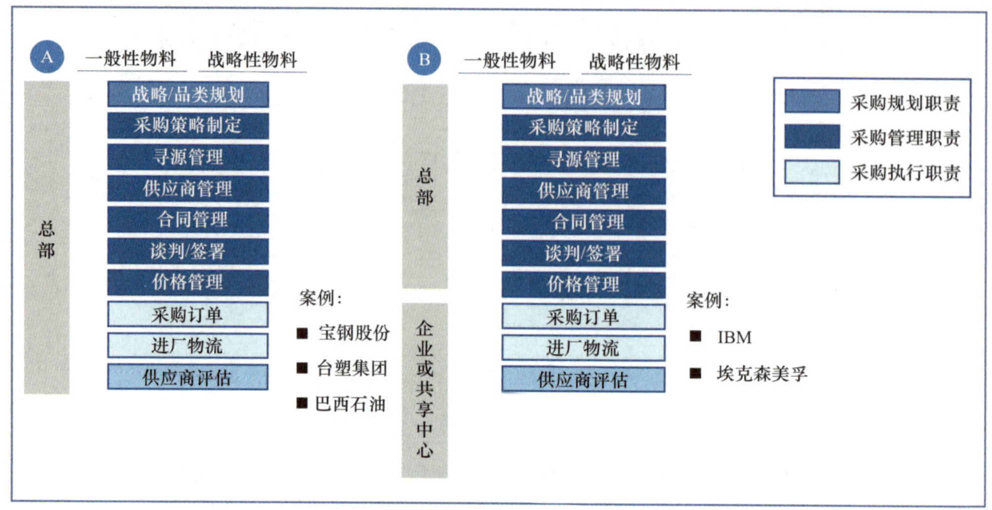

图 1－3 高度集中型集团化采购管理模式下的业务分工

2. 中央领导型

中央领导型是指总部和地区公司有明确分工，总部战略管控、板块战略寻源、事业部（地区公司）具体操作的相对集中管理体制（见图 1－4）。这种模式下总部具备健全的采购能力，但只控制战略性物资的寻源采购。这种管理模式既能发挥集中采购

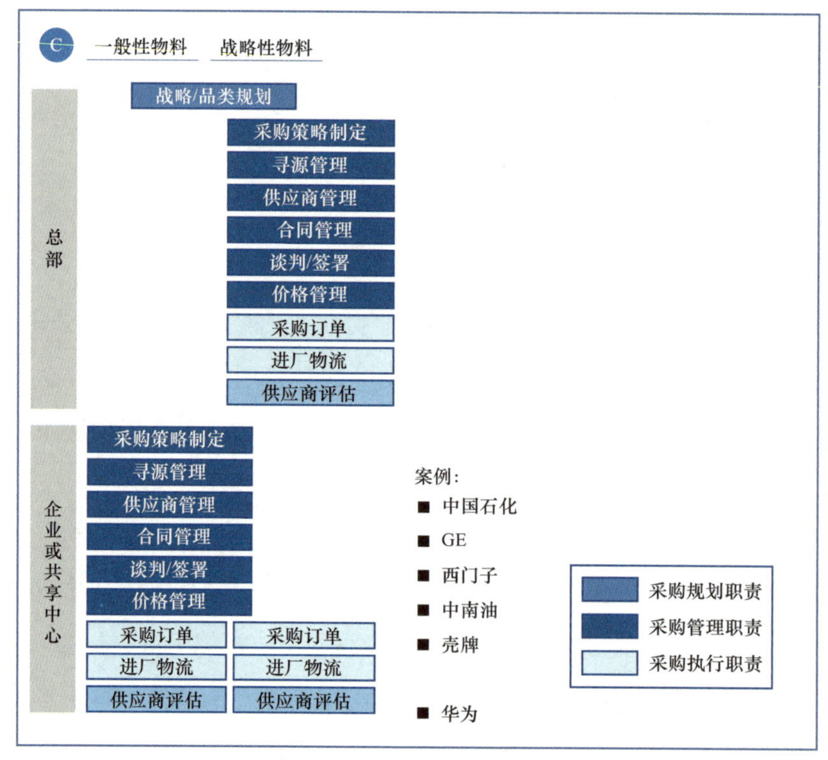

图 1－4 中央领导型集团化采购管理模式下的业务分工

的规模优势，又能兼顾满足不同板块和地区的需求差异，且采购管理成本相对较小，更适合跨国经营且业务多样化企业集团的采购管理实际。

（三）采购活动的组织实行品类管理

大多数企业都有专门的品类管理团队或品类经理，对重要品类集中制定差异化采购管理策略。集团化企业的采购管理则更加强调品类管理的专业化，其品类管理正向集中化、专业化、高效化方向发展。BP、壳牌、西门子、雪佛龙、英美资源、必和必拓、杜邦、陶氏化学等企业都设立了品类委员会，集中制定重要品类的采购管理策略。

（四）重视采购相关单位的协同管理

集团化企业的采购管理工作更加强调不同业务部门和不同企业之间的协同合作。物资采购的日常工作需要与财务、计划、生产、质量和法律等部门沟通与合作，要得到这些部门的大力支持和配合。

大型集团化企业都非常重视跨部门协同和集团内部企业间协同管理。从组织结构上看，国外领先公司大部分都在总部层面设有跨部门的管理机构，如供应链管理委员会，负责与财务、IT 等相关职能部门的协同。从业务管控上看，领先的集团企业都能够通过对管控目标和职能的明确划分，合理分配上下级部门之间的权责利，并且都有相应的管理机制确保总部管控目标的实现。

（五）以共享服务中心支撑核心采购业务

为了在日趋激烈的全球化竞争中获取持续增长，世界一流跨国企业集团需要在不断扩张、规模化发展的同时，通过组织和管理创新，在核心竞争力、管理运营效率、创新发展等方面不断取得突破。越来越多的大型企业通过成立共享服务中心来实现组织战略、资产配置的优化调整。

国外企业采购共享服务中心的服务内容筛选原则，通常是将采购寻源、操作和执行过程中的标准化、流程化、重复性、基础性业务从采购部门剥离出来，进行跨企业或板块的整合，将其集中到采购共享服务中心，以解决大量重复劳动、资源浪费、不协调和低效率等问题。

二、我国中央企业采购供应管理模式

自 2015 年国务院国资委开展采购管理对标评估活动以来，中央企业普遍加强了对采购工作的管理力度，并根据自身业务状况和经营特点，在采购供应管理体系上采用了不同的管理模式。

（一）中央企业采购供应管理模式分类

按照集团公司本部对下属企业采购工作的管控强度，我国中央企业的采购供应管理模式大致可分为集团强管控型、集团弱管控和集团制度管控型。

1. 集团强管控型

这类央企的普遍做法是：①集团总部设立物资与采购管理的一级部门，负责整个集团的集中采购和物资管理工作。②集团成立专门的物资供应公司，负责执行集团集采业务，负责各子公司的主要物资供应；子公司的物资（含经营性物资和非经营性物资）与服务，绝大部分由总部进行集中采购。还有些集团以招标公司代行集采执行机构职责，或者在物资公司基础上，单独成立招标公司，承接招标代理业务。③有些央企成立的专门的电商公司，专门负责运营集团的电子采购（商务）平台。

2. 集团弱管控型

这类央企的普遍做法是：①集团总部仅在运营部门或者财务部门设置一个处室，负责整个集团的采购管理工作。②总部只负责编制采购管理制度、考核督导子公司采购管理、管理集团统一的电子采购平台，并承担国资委采购管理对标评估工作；基本没有总部层面的集中采购目录，很少进行集团一级集中采购，而是由二级公司（或集团）负责集中采购。③大多建设有一个统一的电子采购平台，要求集团下属企业采购全部进入平台交易，以满足国资委对标所要求的一些考核点。该平台一般由集团旗下某个子公司或者招标公司来承担。

3. 集团中度管控型

这类央企的普遍做法是：①总部仅在运营部、业务管理部或财务风控部门设立一两个处室承担采购管理职能。②在集团下面设立专门的物资公司或招标公司，承担集中采购目录内的具体采购执行职能。③建设一套集采功能较完整的电子采购平台，由管理部门监管、集采执行单位负责运营维护。

（二）不同采购供应管理模式的特点及适用

我国中央企业现行的几种采购供应管理模式各有优缺点，适用于不同特点的集团化公司。

1. 集团强管控型

该模式下，集团对下属二级企业的绝大部分采购活动进行集中控制和管理，追求企业采购活动的统一和优化，有利于发挥集中采购规模优势，降低采购交易成本；但下属企业自行采购权限小，信息反馈缓慢。

该模式适合于下属企业业务类别相同或相近、经营关联紧密、资源相关度高的产业集团，通常被业态较为单一的集团公司所采用。

2. 集团弱管控型

该模式下，集团将绝大部分的采购权限下放给下属企业，下属企业作为完全独立的经营主体，更能调动其优化供应链管理的积极性和主动性，形成供产销联动，缺点是容易导致对子公司的采购活动失去实际控制。

该模式适合于下属各企业业务联系不大，难以归并同类采购品目形成规模效应的集团公司，通常被多元化经营的集团公司所采用。

3. 集团中度管控型

该模式对下属企业采购权限的管控介于上述两种模式之间。集团公司负责制定包括大多数采购管理规定，对采购业务流程进行监控，集团层面负责战略采购项目、重大采购项目通用采购品目的采购活动，赋予下属子公司一定的采购自主权。集团公司对重大采购事项具有控制权，也在一定程度上兼顾了采购效率，有利于发挥采购管理方面的协同效应。

该模式适合于下属企业业务相关性较高，但总部规模不大的产业集团，通常被下属企业已进入稳步发展、管理经验较为成熟的集团公司所采用。

三、集团化企业采购管理模式的选择

《中共中央国务院关于加快建设全国统一大市场的意见》（中发〔2022〕14 号）明确了加快建立全国统一的市场制度规则，从全局和战略高度明确了加快建设高效规范、公平竞争、充分开放的全国统一大市场的路线图。党的二十大报告也作出深化国资国企改革，加快建设世界一流企业，提升产业链供应链韧性和安全水平等一系列重要战略部署，对企业供应链的构建提出了更高要求。根据党的二十届三中全会精神，需充分发挥公司超大规模市场优势，以采购为切入点，持续推进阳光、绿色、创新、数智、质优采购引领落地应用，营造“依法、依纪、依规，公开、公正、公平”的市场竞争环境，助力全国统一大市场建设。

国有企业采购是我国公共资源交易市场不可或缺的重要组成部分。改进国有企业采购管理机制，完善企业采购管理制度体系，有助于国有企业规范采购行为、降低采

购成本、提高采购质量，进而提高国有资金使用效益、防止国有资产损失、强化廉洁从业。集团化企业在选择设置采购管理模式时，应结合企业实际，妥善处理好公平与效益、合规与高效、企业发展使命与履行社会职责、增强供应链韧性与遵循公开透明原则、破除旧动能与培育新动能之间的平衡关系（详见二维码）。

第二章

企业采购管理体系

企业采购管理体系作为一种管理体系，包括组织架构搭建、工作流程设计、岗位职责制定、绩效考核执行、薪酬体系设计、激励机制建设、创新机制构建等内容。本章仅从企业采购管理组织架构、采购环节管理和采购绩效管理方面阐述企业采购管理体系。

第一节　企业采购管理组织架构

一、企业采购组织架构设计

企业组织架构是企业为了实现战略目标而进行的分工与协作的安排。通常情况下，企业组织架构的设计会受到企业内外部环境、发展战略、寿命周期、技术特征、组织规模人员素质等因素的影响。常见的企业采购管理组织架构有中央集权制、分权制和混合制等，与之对应的采购管理模式分别是集团强管控型、集团弱管控型和集团中度管控型，分别适用于集中型、分散型和混合型采购组织结构。

（一）采购组织的设计原则

在市场经济条件下，市场需求的多变性导致现代企业的采购工作非常复杂，特别是一些大中型企业，因其采购的商品品种繁多，采购工作往往不是由一个人来完成，而是由一群人组成的采购团队进行操作。在实际工作中，采购组织的设计应遵循精简原则、责权利相结合原则、统一原则、高效原则（详见二维码）。

（二）集中型和分散型采购组织结构

大企业或集团化公司因规模大而下设很多分（子）公司，分（子）公司业务相对独立，此时采购组织设计可考虑集中采购或分散采购。

1. 集中型采购组织

这种组织形式是指将采购工作集中在采购部门办理，总部各部门、分企业及各工厂无采购权。集中型采购组织通常适用于以下条件：①企业产销规模大，采购量值大，迫切需要一个采购单位来办理满足企业各部门对物料的需求。②企业各部门和分支机构集中于一个地理区域或相距不远联络方便，采购工作无需分开。③企业虽有数个生产机构，但是产品种类大同小异，集中采购可以达到“以量制价”的效果。

2. 分散型采购组织

这种组织形式就是将采购工作分散给各需用部门分别办理。分散型采购组织通常适用于规模较大下分支机构分散于较广区域的企业。这类企业若采用集中采购，容易产生采购上的时延，且不易应对紧急需要，而采购部门与需求部门的联系相当困难，采购作业与单据流程显得漫长复杂。

3. 混合型采购组织

混合型采购组织结构又称综合型采购组织结构，是集中型采购和分散型采购组织的融合。在一些多元经营的大型、特大型集团化企业，采用单一的集中型或分散型采购组织结构往往难以适应企业的实际需要，因此适合采用混合型采购组织模式。

二、采购部门的职能与职责

（一）采购部门的职能

1. 操作性职能

操作性职能是指采购部门的任务作业。这些作业属于日常性工作，采购人员在接到采购需求后，要在规定的时间内完成供应商寻找、下订单、收货等作业。这些工作会占用采购人员大部分的工作时间，使他们很容易误解采购部门就是个满足其他部门短期需求的服务单位。如果只重视操作性职能，采购人员在缺乏参与感的情况下，很难与其他成员一同为组织目标努力，变成一个不增值的辅助单位，因此需要强调采购部门的战略性职能。

2. 战略性职能

战略性职能是指部门目标以企业的长期目标为指导，从经营层面的高度来发挥采购职能的作用。举例来说，有的公司一切以品质为上，那么采购部门的政策就应以“搜寻最佳品质”为第一要务；有的公司注重反映市场的灵活度，那么采购部门就应选择具有生产弹性的厂商建立长久关系。除此之外，采购部门更须担当起主动性角色，主动为企业收集市场信息，寻求商机，变成本中心为利润中心。

（二）采购部门的职责

采购部门的直接任务是购买各种不同种类及数量的材料，生产制造企业采购部门的相关职责通常有：

（1）根据生产计划和安全库存，编制不同时期的物料采购计划，经批准后组织采购。

（2）编制采购预算，经批准后实施。

（3）审查各类订购申请，核查采购的必要性及订购规格与数量是否恰当。

（4）供应商资料的收集、整理、选择、保管及合格供应商的评估。

（5）执行采购活动，包括询价、比价、议价、订购及交货的催促与协调。

（6）做好市场供求信息及价格调查，保值、优质采购，确保生产及经营活动的需要。

（7）做好物料消耗分析，在保证生产及经营需要的前提下降低资金占用，减少库存。

（8）收集市场的价格信息，利用各种途径降低成本，完成采购成本控制指标。

（9）采购结算工作。

（10）国外采购的进口许可申请、结汇、公证、保险、运输及报关等事务的处理。

（11）其他相关职责。

三、采购人员与采购团队

采购组织在客观上为正常开展采购业务提供了保障，但采购业务终究要靠采购团队、采购人员完成。因此，采购队伍的建设、采购人员的培养和管理都是采购管理的重要内容。

1. 采购人员职位

在采购部门中的职位一般包括采购员、采购计划人员、分析人员、行政管理者、工程师、质量管理员等。

2. 采购人员职责

采购人员职责主要包括：

（1）保证生产用料供应的不间断。这是采购人员的最基本职责，采购人员的一切活动都是为了使生产用料得以连续供应，使生产不中断。

（2）收集供应信息。采购人员是生产与市场资源的联结者，因此采购员最了解市场资源及其变化。采购人员有责任向生产设计部门提供最新市场供应信息、提供可替代原材料、促使采用最新科技成果等。

（3）编报企业物资计划。采购人员是企业物资计划的编制者，根据企业物资定额和生产量等资料确定物资需要量。

（4）联系与指导供应商。采购人员应与供应商保持紧密的联系，互通信息，调解矛盾，如需要可指导供应商加强质量管理和成本控制。

四、采购组织的激励与约束机制

企业机制是企业的各个组成部分之间、各种生产经营要素之间，在一定条件下相互自动作用、自动调节与控制的功能和过程。机制是一种企业内生的功能，采购组织机制创新是采购持续改进与发展的动力。

（一）采购激励机制

激励机制是现代企业管理的核心，没有激励机制的企业必将是士气低落没有生气的，建立并完善激励机制，企业才能在竞争中激活人力资源，形成创新能力。

具体的激励对象包括采购人员和供应商（详见二维码）。

（二）采购管理的约束机制

激励和约束是矛盾的两个方面。仅重视激励机制是不够的，还必须建立健全企业采购管理的约束机制。

具体的约束对象包括权力、制度、监督、利益（详见二维码）。

五、《国有企业采购管理规范》的相关规定

《国有企业采购管理规范》（T/CFLP 0027—2020）规定："采购实体应依据管理、执行、监督三分离的原则决定其职能分工，减少管理层级，兼顾公平和效率。"明确了企业采购组织架构应遵循管理、执行、监督三分离的原则设置，同时兼顾采购的公平和效率。《国有企业采购管理规范释义》进一步明确："企业采购组织根据管理（决策）、执行、监督分设是组织架构设计中遵循的传统原则之一。"此处在管理一词后面加注"决策"，意味着该标准起草者认为企业采购的管理活动包括采购决策。

企业采购管理中的管理（决策）、执行、监督三分离，是指"职能"的分离，并不意味着在企业组织架构中必须设置完全独立的管理机构、执行机构和监督机构。在企业管理实践中，也有一些中小企业根据自身实际把管理、执行职能赋予同一个部门，统称企业采购部门或企业采购管理部门，而在其部门内部，通过不相容岗位设计分工协作，而相对独立的企业采购监督部门或监督人员，则对企业采购过程实施监督。

企业采购所涉及的具体组织包括采购管理（决策）机构、采购执行机构、采购监督机构、其他相关机构（详见二维码）。

第二节 企业采购环节管理

企业采购通常包括采购需求研究—实施采购—采购合同履行—采购绩效评估等四个阶段。不同企业由于所处行业不同、采购组织架构不同、供应商来源不同、采购方式不同、采购对象不同等方面的原因，其采购流程也会存在一些差异。

一、采购环节

（一）采购的基本流程

企业采购基本流程是指企业在进行物品或服务采购时，所涉及的一系列基本步骤和环节，大体上可以概括为采购需求识别、采购计划拟定、供应商寻源、组织采购活动、签订采购合同、采购合同履行和采购绩效评估等环节（详见二维码）。

（二）采购争议与采购监督

企业在采购过程中，难免会产生各种争议。采购争议是指采购主体在采购活动中因采购程序、人身财产权益或其他法律关系所发生的对抗冲突。

为预防和减少采购争议的发生，企业应建立完善的采购监督机制，以确保采购过程的合规性、透明度和效率（详见二维码）。采购监督可以规范采购活动，提高采购活动的公正性和透明度，减少利益冲突和不当行为发生，并为解决采购争议提供支持和指导。

二、采购策略管理

（一）采购策略

采购策略是企业在实施采购前制订的一系列方法和计划。采购策略包括自制、外包、分包、租赁、现货购买、提前采购、批量采购协议、全寿命周期采购（Life Cycle Procurement，LCP）、长期合同、供应商管理库存（Vendor Managed Inventory，VMI）、准时制（Just-in-time，JIT）、期权等。

企业采购策略管理通常涉及采购规划、供应商选择与评估、采购合同管理、供应链风险管理、交易成本控制与优化、供应商关系管理、采购结果数据分析、采购绩效的改进和提高等。本部分着重介绍企业在开展采购策略管理中采购计划的编制，以及采购组织模式、采购方式、评审办法、合同计价方式的确定。

（二）采购计划的编制

采购计划是采购执行机构为配合企业的生产和销售，对所需的原材料、零部件等的数量、成本作出的翔实计划。在生产型企业中，采购计划通常根据生产计划进行编制；在流通型企业中，采购计划可根据销售计划进行编制。采购计划按时间分类可分为年度采购计划、分时采购计划（旬、月、季、半年）和订单计划（计划时间与生产相关）。

制订企业采购计划是一项复杂、细致的工作。不同企业的采购计划编制程序各不相同，但大体可分为编制准备阶段、利库平衡阶段和计划编制阶段。

1. 编制准备阶段

采购计划编制准备阶段是采购过程中的重要阶段，此阶段通常需要做下列工作：

（1）计划编制动员。召开采购计划编制工作的动员会议，参会人员包括采购部、市场部、生产部、品管部、财务部、仓储部等部门员工。

（2）收集内部资料。为保证采购计划的编制质量，企业对采购计划的编制都要执行严格的控制程序，相关部门及人员要做好内部资料的收集准备工作。

（3）收集外部资料。外部资料包括产品样本、出厂价格、质量、运费、货源、市场价格、产地、规格、数量等。

2. 利库平衡阶段

采购部门根据汇总的采购需求，结合各商品（物料）的现有库存量、安全库存量、市场情况等进行综合平衡，确定商品（物料）的采购数量。确定采购数量的方法有以下七种。

（1）公式法。

计划期采购数量 = 计划期需要量 − 现有库存量 − 在途货物量 + 安全库存量

（2）定期订货法：按预先确定的订货时间间隔进行订货补充的库存管理方法。它是基于时间的订货控制方法，设定订货周期和最高库存量，从而达到控制库存量的目的。

（3）定期订货法下的订货数量。定期订货法下的数量是不固定的，订货批量的多少都是由当时的实际库存量的大小决定的，考虑到订货点时的在途到货量和已发出出货指令尚未出货的待出货数量（称为订货余额），每次订货量的计算公式为

订货量 = 平均每天的需求量 ×（提前期 + 订购间隔）+ 安全库存 − 实际库存量

安全库存＝（预计每天最大耗用量－每天正常耗用量）×提前期

（4）经济订货批量法：通过费用分析求得在库存总费用为最小时的订货批量，用以解决独立需求物品的库存控制问题。

（5）定量订货法：当库存量下降到预定的最低库存量（订货点 R）时，按规定［数量一般以经济订货批量（Economic Order Quantity，EOQ）为标准］进行订货补充的一种库存控制方法。

（6）批对批法（Lot For Lot，LFL）：此方法要求发出的订购数量与每一期净需求的数量相同，每一期均不留库存数。如果订购成本不高，该方法最合适。

（7）物料需求计划（Material Requirement Planning，MRP）：此方法的计算方法为

主生产排程×用料表＝个别项目的毛需求

个别项目的毛需求－可用存货数（库存数＋预计到货数）＝个别项目的净需求

3. 采购计划编制阶段

将各商品（物料）的采购数量和交货时间等列入计划表格，编制年度采购计划。常用的年度采购计划表格式如表 2－1 所示。

表 2－1　　××××公司年度采购计划表

编号：　　　　　　　　　　　　制表人：

序号	采购申请	采购申请项目	网省采购申请	申请单位	项目类别	采购申请类型	申请单位名称	物料	大类	中类	物料组	合理供货周期（天）	参考价格	单位	申请数量	预计交货日期	预算单价（元）	预算总价（元）
1																		
2																		
3																		
4																		
5																		

制表日期：____年__月__日　　　　本表有效期：____年__月__日至___年__月__日

（三）确定采购组织模式

采购组织模式是企业在开展采购活动时选择的一种结构或方式。不同的采购组织模式适用于不同的采购需求和战略目标。中国物流与采购联合会 2023 年修订的《国有企业采购操作规范》（T/CFLP 0016—2023）认为，采购组织模式是针对采购活动中的重要管控项制订的标准解决方案，是依据采购策略确定采购方式的模板和基础，也是采购实体实施采购细分管理的一个范式。

在企业采购实践中，各类采购组织模式可以组合适用。例如，某企业的生产原料物资采购可以采用公开采购的模式通过网上集中采购，这种情况就体现了三种组织模式的组合，采购组织模式必须与采购方式结合才能完成采购任务。如通过谈判采购方式对企业原材料、在线下、集中采购、签订框架协议。

（四）确定采购方式

采购方式是指组织和实施采购活动时所采用的具体方法和途径。企业采购方式大体上可以分为招标采购和非招标采购。

企业招标采购分为公开招标和邀请招标。一般认为，公开招标采购适用于采购需求特征明确、潜在供应商多、单项采购金额较大的非紧急采购项目；邀请招标适用于需求特征明确、潜在投标人较少或采用公开招标费用占比过大的非紧急采购项目。

企业非招标采购方式，可以适用《电子采购交易规范　非招标方式》（GB/T 43711—2024）中推荐的采购方式，也可适用中国招标投标协会团体标准《非招标方式采购代理服务规范》（ZBTB/T 01—2018）或中国物流与采购联合会团体标准《国有企业采购操作规范》（T/CFLP 0016—2023）中推荐的非招标采购方式。

《电子采购交易规范　非招标方式》（GB/T 43711—2024）和《非招标方式采购代理服务规范》（ZBTB/T 01—2018）在采购方式设计方面大致相同，都包括谈判采购、询比采购、竞价采购和直接采购方式，并规定了上述采购方式的不同适用情形。《国有企业采购操作规范》（T/CFLP 0016—2023）则把国有企业采购方式划分为招标采购、谈判采购、询比采购和直接采购四组 8 种采购方式，其中招标采购细分为公开招标和邀请招标，谈判采购细分为合作谈判和竞争谈判，询比采购细分为询价采购和比选采购，直接采购再细分为单源直接采购和多源直接采购，并分别规定了不同采购方式的适用情形。

企业在选择采购方式时，应根据具体情况考虑各种因素，包括采购项目规模、需求特征的明晰程度、需求紧急程度、市场竞争格局等。同时，也需要遵守相关法律法规和政策文件的要求。

由于企业采购追求的采购目标、采购要求与政府采购有很大不同，国有企业采购不宜直接套用《政府采购法》体系中的采购方式实施采购。

关于各种非招标采购方式的适用情形和基本流程，本书将在第四章做详细介绍。

（五）选择评审办法

评审办法是指在采购过程中，对响应文件进行评审、评分和排名的规则和方法。

不同地方、不同企业或不同采购项目的评审办法各有差异。但大体上都可以归纳为如下两类评审办法：

（1）综合评估法。综合评价法是最常用的评审办法之一，它综合考虑了供应商的技术能力、经验、质量保证体系、价格等因素，通过权重分配和评分计算，确定最终的成交供应商。

（2）最低价法。最低价法是以价格为唯一评价因素的评审办法，即选择价格最低的供应商为成交供应商，通常适用于一些简单采购项目。

在企业采购实践中，还出现了质量优先法、性价比法、投票法、模糊评审法等其他评审办法。企业可结合自身实际，根据项目特点和需求特征采用适宜的评审办法实施采购。

（六）确定合同计价方式

合同计价方式是指在采购交易中，用于确定合同价格的一种方法。它涉及对合同项目工作量、成本和利润的估算和计算。常见的合同计价方式主要有以下四种。

（1）总价合同。按照双方约定的总价来计价，无论成本如何变化，支付的金额都按照合同中约定的总价进行支付。总价合同按照约定的价格是否允许做适当调整，又可分为固定总价合同和可调总价合同。

（2）单价合同。单价是指合同双方在合同中约定，最终根据实际完成的工作量计算合同价格的一种计价方式。这种方式适用于性质比较复杂、工作量不确定或需要灵活调整的项目情况。单价合同也可分为固定单价合同和可调单价合同。

（3）成本加酬金合同。是根据项目的实际成本，再加上一定比例的酬金来计价的合同计价方式。酬金一般根据合同约定的百分比或固定金额来确定。这种方式适用于难以预测成本或利润率固定的项目。

（4）绩效激励合同。绩效激励合同适用于需要共享风险和回报的合作项目。绩效激励合同价格根据实际成本和利润进行调整，并按照一定的比例将盈余分配给合同各方。

企业应根据采购项目的性质、规模、复杂程度及交易双方的协商结果确定计价方式。选择采购方式时，还应充分考虑采购项目的可预测性、风险承担和利益分配等因素。

三、实施流程

企业采购流程可分为采购准备和采购实施两个阶段。采购准备阶段包括需求准备、供应准备（寻源）、确定采购策略、确定采购需求（规格）、计划准备和方案策划准备六个步骤；采购实施阶段包括编制采购文件、发出邀约邀请、实施采购、确定供应商、合同管理和文件管理等六个步骤。企业在执行采购流程时，之前已经完成规定准备步骤的，可直接进入下一阶段的流程。

本部分按照《国有企业采购操作规范》（T/CFLP 0016—2023）规定的采购实施流程介绍采购实施阶段的程序和步骤。

（一）采购文件编制

企业应按照采购项目的特点和实际需求，调查收集有关技术、经济和市场情况，依据有关规定，参考招标标准文件或非招标采购示范文件编制采购文件。《招标投标法实施条例》规定，编制依法必须进行招标项目的资格预审文件和招标文件，应当使用国务院发展改革部门会同有关行政监督部门制定的标准文本。

采购文件的内容应包括采购标项目的技术要求、供应商资格条件、报价要求、评审标准和方法和合同草案等。采购文件的体例通常包括采购公告（邀请书）、供应商须知、评审办法、合同草案、发包人要求、响应文件格式等章节。

在采购实践中，企业应根据相关法律法规和各级国资委的要求，依据企业采购管理制度的规定，结合采购项目的特点和实际需要编制采购文件，确保采购过程的透明度、公正性和合法性。

采购文件编制完成后，应根据企业有关规定报批或备案。

（二）发出采购邀请

采购文件编制完成后，企业应根据相关规定，选择合适的采购交易平台发布采购公告或邀请书，发出采购文件，确保供应商能够方便地获取采购公告信息。常见的采购信息发布平台有企业采购交易网站、中国招标投标公共服务平台、政府采购信息发布平台、专业采购平台、行业协会网站和采购专业论坛等。

采购公告的主要内容应包含采购项目名称及编号、采购范围、对采购标的基本要求、供应商资格条件、响应文件截止日期等。采购执行机构应登录所选的采购信息发布平台，按照平台提供的指引发布采购公告，确保公告内容准确、清晰。

采购公告和采购文件发出后，采购操作人员应定期登录平台，检查潜在供应商对采购文件的反馈和提问情况，受理供应商提出的疑问或异议。如需对采购文件作出澄清或修改的，采购执行机构应及时发布澄清修改文件，为供应商编制响应文件预留合理时间。澄清或修改的内容可能影响响应文件编制的，采购执行机构应当在原采购文件规定的时间前，向供应商发出澄清修改文件；不足规定时限的，应顺延提交响应文件的截止时间。

（三）响应文件评审

1. 响应文件的编制和上传

供应商按照采购文件要求的格式、内容和时间，编制、签署、加密、上传响应文件，并根据采购文件规定的方式和金额提交保证金。供应商在响应文件提交截止时间之前，可以撤回、补充或修改已提交的响应文件。

2. 响应文件的接收和解密

供应商应当在采购文件规定的响应文件提交截止时间前上传响应文件。响应文件提交截止时间后，采购交易平台应关闭响应文件上传和接收功能。

响应文件提交截止时间前，采购执行机构不得提前解密响应文件。采购执行机构应按采购文件规定的截止时间解密供应商的响应文件。采购文件规定公开开启响应文件的，采购执行机构应邀请所有供应商派代表参加响应文件开启会议，并如实记录开启全过程。采购执行机构可通过线上虚拟开标室组织响应文件开启会议，除相关法律或采购文件另有规定外，供应商不参加响应文件会议不影响其响应文件的有效性。

3. 响应文件的评审

采购人可组建评审小组对供应商提交的响应文件进行评审。评审小组应严格按照采购文件规定的评审标准和方法进行评审，并向采购人推荐成交候选供应商。采购评审小组通常由采购需求部门代表和评审专家组成。评审小组成员应认真、公正、诚实、廉洁、勤勉地履行评审职责，与供应商有利害关系的，应主动提出回避。需要注意的是，依法必须招标的项目，应当按照《中华人民共和国招标投标法》体系的相关规定组建评标委员会，对投标文件进行评审。

评审小组成员不得对其他评审成员的独立评审施加不当影响；不得私下接触供应商，不得收受供应商或其他利害关系人的财物或者其他好处，不得接受任何单位或个人明示或暗示提出的倾向或排斥特定供应商的要求；不得透露对响应文件的评审和比较、成交候选人的推荐情况、在评审过程中知悉的国家秘密和商业秘密，以及与评审有关的其他情况；不得故意拖延评审时间，或者敷衍塞责随意评审；不得在合法的劳务费之外额外索取、接受报酬或者其他好处；严禁组建或者加入可能影响公正评审的微信群、QQ 群等网络通信群组。

评审完成后，评审小组应当向采购人提交评审报告，并根据采购文件的相关规定推荐成交候选供应商。

（四）确定成交供应商

企业应根据采购管理制度规定的程序和要求，结合采购文件的相关规定，根据评审小组提交的评审报告和推荐的成交候选人确定成交供应商。需要注意的是，对于国有资金占控股或主导地位的依法必须进行招标的项目，应严格按照《招标投标法》体系的相关规定，依法确定中标人。

成交供应商确定后，应按照企业采购管理制度和采购文件的规定，通过企业采购交易平台等媒介发布成交信息。如成交候选供应商的经营、财务状况发生较大变化或者存在违法行为，采购人认为可能影响其履约能力的，可在发出成交通知书前对成交候选供应商实施履约能力审查。

近年来，由于评标专家这一群体在各地不同程度出现各种违法违规现象，一些地方开始试行评标和定标相分离（简称评定分离）举措，强化采购人主体责任。所谓的评定分离，系将招投标程序中的评标与定标作为独立的两个环节。由过去以评标委员会评分排序第一确定为中标人，改革为由评标委员会对投标价格、技术、质量、安全、工期等因素提供技术咨询建议，向招标人推荐一定数量的中标候选人，由招标人组建的定标委员会在综合考虑报价、技术、信用等方面因素的基础上，择优确定中标人。

评定分离是对现行招标投标机制的一种改革尝试，目前还处于试点阶段。业界对该做法的合法性、合理性还存在争议。在企业采购实践中，应结合自身实际情况慎重施行。

（五）采购合同管理

采购合同签订后，企业应高度重视合同履约管理，健全管理机制，落实管理责任。及时主动公开合同订立信息，并积极推进合同履行及变更信息公开。加强对采购项目合同订立、履行及变更的内部监督，强化信用管理，防止“阴阳合同”“低中高结”等违法违规行为发生。企业审计、财务、监察等部门应定期开展合同履约管理监察，及时依法查处违法违规行为。

关于采购合同管理，本丛书中的《合同管理》分册将进行详细阐述，读者可自行阅读学习。

（六）采购资料归档

企业应建立健全采购档案管理制度，加强采购档案管理工作，及时收集、整理、归档采购交易和合同履行过程中产生的各种文件资料和信息数据，采取有效措施确保档案的完整和安全，不得篡改、损毁、伪造或者擅自销毁采购交易档案。加快推进采购交易档案的电子化、数字化。

未按规定进行归档，篡改、损毁、伪造、擅自销毁采购交易档案，或者在采购交易监督检查中不如实提供采购交易档案的，由企业内设监督管理机构依据法律和企业管理制度的相关规定，追究直接责任人员和相关领导的责任。

第三节 企业采购绩效管理

采购作为企业生产运作的一个重要环节，它的绩效对企业整体目标的实现起着很重要的作用。采购在制定了采购方针、战略、目标后，在计划实施时还需有相应的绩效指标，用于对采购过程进行检查控制，并在一定的阶段对工作进行总结。在此基础上再提出下一阶段的行动目标与计划，如此循环往复，不断改进。

一、采购绩效管理与采购绩效评估

绩效管理和绩效评估是密切相关但又内涵不同的两个概念。

采购绩效管理通常包括采购绩效计划制订、采购绩效辅导与实施、采购绩效评估、绩效评估结果应用与改进四个环节。

采购绩效评估是对采购工作进行全面系统地评价、对比，从而判定采购所处整体水平的做法，是采购绩效管理中承上启下最为重要的一环。采购绩效评估是通过建立科学、合理的评估指标体系，全面反映和评估采购功能目标和经济有效性目标实现程序的过程。

二、采购绩效评估指标体系与评估标准

采购绩效评估的关键是要制定一套客观的、能够充分展现采购人员绩效的、对衡量对象有导向作用的指标体系，同时要制定出相应的、合理的、适度的标准，只有这样才能真正发挥出采购绩效衡量和评估的监督、激励、惩罚的作用。

（一）采购绩效评估指标体系

采购绩效评估应以“5R”为核心，即适时、适质、适量、适价、适地。采购绩效评估指标体系应当围绕“5R”核心设计评估体系，并以数量化的指标来衡量采购作业是否达成基本任务，为调整和完善评估指标体系提供依据（详见二维码）。采购绩效评估指标体系可根据采购工作范围概括成采购结果指标及采购效能指标两大类。采购结果

指标包括质量、数量、时间及价格四大类绩效指标，采购效能指标是指能够体现采购目标达成过程中各项活动水准或效率的指标。企业采购绩效评估指标如表 2－2 所示。

表 2－2 企业采购绩效评估指标一览表

指标名称		具体内容
采购绩效评估指标	质量绩效	商品质量、质量体系
	数量绩效	储存费用、积压商品处理损失
	时间绩效	紧急采购费用、缺货损失
	价格绩效	采购价格
	采购效率	采购金额、采购金额占销货收入的百分比、订购单的件数、采购人员的人数、采购部门的费用等

（二）采购绩效评估标准

采购绩效评估要能够说明评估时段的工作是好还是坏，就需要有一定的可比参照物，即采购绩效评估标准。企业必须考虑将何种标准设为与目前实际绩效相比较的基础，才能更客观地说明评估时段工作的好坏，进而更好地对采购工作起到激励作用。

常见的企业采购绩效评估标准有历史绩效、预算或标准绩效、行业平均绩效、目标绩效（详见二维码）。

三、采购绩效的评估与考核

企业在设立采购绩效评估指标和评估标准时，应同时考虑如何组织实施采购绩效的评估与考核（详见二维码），包括评估机构、评估人员、评估周期、评估方式、评估程序和评估结果的反馈等相关内容。

第三章

企业招标采购

招标采购是国有企业使用频率最高、最为常见的采购方式。招标采购方式通常适用于大规模、高价值或对供应商有较高要求的项目。在招标采购过程中，国有企业会向潜在供应商提供详细的采购需求，包括采购标的和数量、采购标的应当满足的所有技术要求和商务要求等，并要求供应商提交符合要求的投标文件，经过评审和比较后，选择最有竞争力的投标人与其签订合同并完成采购。

第一节 招标投标概述

我国招标投标制度伴随着改革开放而得到广泛运用，是建立和规范市场竞争秩序的重要手段。招标投标制度在规范市场主体行为，优化市场资源配置，建设全国统一大市场，保护国家利益、社会公共利益和招标投标活动当事人的合法权益，确保工程、货物、服务项目质量等方面发挥着举足轻重的作用。

一、招标投标制度的特点

招标投标是实践中广泛使用的一种交易方式。了解招标投标制度的特点，对于正确使用招标投标方式具有十分重要的异议。

（一）招标投标的概念

招标投标是由交易发起方公布交易标的的特征和部分交易条件，按照依法确定的规则和程序，对多个交易响应方提交的报价及方案进行评审，择优选择交易对象并确定全部交易条件的一种交易方式。

（二）招标投标特点

《招标投标法》第 2 条规定："在中华人民共和国境内进行招标投标活动，适用本法。"在我国，招标投标是一种具有严格法定程序规范的交易方式。招标投标活动具有以下基本特点：

（1）公平竞争。招标人公布项目需求，通过投标人公平竞争，择优选择合同签约主体。

（2）规范交易。招标投标双方通过规范要约和承诺，确立双方权利、义务和责任，规范订立交易合同。

（3）一次机会。招标投标双方不得在确定中标人之前就实质性内容进行协商谈判，不得随意修改招标项目需求、交易规则、合同价格、质量标准、进度等实质内容，投标要约和中标承诺均只有一次机会。

（4）定制方案。工程项目的需求目标、投标资格能力、需求解决方案与报价、投标文件评价、合同权利义务配置等方案大多具有单一性和复杂性等特点。因此，其想响应方案应当采用书面描述，并通过对投标人竞争能力、技术、报价、财务方案等进行书面综合评价比较，才能科学判断和正确选择有能力满足项目需求的中标人。仅仅通过简单价格比较，无法判断交易主体及客体是否能够符合项目需求。

（5）复合职业。招标投标是按照法定程序，通过技术、管理、经济等要素的竞争和评价，择优选择签约供应商的交易活动。通过招标投标方式订立合同，程序规范，交易环节复杂，交易耗时较长，要求招标从业人员具备包含法律、技术、经济和管理等多领域专业知识，属于知识复合型职业。

二、招标投标方式的基本原则

根据《招标投标法》的规定，招标投标应当遵循公开、公平、公正和诚实信用的原则。

（1）公开原则：要求招标投标活动必须保证充分的透明度，招标投标程序、投标人的资格条件、评标标准和方法、评标和中标结果等信息要公开，保证每个投标人能够获得相同信息，公平参与投标竞争并依法维护自身的合法权益。同时招标投标活动的公开透明，也为当事人、行政和社会监督提供了条件。公开是公平、公正的基础和前提。

（2）公平原则：要求招标人在招标投标各程序环节中一视同仁地给予潜在投标人或者投标人平等竞争的机会，并使其享有同等的权利和义务。例如，招标人不得在资格预审文件和招标文件中含有倾向性内容或者以不合理的条件限制和排斥潜在投标人；不得对潜在投标人或者投标人采取不同的资格审查或者评标标准，依法必须进行招标的项目不得以特定行政区域或者特定行业的业绩、奖项作为评标加分条件或者中标条件等。

公平原则主要体现在两个方面：一方面是机会均等，即潜在投标人具有均等的投标竞争机会；另一方面是各方权利义务平等，即招标人和所有投标人之间权利义务均衡并合理承担民事责任。

（3）公正原则：要求招标人必须依法设定科学、合理和统一的程序、方法和标准，并严格据此接受和客观评审投标文件，真正择优确定中标人，不倾向、不歧视、不排

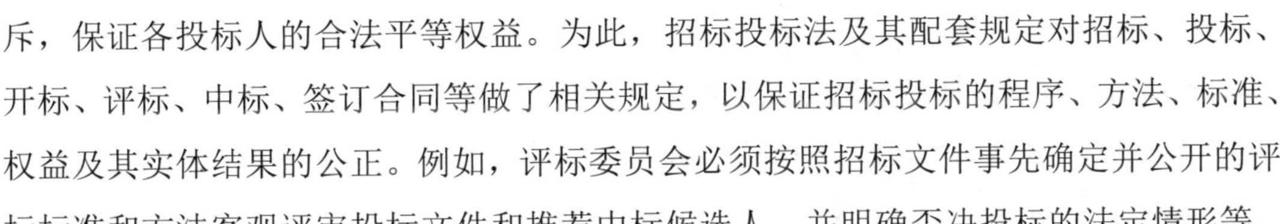

斥，保证各投标人的合法平等权益。为此，招标投标法及其配套规定对招标、投标、开标、评标、中标、签订合同等做了相关规定，以保证招标投标的程序、方法、标准、权益及其实体结果的公正。例如，评标委员会必须按照招标文件事先确定并公开的评标标准和方法客观评审投标文件和推荐中标候选人，并明确否决投标的法定情形等。

（4）诚实信用原则：要求招标投标各方当事人在招标投标活动和履行合同中应当以守法、诚实、守信、善意的意识和态度行使权利和履行义务，不得故意隐瞒真相或者弄虚作假，不得串标、围标和恶意竞争，不能言而无信甚至背信弃义，在追求自己合法利益的同时不得损害他人的合法利益和社会利益，依法维护双方利益以及与社会利益的平衡。诚实信用是市场经济的基石和民事活动的基本原则。

三、招标投标的分类

招标在实践中有多种分类方法，常见的有按照竞争开放程度、竞争地域范围、招标实施模式、招标组织形式、交易信息载体和需求形成方式等不同分类方法。

（一）公开招标与邀请招标

按照竞争开放的程度，招标可分为公开招标和邀请招标两种招标方式。招标人应根据法律规定的条件，结合招标项目需求和技术、管理特点及市场竞争格局，选择合适的招标方式。

1. 公开招标

公开招标属于无限制性竞争招标，是招标人通过发布招标公告的方式，邀请不特定的潜在投标人参加投标，并按照法律规定程序和招标文件规定的评标标准和方法确定中标人的一种竞争交易方式。

公开招标方式充分体现了市场机制在公开信息、规范程序、公平竞争、客观评价、公正选择及优胜劣汰等方面的本质要求。公开招标因为投标人较多、竞争充分，且不容易串标、围标，有利于招标人从众多竞争者当中择优选择合适的中标人并获得最佳竞争效益。依据《招标投标法》体系的相关规定，依法必须公开招标的工程建设项目主要有三类：①国家重点项目和省、自治区、直辖市人民政府确定的地方重点项目；②国有资金占控股或者主导地位的依法必须进行招标的项目；③《招标投标法》及其实施条例以外的其他法律规定的必须进行公开招标的项目。如《土地复垦条例》第26条规定，“政府投资进行复垦的，有关国土资源主管部门应当依照招标投标法律法规的规定，通过公开招标的方式确定土地复垦项目的施工单位。”

2. 邀请招标

邀请招标也称选择性招标，属于有限竞争性招标是招标人以投标邀请书的方式，直接邀请特定的潜在投标人参加投标，并按照法律程序和招标文件规定的评标标准和方法确定中标人的一种交易方式。邀请招标应当向三个以上具备承担招标项目的能力、资信良好的特定潜在投标人发出投标邀请书。

与公开招标相比，邀请招标的投标人数量相对较少，竞争开放度相对较低；受招标人在选择邀请对象前已知投标人信息的局限性，有可能会损失应有的竞争效果，难以得到最合适的中标人或获得最佳竞争效益。实践中，也有些招标人利用邀请招标之名行虚假招标之实。因此，根据相关法律规定，符合下列情形之一的工程建设项目，经有关监督管理部门审批、核准或认定后，方可采用邀请招标方式：①涉及国家安全、国家秘密或者抢险救灾，适宜招标但不宜公开招标的；②项目技术复杂或有特殊要求，或者受自然地域环境限制，只有少量潜在投标人可供选择的；③采用公开招标方式的费用占项目合同金额的比例过大的。

非依法必须招标的项目，招标人可自主决定采用公开招标还是邀请招标。

（二）国内招标和国际招标

按照招标项目的竞争地域范围，可分为国内招标和国际招标。国内招标是指招标人只接受本国供应商参与投标竞争的招标活动。国际招标是指允许在国外注册的投标人参加投标竞争的招标活动。

需要注意的是，从国际市场采用招标方式采购进口机电产品应当遵守《机电产品国际招标投标实施办法（试行）》（商务部令 2014 年第 1 号）的规定。此外，根据《招标投标法》规定，使用国际组织或者外国政府贷款、援助资金的项目进行招标，贷款方、资金提供方对招标投标的具体条件和程序有不同规定的，除违背我国社会公共利益的规定外，应适用其规定。

（三）集中招标与分散招标

按照招标活动的实施模式，可以分为集中招标和分散招标。

集中招标是指企业将一定时限内不同需求主体重复和分散的同类工程、货物或服务需求进行整合归并，形成集中批量采购规模优势的招标模式。集中招标可以降低采购交易频次及其采购交易成本，提高采购效率。集中招标是目前国内大型企业集团普遍使用的一种招标实施模式。在集中招标模式下，大型国企通常会指定特定的机构负责整合、归并不同使用单位重复分散的同类货物、服务采购需求计划，交由企业内设的集中采购机构组织批量集中招标，并由各需求单位按照招标结果分别与中标人签订采购合同。

分散招标是由企业下属各使用单位或政府下属各需求部门自行实施采购活动的招标模式。分散招标通常由需求单位直接组织采购活动，有利于使用环节与采购环节高效、灵活地协调配合，采购标的使用结果反射弧短，但不利于形成采购规模优势。

（四）自行招标和委托招标

根据招标活动的组织形式不同，招标可以自行招标和委托招标。

自行招标是指招标人自行办理招标事宜。招标人具有编制招标文件和组织评标能力的，可以依法自行组织招标。

委托招标是指招标人委托招标代理机构在招标人委托的权限范围内，以招标人名义组织招标工作的行为。招标人如不具备自行组织招标能力的，通常会委托专业的招标代理机构组织招标活动。委托招标作为一种民事法律行为，属于委托代理的范畴。其中招标人为委托人，招标代理机构为受托人。在委托代理关系下，代理机构的代理行为仅限于双方约定的代理权限，招标人将对代理机构的代理行为及其法律后果承担民事责任。

（五）纸质招标与电子招标

按照交易依托的信息载体形式，招标可以分为纸质招标和电子招标。纸质招标是指招标投标各方以纸质文件为信息载体，完成招标、投标、开标和评标和定标的交易活动。电子招标是指以数据电文形式为载体，依托电子招标投标系统完成的全部或者部分招标活动。

推行电子招标可以降低招标投标交易成本，节省社会资源，提高交易活动的透明性，有效发挥社会公众的监督作用，促进市场主体的诚信自律，推进统一开放、透明规范、公平公正、经济高效的招标投标市场建设。电子招标与纸质招标具有同等法律效力。

（六）一阶段招标和两阶段招标

按照采购需求形成的方式，招标可以分为一阶段招标和两阶段招标。

一阶段招标是指招标人在一次招标流程中完成编制发售招标文件、编制提交投标文件、开标、评标、定标等招标投标全部程序环节的招标方式。

两阶段招标是指将招标活动分为招标采购需求形成阶段、正式招投标阶段两个连续阶段的招标方式。两阶段招标适用于无法准确拟定和提出项目范围、技术标准、报价规则或者商务条件的项目。第一阶段，招标人发布招标公告，向有意向的潜在投标人发出技术标准或商务条件方案征集文件。潜在投标人按照招标公告和征集文件的要求，编制提交技术或商务建议方案。招标人从潜在投标人提交的技术或商务建议方案中评选和优化形成招标项目的采购需求书，并据此编制招标文件。第二阶段，招标人向在第一阶段提交建议方案的潜在投标人发出招标文件，潜在投标人按照招标文件的要求编制提交投标文件。

需要注意的是：两阶段招标是通过两个阶段完成一次招标投标活动，而不是完成了两次招标投标。其中，第一阶段属于采购需求书的形成阶段，双方围绕采购需求方案的优化进行充分协商和交流。该交流可以一次完成，也可以多次完成，不受招标投标有关程序规定的约束。根据沟通、交流后完成的采购需求书编制的招标文件，应当满足项目需求并保证第二阶段有足够的潜在投标人参与竞争，不应借此限制或排斥潜在投标人。

需要注意的是，世界银行、亚洲开发银行采购指南中的两阶段招标与我国法律规定的两阶段招标存在差异。世界银行、亚洲开发银行采购指南中的两阶段招标，投标人在第一阶段提交投标文件后，各自按照招标人评审提出的要求修改投标技术建议方案，招标人不合成统一的技术方案；第二阶段，投标人按各自修改的技术方案编制投标报价，在技术方案评审合格的前提下，选择最低评标价中标。

四、招标与采购的关系

采购是指采购主体基于消费、生产或转售等目的，从组织外部有偿获取相应资源的经济活动。采购有很多种分类方式，按照选择交易主体的方式划分，可分为招标、谈判、询比、竞价、比选、直接采购等方式。招标属于众多采购方式中的一种。由于招标方式被广泛地使用在采购标的活动中，习惯上人们也称招标为“招标采购”。

根据我国相关法律的规定，招标这种交易方式也常用于出售或出让标的交易活动中，如特许经营权、土地使用权、科研成果和技术专利等的出售或出让。因此，招标方式既可以用于购买标的，也可以用于出售或转让标的。招标方式本质上是一种按既定程序择优选择交易对象的一种交易方式。

本丛书中所称的招标，除有特别说明外，均指用于企业采购交易过程中的招标采购活动，而非招标售让活动。

第二节　工程建设项目强制招标制度

《招标投标法》第 3 条规定，在中华人民共和国境内进行下列工程建设项目包括项目的勘察、设计、施工、监理以及与工程建设有关的重要设备、材料等的采购，必须进行招标：①大型基础设施、公用事业等关系社会公共利益、公众安全的项目；②全部或者部分使用国有资金投资或者国家融资的项目；③使用国际组织或者外国政府贷款、援助资金的项目。

该法条确立了我国工程建设项目强制招标制度。依据该法条的规定，强制招标项目的具体范围和规模标准由国务院发展计划部门会同国务院有关部门制定，报国务院批准。相关法律或者国务院对必须进行招标的其他项目的范围有规定的，依照其规定。

一、确定依法必须招标项目的考量因素

《招标投标法》及其配套法律规范的相关规定，确定纳入依法必须招标（简称强制招标）的工程建设项目的范围和规模标准主要基于下列三方面因素的考量：

（1）项目的公共性。项目资金属于国有资金，或者项目涉及公共利益或公众安全。

（2）招标的经济性。如前所述，公共项目是否采用招标方式，还需要考虑招标成本费用，只有当项目达到一定规模，通过招标方式节约的项目资金才有可能超过或弥补组织招标活动的成本费用，才能体现出经济性。

（3）项目的特殊性。当公共项目由于保密安全、时间紧迫、特定技术需求、交易对象不足等特殊要求和限制情形，无法进行招标竞争时，依法可以不进行招标。

二、依法必须招标项目的具体范围

在《招标投标法》中，纳入强制招标范围的项目仅限于工程建设项目。《招标投标法》的配套法律对纳入必须进行招标的三类工程建设项目的具体范围做了详细规定。

（一）大型基础设施、公用事业等关系社会公共利益、公众安全的项目

《必须招标的基础设施和公用事业项目范围规定》（发改法规〔2018〕843 号）对纳入强制招标的大型基础设施、公用事业等关系社会公共利益、公众安全项目的具体范围作了详细规定。具体包括：①煤炭、石油、天然气、电力、新能源等能源基础设

施项目；②铁路、公路、管道、水运，以及公共航空和 A1 级通用机场等交通运输基础设施项目；③电信枢纽、通信信息网络等通信基础设施项目；④防洪、灌溉、排涝、引（供）水等水利基础设施项目；⑤城市轨道交通等城建项目。

（二）全部或者部分使用国有资金投资或者国家融资的项目

《必须招标的工程项目规定》（国家发展改革委 16 号令）对纳入强制招标的全部或者部分使用国有资金投资或者国家融资项目的具体范围做了详细规定。具体包括以下两种情形：①使用预算资金 200 万元人民币以上，并且该资金占投资额 10%以上的项目；②使用国有企业事业单位资金，并且该资金占控股或者主导地位的项目。其中，第一种情形是指政府投资项目，这里“预算资金”包括一般公共预算资金、政府性基金预算资金、国有资本经营预算资金、社会保险基金预算资金。第二种情形是指企事业单位投资项目，这里的“占控股或者主导地位”，参照《中华人民共和国公司法》第 216 条关于控股股东和实际控制人的理解执行，即：①国有资金占控股是指其出资额占有限责任公司资本总额百分之五十以上或者其持有的股份占股份有限公司股本总额百分之五十以上的股东；②出资额或者持有股份的比例虽然不足百分之五十，但依其出资额或者持有的股份所享有的表决权已足以对股东会、股东大会的决议产生重大影响的股东；③国有企业事业单位通过投资关系、协议或者其他安排，能够实际支配项目建设的，也属于国有资金占主导地位。工程建设项目中的国有资金的比例，应按照项目资金来源中所有的国有资金之和计算。

（三）使用国际组织或者外国政府贷款等援助资金的项目

《必须招标的工程项目规定》（国家发展改革委 16 号令）对纳入强制招标的使用国际组织或者外国政府贷款等援助资金项目的具体范围做了详细规定。具体范围包括：①使用世界银行、亚洲开发银行等国际组织贷款、援助资金的项目；②使用外国政府及其机构贷款、援助资金的项目。

三、依法必须招标项目的规模标准

《招标投标法》及其配套法律明确了依法必须招标的工程建设项目的具体范围。这里的“工程建设项目”，是指工程以及与工程建设有关的货物、服务。其中：①工程是指建设工程，包括建筑物和构筑物的新建、改建、扩建及其相关的装修、拆除、修缮等；②与工程建设有关的货物是指构成工程不可分割的组成部分，且为实现工程基本功能所必需的设备、材料等；③与工程建设有关的服务是指为完成工程所需的勘察、设计、监理等服务。

需要强调的是，并非所有被纳入强制招标范围内的工程建设项目都必须采用招标方式实施采购。对于法律规定必须进行招标范围内的工程建设项目，只有达到招标限额才必须采用招标方式实施采购。所谓的招标限额，是指必须进行招标的项目需要达到的规模、标准或者价值。《必须招标的工程项目规定》（国家发展改革委 16 号令）规定，属于依法必须进行招标项目范围内的工程项目，其勘察、设计、施工、监理以及与工程建设有关的重要设备、材料等的采购达到下列标准之一的，必须招标：①施工单项合同估算价在 400 万元人民币以上；②重要设备、材料等货物的采购，单项合同估算价在 200 万元人民币以上；③勘察、设计、监理等服务的采购，单项合同估算价在 100 万元人民币以上。

在执行上述规模标准时，任何单位和个人不得将依法必须进行招标的项目化整为零或以其他任何方式规避招标。同一项目中，可以合并进行的勘察、设计、施工、监理以及与工程建设有关的重要设备、材料等的采购，合同估算价合计达到上述规定标准的，必须招标。

四、免于招标的特殊情形

《招标投标法》及其配套法律规范规定，依法必须进行招标的项目，如符合法定的特殊情形，即使达到必须招标的规模标准，依法也可以不进行招标。

《招标投标法》第 66 条规定，涉及国家安全、国家秘密、抢险救灾或者属于利用扶贫资金实行以工代赈、需要使用农民工等特殊情况，不适宜进行招标的项目，按照国家有关规定可以不进行招标。《招标投标法实施条例》在此基础上，又补充了以下五种可以不进行招标的情形：①需要采用不可替代的专利或者专有技术；②采购人依法能够自行建设、生产或者提供；③已通过招标方式选定的特许经营项目投资人依法能够自行建设生产或者提供；④需要向原中标人采购工程、货物或者服务，否则将影响施工或者功能配套要求；⑤国家规定的其他特殊情形。

符合可以不招标的法定情形的工程项目，如属于依法必须履行审批、核准的项目，应当在项目审批、核准时报投资主管部门审批、核准后，方可不进行招标。

五、《招标投标法》体系的差别化管理

《招标投标法》第二条规定，在中华人民共和国境内进行招标投标活动，适用本

法。因此，企业采用招标方式实施的采购活动，均受到《招标投标法》的制约。

《招标投标法》体系对招标项目实行差别化管理。《招标投标法》及其实施条例把招标项目分为一般招标项目、依法必须招标项目（简称强制招标项目）和国有资金占控股或主导地位的依法必须招标项目（简称国资强制招标项目）三类项目，针对上述三类项目分别设置了不同的适用法条。

（一）适用于一般招标项目的规定

《招标投标法》体系中，大部分法条对所有采用招标方式的采购项目均具有约束力，通常把这类规定称为“一般规定”。这类法条在表述上不带定语或前缀。如，《招标投标法》第五条规定：“招标投标活动应当遵循公开、公平、公正和诚实信用的原则。”依据这一法条，凡采用招标投标方式实施的采购活动，不管是依法必须招标项目还是自愿招标项目，都应当遵循“三公”和诚信原则。又如，《招标投标法》第十七条规定：“招标人采用邀请招标方式的，应当向三个以上具备承担招标项目的能力、资信良好的特定的法人或者其他组织发出投标邀请书。”依据这一法条，招标人如采用邀请招标方式，不管是依法必须招标项目还是自愿招标项目，都应当向三个以上潜在投标人发出投标邀请书。再如，《招标投标法》第十九条规定：“招标人应当根据招标项目的特点和需要编制招标文件。招标文件应当包括招标项目的技术要求、对投标人资格审查的标准、投标报价要求和评标标准等所有实质性要求和条件以及拟签订合同的主要条款。”依据上述规定，不管是依法必须招标项目还是自愿招标项目，招标人在编制招标文件时，均应当根据招标项目的特点和需要编制，且招标文件的内容必须包括技术要求、资格要求、报价要求、评标标准和合同主要条款，不得缺少相关内容。

（二）适用于依法必须招标项目的规定

《招标投标法》体系中，有部分条款系针对依法必须进行招标项目的规定。这类法条在表述中对交易主体提出要求时，通常会加上“依法必须进行招标的项目”这一定语进行限定。如，《招标投标法》第六条规定：“依法必须进行招标的项目，其招标投标活动不受地区或者部门的限制。任何单位和个人不得违法限制或者排斥本地区、本系统以外的法人或者其他组织参加投标，不得以任何方式非法干涉招标投标活动。”依据这一规定，招投标活动不受地区、部门限制的规定是针对依法必须招标项目的，对于非依法必招项目而言，招标人如果在有限地域范围内选择投标人，并不违反法律规定。又如，《招标投标法》第十六条规定：“招标人采用公开招标方式的，应当发布招标公告。依法必须进行招标的项目的招标公告，应当通过国家指定的报刊、信息网络或者其他媒介发布。”依据该法条的规定，依法必招项目在发布招标公告时，必须通过国家指定媒介发布；而对于非依法必招项目来说，公开招标项目的招标人，只要完成了发布招标公告这一行为即可，并未限定其招标公告的发布媒介。再如，《招标投标法》第二十四条规定：“招标人应当确定投标人编制投标文件所需要的合理时间；但是，依法必须进行招标的项目，自招标文件开始发出之日起至投标人提交投标文件截止之日止，最短不得少于 20 日。”本条关于招标人设置的等标期最短不得少于 20 天的规定，也是针对依法必招项目的要求；对于非依法必招项目而言，等标期不受 20 天的约束。再如，《招标投标法实施条例》第三十二条第二款明确：“招标人有下列行为之一的，属于以不合理条件限制、排斥潜在投标人或者投标人：（一）就同一招标项目向潜在投标人或者投标人提供有差别的项目信息；（二）设定的资格、技术、商务条件与招标项目的具体特点和实际需要不相适应或者与合同履行无关；（三）依法必须进行招标的项目以特定行政区域或者特定行业的业绩、奖项作为加分条件或者中标条件；（四）对潜在投标人或者投标人采取不同的资格审查或者评标标准；（五）限定或者指定特定的专利、商标、品牌、原产地或者供应商；（六）依法必须进行招标的项目非法限定潜在投标人或者投标人的所有制形式或者组织形式；（七）以其他不合理条件限制、排斥潜在投标人或者投标人。”需要注意的是：本条款第（三）项、第（六）项仅对依法必招项目具有约束力，对非依法必招项目不具有拘束力，而本款中的其他列举项则对所有招标项目都具有拘束力。

（三）适用于国有资金占控股或主导地位的依法必须招标项目的规定

在《招标投标法实施条例》中，有三个条款仅适用于国有资金占控股或主导地位的依法必须进行招标项目的规定。这类法条在表述中对交易主体提出要求时，会加上“依国有资金占控股或主导地位的依法必须进行招标的项目”这一定语进行限定。如，《招标投标法实施条例》第八条第一款规定：“国有资金占控股或者主导地位的依法必须进行招标的项目，应当公开招标；但有下列情形之一的，可以邀请招标：（一）技术复杂、有特殊要求或者受自然环境限制，只有少量潜在投标人可供选择；（二）采用公开招标方式的费用占项目合同金额的比例过大。”依据该条款的规定，凡国资强制招标项目，除法定的两种情形外，都必须采用公开招标方式实施采购。又如，《招标投标法实施条例》第十八条第二款规定：“国有资金占控股或者主导地位的依法必须进行招标的项目，招标人应当组建资格审查委员会审查资格预审申请文件。资格审查委员会及其成员应当遵守招标投标法和本条例有关评标委员会及其成员的规定。”依据该条款的规定，国资强制招标项目如采用资格预审的，招标人必须按照法律关于评标委员会的组建要求，组建资格预审委员会对资格预审申请文件实施审查。再如，《招标投标法实施条例》第五十五条规定：“国有资金占控股或者主导地位的依法必须进行招标的项目，招标人应当确定排名第一的中标候选人为中标人。排名第一的中标候选人放弃中标、因不可抗力不能履行合同、不按照招标文件要求提交履约保证金，或者被查实存在影响中标结果的违法行为等情形，不符合中标条件的，招标人可以按照评标委员会提出的中标候选人名单排序依次确定其他中标候选人为中标人，也可以重新招标。”依据该法条的规定，国资强制招标项目，在评标委员会的结论是正确的前提下，招标人应当选择评标委员会推荐的第一中标候选人为中标人；如出现该法条所列举的不符合中标条件的四种情形时，招标人可以依序定标，也可以选择重新招标。

实践中，通常把《招标投标法》体系中仅对强制招标项目和国资强制招标项目具有拘束力的规定统称为“专属规定”。

需要注意的是：不论强制招标项目还是自愿招标项目，只要采购人选择了招标方式，均适用《招标投标法》。但是《招标投标法》体系把法律管辖的招标项目区分为自愿招标项目、强制招标项目和国资强制招标项目三个管理层级，一层比一层严格，一层比一层苛刻。在招标采购实践中，国有企业的招标人应当结合《招标投标法》体系的这一立法特点，根据招标项目的不同属性正确、灵活地适用相关法条，以提高采购效率和效益。

第三节　企业招标采购管理

《招标投标法》第三条确立了工程建设项目强制招标制度。国有企业采购项目除依法必须招标的项目外，企业可以根据自身管理特点，在企业采购内控管理制度中明确是否采用招标方式实施采购。

一、国有企业招标方式的适用条件

需要注意，并非所有采购项目都适合采用招标方式实施采购活动。招标作为一种采购方式，和其他采购方式一样，有其特有的适用前提。如忽略招标方式的适用前提，把招标投标方式用在不适合招标的采购项目上，一方面将导致采购目标难以实现，给合同履约造成不良影响；另一方面也会给采购人和供应商造成交易成本、机会成本和时间成本方面的损失，造成社会资源的浪费。

还需要注意的是，在公共采购领域如长期存在大范围滥用、误用招标方式的情形，对招标投标制度也会带来巨大损害。在泛招标化状况下，由于招标方式被大量用于不适合采用招标方式的采购项目中，将导致采购结果难以胜任采购目标，社会公众将对招标方式的功能和效用心存疑虑，导致“招标无用论”观点蔓延。因此，企业采购管理层在制定采购内控制度时，应当熟悉招标采购方式的适用条件。

学术界一般认为，招标方式的适用前提主要体现在以下五个方面。

（一）交易信息处于不对称状态

首先，招标方式适用于交易双方信息不对称状态下的采购活动，这一适用特点和交易发起方主导交易规则和交易流程的其他竞争采购方式类似。如在采购活动中，如市场供给端已通过某一平台或载体完整、充分地展示了商品的基本信息，采购人通过该平台即可直观、快速地了解相关信息，并依据这些基本信息能作出决定是否下单采购，则无须采用程序相对复杂招标方式或非招标采购方式实施采购。

例如网上购物模式，由于电商平台提供了相关商品的价格、质量、规格型号、技术参数、款式、颜色，以及售后服务等基本信息，采购人依据电商平台上展示的商品信息，就可以直接决定是否下单采购。该类情形下，显然无须采用招标投标这种程序繁琐、交易成本高、耗时冗长的交易方式。

因此，招标投标机制适用于交易双方在采购活动开始之前，市场信息处于不对称状态下的采购活动。一方面，招标人对招标项目的特征和需求特点比较熟悉，但对市场上潜在投标人完成项目的最低价格、履约质量、竞争格局缺乏足够的了解；另一方面，潜在投标人对自身能力和优势比较熟悉，而对招标项目的特征和需求特点则缺乏了解。引入招标投标机制后，招标人通过充分展示项目信息吸引潜在投标人开展竞争，最终达到择优选择成交供应商的目的。

需要注意的是，招标投标活动开始后，由于交易各方所处的市场竞争地位和相互关系不同，对市场信息沟通或信息保密的要求各有不同。

一是招标人与投标人之间，要求尽可能披露与交易活动相关的市场信息，达成交易信息的对称关系。交易信息的对称是市场主体达成交易意向和成功履约的重要前提。通常情况下，当交易双方充分了解对方的相关信息，足以信赖对方具有签约诚意和履约能力，才有可能达成交易。因此，在招标投标过程中，要求交易双方尽可能向对方充分展示与交易活动相关的自身信息。基于这一原理，《招标投标法》要求依法必须招标项目的招标人应当通过指定媒介公开发布招标信息，要求招标文件应当详细描述招标项目的需求特征，要求投标人应当如实提交证明自己履约资格能力的相关资料。实际上，这也是我国大力推行电子招标投标，建立全国市场信息集中统一、动态对称和互联共享体系的理论依据和实践意义。

二是投标人与投标人之间，要求保持交易信息的保密状态。为实现投标人之间的有效竞争，在投标阶段，要求潜在投标人之间不得沟通信息。如果潜在投标人之间相互协商交易信息，或者达成共守同盟，将无法形成彼此之间的竞争。因此，《招标投标法》禁止投标人之间串通投标，禁止招标人向他人透露已获取招标文件的潜在投标人的名称、数量以及可能影响公平竞争的有关招标投标的其他情况。这些要求本质上都是为了保障招标投标机制能够真正发挥出竞争择优的优势。

（二）处于买方市场态势

经济学中的买方市场，是指市场供给大于市场需求、商品价格呈下降趋势，买方在交易上处于有利地位的市场态势。买方市场意味着在商品交换过程中，交易双方的平等地位由于商品供大于求而被打破，采购方可以货比三家，在宽松的选择环境下购得物美价廉的商品。

招标方式不是采购人和供应商之间一对一的博弈，而是通过事先确定的竞争规则引入供应商之间的竞争博弈机制，将买卖双方之间的博弈改为供应商之间的博弈。因此，只有在市场供给状态整体处于供大于求的买方市场态势下，采购人才有可能引入招标投标这种采购方式，实现供应商之间的竞争博弈，以达到降低交易价格、采购到物美价廉的商品或服务、提高采购资金使用效益的结果。

反之，如市场供给端整体处于供不应求态势，合格供应商数量明显不足时，招标投标机制将难以发挥。在这种状况下，如强行引入招标方式实施采购，则往往采购效益不佳，甚至难以完成正常的交易活动。

因此，招标方式适用于买方市场。而当市场供大于求态势不十分显著，供方竞争不足，或是针对稀缺产品的采购时，招标投标机制将难以发挥出应有的优势和作用，不宜采用招标方式实施采购。从这个意义上看，实践中一些国有企业提出的逢采必招、凡买必招等要求不符合招标方式的适用前提。

（三）采购需求特征明确

招标程序是一种较为刚性的采购程序。招标方式适用于采购需求特征明确，即采购需求可以事先准确、清晰、完整地描述的采购标的。

《招标投标法》第十九条规定："招标人应当根据招标项目的特点和需要编制招标文件。招标文件应当包括招标项目的技术要求、对投标人资格审查的标准、投标报价要求和评标标准等所有实质性要求和条件，以及拟签订合同的主要条款。国家对招标项目的技术、标准有规定的，招标人应当按照其规定在招标文件中提出相应要求。"同时，法律禁止招标人在确定中标人前与投标人就投标价格、投标方案等实质性内容进行谈判，禁止招标人、评标委员会在评审现场修改评标标准和方法，禁止评标专家和投标人私下接触。法定招标程序的刚性特征，要求招标人在招标活动开始之前，对采购需求开展深入研究后，把采购标的和需要满足的技术要求、商务要求等采购需求特征准确、清晰、完整地在招标文件中表述出来。

因此，招标方式使用于采购需求特征明确的采购项目。在采购实践中，有些采购标的无法事先明确，需要一边实施采购一边逐渐明晰采购需求的项目，则不适合采用招标投标这种程序较为刚性的采购方式实施采购。对于这类采购项目，可采用谈判、比选、直接采购等方式开展采购活动。

（四）采购时间较为充裕

与现行其他采购方式相比，招标投标程序更为复杂、耗时更为冗长。完整的招标投标流程包括招标、投标、开标、评标、定标和合同签订等六个阶段，每个阶段又包括诸多环节，如招标阶段包括发布招标公告或发出投标邀请书、发布或售卖招标文件、组织答疑、组织现场踏勘、处理答复招标文件异议、补充修改招标文件等环节。如采用资格预审方式招标，则在传统的招标流程启动之前，还需经历一段冗长的资格审查程序，该程序也分为资格预审公告和资格预审文件的发布、潜在投标人领购资格预审文件、潜在投标人编制并递交资格预审申请文件、资格预审申请文件的审查、确定资格预审合格申请人、发出资格预审合格通知书等阶段，程序繁琐冗长。

根据现行法律的相关规定，就算是自愿招标项目，一个完整的招投标流程通常也需耗时半个多月乃至更长的时间，如采用资格预审方式，所需的时间则更长。因此，对于国有企业生产运营过程中发生的诸如应急抢修等需要短时间内排除故障、恢复生产的紧急采购项目来说，哪怕采购标的的金额较大，也不适宜采用招标采购。

（五）交易成本应小于预期节约资金

招标投标是一种交易成本较高的采购方式。理论上，引入招标投标机制可以降低项目成本、提高资金使用效益，但招标投标本身也需要大量的成本支出，如搜寻成本、信息成本、决策成本、缔约成本、监督成本和救济成本等。当招标人的市场调研、招标方案策划、招标活动的组织等交易成本大于预期可能节约的费用时，招标方式就不再是一种经济可行的交易方式，强行采用招标方式反而会降低采购资金的使用效益，造成采购资金的浪费。

因此，即便是涉及社会公共利益、使用公共资金的，属于依法必须招标项目范围内的工程建设项目，《招标投标法》也并未强制要求所有项目都必须采用招标方式，只有在达到国家规定的必须招标限额标准以上的项目，才必须采用招标方式实施采购。采用招标方式可以节约的费用应大于招标投标活动的交易成本，这是我国《招标投标法》设立必须招标项目规模标准的理论基础。

有的企业规定几万元的项目，甚至是几千元的项目都必须采用招标方式。在采购实践中，这类项目采用招标方式所节约的资金往往不足以弥补采购活动的交易成本，难以实现提高资金使用效益的目的，是不太可取的做法。因此，绝大多数企业也借鉴《招标投标法》体系的规定出台企业内部的招标限额标准，对一定范围内的采购项目设定相应规模，以避免出现采购资金浪费、采购效益低下等现象。

二、招标投标的基本流程

《招标投标法》第十九条规定，招标人应当根据招标项目的特点和需要编制招标文件。因此，组织招标活动的起点应该从研究招标需求开始。

（一）研究招标需求

招标需求通常包括采购标的及其需要满足的技术、商务要求。采购标的包括采购标的的名称、数量等方面的信息；技术要求是指对采购标的的功能和质量要求，包括性能、材料、结构、外观、安全，或者服务内容和标准等；商务要求是指取得采购标的的时间、地点、财务和服务要求，包括交付时间和地点（实施期限和范围）、付款条件（进度和方式）、包装和运输、售后服务、保险等。

招标人可通过开展需求调查的方式确定采购需求。招标人开展需求调查时，可使用咨询、论证、问卷调查等方式了解相关产业发展、市场供给、同类项目历史成交信息，可能涉及的运行维护、升级更新、后续采购，以及其他相关情况。招标人可在招标采购内控管理制度中明确应当开展需求调查的项目范围。

招标需求应满足国家标准、行业标准、地方标准的要求，招标人也可根据采购目标对采购标的提出更高的要求。招标人在表述招标需求时，应做到合规完整、清楚明了、表述规范、含义准确，避免出现违法违规情形，且不易引发歧义。

（二）编制招标方案

招标方案是指招标人通过分析和掌握招标项目的技术、经济、管理的特征，以及招标项目的功能、规模、质量、价格、进度、服务等需求目标，依据有关法律法规、技术标准，结合市场竞争状况，针对一次招标组织实施工作的总体策划。招标方案的主要内容最少应包括如下三个方面：

（1）项目背景。包括项目概况、特征与需求分析，招标的内容范围、实施条件、质量要求、进度要求、招标控制价等需求要素及其目标。

（2）招标计划。包括招标组织形式和招标方式、合同结构与标段（包件）划分，投标人资格条件，招标程序及时间计划安排，专业力量安排、工作责任分解，采购工作目标等。

（3）组织保障。包括需要动用的资源，组织与保障措施，招标过程中可能发生的风险及风险应对预案等。

不同项目的招标方案会有所差异，因此对招标方案的编制要求也有所不同。

（1）货物招标项目。货物招标方案因采购目的、用途不同而有所区别：①作为最终消费产品的货物招标方案主要依据用户的实际需求编制；②企业生产需要的原材料和半成品的货物招标方案主要依据企业的生产要求编制；③工程建设项目使用的货物招标方案应该依据整个工程建设项目对货物的需求进行编制。

（2）工程施工招标项目。必须分析掌握工程施工项目的使用功能、规模、标准、节能、环保等特征，以及工程质量、造价、工期、安全等技术经济和管理的需求目标，据此结合市场供求状况，编制科学、合理、匹配的招标方案及选择确定相应要素和标准，以保证通过招标能够成功选择合适、满意的承包人及其商务、技术实施方案和合同条件，实现工程建设项目的需求目标。

（3）服务招标项目。服务招标方案的编制方法可参考货物项目、施工项目。招标人在编制招标方案时，应充分考虑服务采购标的的需求特征并考虑包件划分、投标人资格条件、计价方式、评审方法和标准等因素。

（三）制订招标计划

招标人应根据法律法规和国家有关规定，结合招标项目的招标需求特点拟订招标计划。招标计划通常应包括招标活动的时间安排、招标方式和招标组织形式、标段（包件）划分、投标人资格条件、评标办法、合同类型、合同主要条款、履约验收方案和风险管控措施等内容。

招标人在编制招标计划时，应充分考虑招标活动所需时间和可能影响招标活动进行的因素，合理安排招标活动的实施时间。

（四）组织资格预审

为确保投标人满足招标项目的资格条件，避免招标人和投标人的资源浪费，招标人可以对潜在投标人组织资格预审。

资格预审是招标人根据招标方案，编制发布资格预审公告，向不特定的潜在投标人发出资格预审文件，潜在投标人据此编制提交资格预审申请文件，招标人或者由其依法组建的资格审查委员会按照资格预审文件确定的资格审查方法、资格审查因素和标准，对申请人资格能力进行评审，确定通过资格预审的申请人。未通过资格预审的申请人，不具有投标资格。

不实行资格预审的项目（俗称资格后审项目），招标人在制订招标计划以后即编制发出招标公告（或投标邀请书）和招标文件。投标人的资格条件作为评标时的重要评审因素，由评标委员会在评标阶段进行资格评审，通过资格评审的投标人才有资格进入后续的形式评审、响应性评审和详细评审。

（五）编制发出招标文件

招标文件是招标人向潜在投标人发出并告知项目需求、招标投标活动规则和合同条件等信息的要约邀请文件，是项目招标投标活动的主要依据，对招标投标活动各方均具有法律约束力。

（1）编制招标文件。招标人应根据招标项目需求的技术经济特点和招标方案确定招标要素、市场竞争状况，结合法律法规和标准文本编制招标文件。招标文件通常包括招标公告或邀请书、投标人须知、评标办法、合同草案、招标需求书和投标文件格式等章节。依法必须进行招标项目的招标文件，应当使用国家发展改革部门会同有关行政监督部门制定的标准文本。

（2）招标文件发售。招标人在发布招标公告时，应通过电子交易平台一并上传招标文件，供潜在投标人下载。

为使投标竞争更加充分，招标人应当保证合理的招标文件发售时间，使潜在投标人有时间获取招标文件。法律规定招标文件的发售时间最短不得少于 5 日。需要注意的是，当招标文件发售期满时，如果领购招标文件的潜在投标人不足 3 个时，招标人应当分析实际原因，研究是否需要延长招标文件发售期和投标截止时间，或者修改招标文件的投标人资格条件等相关内容并重新组织招标，以使更多的潜在投标人参加投标。

（3）招标文件的澄清和修改。招标文件发出后，招标人可以对招标文件进行澄清和修改。招标人对招标文件的澄清和修改可能影响投标文件编制的，应当在投标截止时间 15 日前发出，否则应顺延投标截止时间。招标文件的澄清和修改构成招标文件的组成部分，对招标人和投标人均具有约束力。

（4）投标有效期。招标人应根据招标项目的规模和复杂性，以及开标、评标、定标和签订合同等工作所需时间，在招标文件内合理设定投标有效期。投标有效期过短，招标人可能因无法完成开标、评标、定标和签订合同而导致招标失败。投标有效期过长，投标人所面临的市场价格波动和经营风险同时增加，为了转移风险，投标人可能会提高投标报价，增加招标人采购成本。招标人应在各环节满足法定和实际必需时间的前提下，合理设定投标有效期时间并在此期限内完成相关招标工作。

（5）投标保证金。投标保证金的金额应根据招标项目特点和市场竞争情况合理确定。《招标投标法实施条例》及其配套法律规定，投标保证金不得超过招标项目估算价的 2%，工程施工、工程货物招标项目，投标保证金最高不得超过 80 万元；工程勘察设计招标项目，最多不超过 10 万元。投标保证金的有效期应与投标有效期一致或大于投标有效期。

招标人最迟应当在书面合同签订后 5 日内，向中标人和未中标的投标人退还投标保证金及银行同期存款利息。投标截止后投标人撤销投标文件的，招标人可以按照约定不退还其投标保证金；中标人无正当理由不与招标人签订合同，或者在签订合同时向招标人提出附加条件，或者不按照招标文件要求提交履约保证金的，招标人不予退还其投标保证金。

（6）招标控制价，又称最高投标限价。设置最高投标限价可以确保投标价格不超过一定的数额。招标人设有最高投标限价的，应当在招标文件中明确最高投标限价或者最高投标限价的计算方法。设有最高投标限价的招标项目，若投标人的投标报价超出最高投标限价，其投标将被否决。因此，最高投标限价的设置应当慎重并保证其准确无误，否则将导致招标失败。招标人不得在招标文件中规定最低投标限价。

（六）组织踏勘现场

招标人可以根据招标项目的特点和招标文件的规定组织潜在投标人实地踏勘，了解项目现场的地形地质、项目周边交通环境等并介绍有关情况。潜在投标人应自行负责根据现场踏勘作出的分析判断和投标决策。

踏勘现场不是招标活动的法定必经流程，招标人可根据招标项目的实际需要自行决定是否组织现场踏勘。工程设计、监理、施工和工程总承包以及特许经营等项目招标一般需要组织踏勘现场。需要注意的是，招标人不得组织单个或者部分潜在投标人踏勘项目现场。

（七）召开投标预备会

投标预备会是招标人为了澄清、解答潜在投标人在阅读招标文件或现场踏勘后提出的疑问，按照招标文件规定时间组织的答疑会。所有的澄清、解答均应当以书面方式发给所有获取招标文件的潜在投标人，并属于招标文件的组成部分。招标人可以利用投标预备会对招标文件中有关重点、难点等内容主动作出说明。

招标人可根据招标项目的实际需要，自行决定是否组织投标预备会。

（八）编制提交投标文件

潜在投标人对招标文件存有疑问的，可以按照招标文件规定的时间以书面提出澄清要求，招标人应当及时书面答复澄清。潜在投标人或其他利害人对招标文件的内容有异议的，应当在投标截止时间 10 天前向招标人提出。

（1）投标文件的编制和提交。潜在投标人应依据招标文件要求的格式和内容，编制、签署、加密、上传投标文件，并根据招标文件的要求提交投标保证金。

（2）投标文件的撤回和撤销。投标截止时间之前，投标人可以撤回、补充或者修改已提交的投标文件。投标人撤回已提交的投标文件，应当以书面形式通知招标人。投标截止时间之后，投标人不得撤销投标，否则将承担相应法律责任。

（3）联合体投标。联合体投标是指两个以上法人或者其他组织组成投标联合体并签订联合体投标协议，以一个投标人的身份投标。招标项目接受联合体投标的，投标人可以组成联合体参加投标。联合体投标协议中承担同一专业工作的成员，应按照其最低资质等级核定其联合体的资质等级。

（九）组建评标委员会

招标人应在开标前组建评标委员会。依法必须进行招标项目的评标委员会由招标人代表和技术、经济专家共 5 人以上的单数组成，其中技术、经济专家不得少于成员总数的 2/3。依法必须进行招标项目的评标专家，应从评标专家库以随机抽取方式确定；技术复杂、专业性强或者国家有特殊要求，采取随机抽取方式确定的专家难以保证胜任评标工作的招标项目，可以由招标人直接确定。

评标专家有下列可能影响公正评标情形的，应当主动提出回避：

（1）投标人或投标人主要负责人的近亲属；

（2）项目主管部门或者行政监督主管部门的人员；

（3）与投标人有经济利益关系，可能影响对投标公正评审的；

（4）曾因在招标、评标以及其他与招标有关的活动中从事违法行为而受过行政处罚或刑事处罚的；

（5）法律规定的应当回避的其他情形。

（十）开标与评标

招标人应按招标文件规定的时间、地点组织开标，邀请所有投标人代表参加开标会议，并如实记录开标情况。除相关法律另有规定外，投标人不参加开标会议不影响其投标文件的有效性。

1. 开标准备

（1）接收投标文件。投标人应当在投标截止时间前将投标文件上传至电子招投标系统。如采用纸质载体招标，投标人可以派人直接送达，也可以使用邮寄方式送达投标文件。投标人采用邮寄方式提交投标文件的，投标文件的送达时间应以招标人实际收到时间为准，而不是以邮戳为准。

投标人直接送投标文件的，招标人应安排专人在招标文件指定地点接收投标文件（包括投标保证金），并详细记录投标文件送达人、送达时间、份数、包装密封、标识等查验情况，经投标人确认后，向其出具接收投标文件和投标保证金的凭证。

在投标截止时间前，投标人书面通知招标人撤回其投标的，招标人应核实撤回投标书面通知的真实性。招标人应在接受撤回投标书面通知书及投标人授权代表身份证明并经核实后，将投标文件退回该投标人。

（2）拒绝接收投标文件。根据《招标投标法实施条例》规定，招标人应当拒收投标文件的情形有三种：①采用资格预审的项目，未通过资格预审的申请人提交的投标文件；②逾期送达的投标文件；③不按照招标文件要求密封的投标文件。因此，投标截止时间前未完成上传的投标文件，电子交易系统将不予接收。如采用纸质载体招投标的，在投标截止时间前未按招标文件要求密封的投标文件，招标人应当允许投标人自行补救。

（3）确认投标人数量。投标截止后，招标人应当确认成功提交投标文件的投标人数量。投标人少于 3 个的，不得开标，招标人应将接收的投标文件原封退回投标人，依法必须进行招标的项目，招标人在分析招标失败的原因并采取相应措施后，应当依法重新组织招标。重新招标的投标截止后投标人仍不足三个的，需要履行审批、核准手续的依法必须进行招标的项目，报项目审批、核准部门审批、核准后可以不再进行招标；其他项目，招标人可自行决定是否招标。

2. 开标

开标由招标人主持，也可以由招标人委托的招标代理机构主持。开标应按照招标文件规定的程序进行，一般开标程序如下：

（1）宣布开标纪律。主持人宣布开标纪律，对参与开标会议的人员提出要求，如开标过程中不得喧哗，通信工具调整到静音状态，按规定的方式提问等。任何单位和个人不得干扰正常的开标程序。

（2）宣布有关人员姓名。主持人介绍招标人代表、监督人代表或公证人员等，依次宣布开标人、唱标人、记录人、监标人等有关人员。

（3）确认投标人代表身份。招标人可以按照招标文件的规定，当场核验参加开标会议的投标人授权代表的授权委托书和有效身份证件，确认授权代表是否有权参加开标会，并留存授权委托书和身份证件的复印件。

（4）公布在投标截止时间前接收投标文件的情况。招标人当场公布投标截止时间前提交投标文件的投标人名称、标包、递交时间等，以及投标人撤回投标等情况。

（5）检查投标文件的密封情况。组织投标人代表或公证人员对投标文件进行密封检查，其目的在于确认投标文件未事先被解密，或检查开标现场的投标文件密封状况是否与投标文件接收时的密封状况一致。如果投标文件已事先被解密，或投标文件密封状况与接收时的密封状况不一致，或者存在拆封痕迹的，招标人应当终止开标。

（6）宣布投标文件开标顺序。主持人宣布开标顺序。招标人一般应在招标文件中事先规定开标顺序，如规定按照“先到后开、后到先开的顺序”进行开标，或规定按照“投标人递交投标文件的顺序”进行开标。

（7）唱标。唱标人应根据法律规定和招标文件约定的内容和要求进行唱标，宣读投标人名称、投标价格和投标文件的其他主要内容。投标截止时间前收到的所有投标文件，开标时都应当众予以拆封、宣读。投标截止时间前撤回投标的，应宣读其撤回投标的书面通知。

（8）确认开标记录。开标会议应当认真做好书面记录。开标工作人员应认真核验并如实记录投标文件的密封检查、投标报价、投标保证金等开标情况，以及开标时间、地点、程序，出席开标会议的单位和代表，开标会议程序、公证机构和公证结果（如有）等信息。投标人代表、招标人代表、监标人、记录人等应在开标记录上签字确认，开标记录应作为评标报告的组成部分存档备查。

需要注意的是，投标人代表在开标记录上签字确认不是强制性要求。投标人是否在开标记录上签字不对其投标文件的有效性产生影响。

（9）开标异议。投标人对开标有异议的，应当场提出，招标人应当场核实并予以答复，如发生工作人员唱标或其他工作失误，应当场纠正。招标人及监管机构代表等不应在开标现场对投标文件是否有效作出判断，应提交评标委员会评定。

（10）开标结束。开标程序完成后，主持人宣布开标会结束。

3. 评标

评标由招标人依法组建的评标委员会负责，评标委员会应当按照招标文件规定的评标标准和方法对投标文件进行评审。

（1）评标准备。评标一般应在开标后立即进行，招标人应在开标前同时完成评标准备工作。评标准备工作主要有：

1）确定评标时间。应根据招标项目的规模、技术复杂程度、投标文件数量、评标标准和方法及评标需要完成的工作量，合理确定评标时间。在评标过程中，如果超过 1/3 的评标委员会成员认为评标时间不够的，招标人应当适当延长评标时间。

2）相关设施和资料的准备。提前将电子评标系统安装调试好，准备好招标文件（资格预审文件）及其澄清与修改、开标记录、投标文件（资格预审申请文件）、评标时使用的相应对比和评分表格等文件，以及电脑、打印机、投影仪、计算器等设备。

3）其他准备工作。评标委员会成员的手机、上网终端等电子通信设备在评标期间应当统一保管；为投标人澄清投标文件做好相关准备；调试好评标现场录音录像设备，对评标过程进行全程录音录像；做好评标现场管理，除评标委员会成员和必要的工作人员外，无关人员不得进入评标现场。

（2）评标原则。评标委员会成员应遵循公平、公正、科学、择优的原则对投标文件进行评审。评审时，应认真阅读招标文件，正确把握招标项目的特点和需求，并对评审意见承担个人责任。评标委员会应依据法律法规、招标文件及其规定的评标标准和方法，对投标文件进行系统的评审和比较，招标文件没有规定的评标标准和方法，评标时不得采用。评标过程中发现问题的，应当及时向招标人提出处理建议；发现招标文件内容违反有关强制性规定或者招标文件存在歧义、重大缺陷导致评标无法进行时，应当停止评标并向招标人说明情况。

（3）评标纪律。评标活动由评标委员会依法进行，任何单位和个人不得非法干预。评标专家应当认真、公正、诚实、廉洁、勤勉地履行专家职责，按时参加评标，严格遵守评标纪律。评标专家与投标人有利害关系的，应当主动提出回避。评标委员会成员不得对其他成员的独立评审施加不当影响；不得私下接触投标人，不得收受投标人、中介人、其他利害关系人的财物或者其他好处，不得接受任何单位或者个人明示或者暗示提出的倾向或者排斥特定投标人的要求；不得透露评标委员会成员身份和评标项目；不得透露对投标文件的评审和比较、中标候选人的推荐情况、在评标过程中知悉的国家秘密和商业秘密以及与评标有关的其他情况。应当保密的内容包括评标地点和场所、评标委员会成员名单、投标文件评审比较情况、中标候选人的推荐情况、与评标有关的其他情况等。评标委员会成员不得故意拖延评标时间，或者敷衍塞责随意评标；不得在合法的评标劳务费之外额外索取、接受报酬或者其他好处；严禁组建或者加入可能影响公正评标的微信群、QQ 群等网络通信群组。招标人、招标代理机构、投标人发现评标专家有违法行为的，应当及时向行政监督部门报告。

（4）初步评审。初步评审可分为形式评审、资格评审和响应性评审。评标委员会分别对投标文件的外在形式、投标资格、投标文件是否响应招标文件实质性要求等方面进行审查，未通过初步的投标文件，将被依法否决。表 3－1 列出了货物招标项目初步评审的常见因素。

评标委员会对投标文件中含义不明确、对同类问题表述不一致、有明显文字和计算错误、投标报价可能低于成本影响履约的，应当以书面方式先请投标人作必要的澄清、说明，不得直接否决投标，澄清、说明或者补正应以书面方式进行并不得超出投标文件的范围或者改变投标文件的实质性内容。投标文件中的大写金额和小写金额不一致的，以大写金额为准；总价金额与单价金额不一致的，以单价金额为准，但单价金额小数点有明显错误的除外；对不同文字文本投标文件的解释发生异议的，以中文文本为准。投标人拒不按照要求对投标文件进行澄清、说明或者补正的，评标委员会可以否决其投标。

评标委员会应当审查每一投标文件是否对招标文件提出的所有实质性要求和条件作出响应，未能在实质上响应的投标，应当予以否决。在评标过程中，评标委员会发现投标人以他人的名义投标、串通投标、以行贿手段谋取中标或者以其他弄虚作假方式投标的，应当否决该投标人的投标；发现投标人的报价明显低于其他投标报价或者在设有标底时明显低于标底，使得其投标报价可能低于其个别成本的，应当要求该投标人作出书面说明并提供相关证明材料。投标人不能合理说明或者不能提供相关证明材料的，由评标委员会认定该投标人以低于成本报价竞标，应当否决其投标。

投标人资格条件不符合国家有关规定和招标文件要求的，或投标文件存在重大偏差的，评标委员会应当否决其投标。下列情况属于重大偏差：①没有按照招标文件要求提供投标担保或者所提供的投标担保有瑕疵；②投标文件没有投标人授权代表签字和加盖公章；③投标文件载明的招标项目完成期限超过招标文件规定的期限；④明显不符合技术规格、技术标准的要求；⑤投标文件载明的货物包装方式、检验标准和方法等不符合招标文件的要求；⑥投标文件附有招标人不能接受的条件；⑦不符合招标文件中规定的其他实质性要求。招标文件对重大偏差另有规定的，从其规定。

在初步评审阶段，有效投标不足三个的，应当对投标是否明显缺乏竞争和是否需要否决全部投标进行充分论证，并在评标报告中记载论证过程和结果。

表 3－1　　货物招标项目初步评审因素

评审因素	评审标准
同一投标人中标单一品种货物最多数量限额	本次评标采用综合评估法。评标委员会对满足招标文件实质性要求的投标文件，按照评分标准进行打分，并按得分由高到低顺序推荐中标候选人，或根据招标人授权直接确定中标人，但投标报价低于其成本的除外。综合评分相等时，以技术得分高的优先；技术得分也相等，以投标报价低的优先；技术得分和投标报价都相等的，由招标人确定。 为降低投标人履约风险，实行中标总量限额控制。每个包范围内，每个标包授予排序第一的投标人；投标人在同一标段多个标包排序第一时，按其包投标报价金额由大到小依次进行授标（如果投标报价金额相同，将按照包号从小到大排序），当该投标人累计被推荐中标的若干标包数量达到规定限额时，则该投标人在其余标包中只参与评审、不参加推荐中标。具体如下： （1）除非招标文件另有规定，各货物名称内每个投标人在各包范围内被授予的标包数量设置限额； （2）当出现某一标包，其全部进入详评的投标人的中标标包数量均达条款（1）规定限额时，该包授予评审总分最高的投标人，该投标人不受条款（1）标包数量限额限制； （3）当多个标包出现条款（2）所述情况时，任何一个投标人只能在条款（1）规定的限额外按照其包投标报价金额由大到小依次被授予不超过 1 个标包（含 1 个）； （4）如推荐的中标候选人放弃中标资格，可从该包评审总分前三名中依次重新推荐一名中标候选人，该投标人中标数量不受条款（1）、条款（2）、条款（3）限制。 （5）如推荐的中标候选人在中标候选人公示期间因异议受理经查实不满足招标文件要求的，招标人将重新组织招标。投标人在投标截止之日至中标公告发布之日期间，任一日《国家电网有限公司关于供应商不良行为处理情况的通报》处理期内，存在导致其被暂停中标资格或取消中标资格的，将被取消中标资格

续表

评审因素	评审标准
投标人名称	与投标人营业执照、税务登记证明、组织机构代码证书、银行资信证明、质量保证体系、生产许可证或产品质量（检验）合格证（如有）及其年检合格的证明等一致
投标函签字盖章	有法定代表人或其授权代表人签字或加盖单位章
投标文件格式	符合第八章“投标文件格式”的要求
联合体投标人	提交联合体协议书，并明确联合体牵头人（如有）
报价唯一	只能有一个有效报价
营业执照	具备有效的营业执照
生产许可证，或国家授权许可权威认证机构或国际权威机构颁发的认证证书或检测合格证	符合第二章“投标人须知”规定
检验检测报告（国家或国际权威机构出具）	符合第二章“投标人须知”规定
同类产品的供货业绩	符合第二章“投标人须知”规定
法定代表人	符合第二章“投标人须知”规定
财务状况和商业信用	符合第二章“投标人须知”规定
同类产品是否出现过质量事故	符合第二章“投标人须知”规定
批量退货或严重影响施工	符合第二章“投标人须知”规定
货物及其技术文档图纸交付	符合第二章“投标人须知”规定
投诉或违约责任追溯	符合第二章“投标人须知”规定
生产场地、设备、检测能力	符合第二章“投标人须知”规定
外购外协组件材料及其检验检测	符合第二章“投标人须知”规定
是否是代理投标	符合第二章“投标人须知”规定
联合体投标人	符合第二章“投标人须知”规定
其他要求	符合第二章“投标人须知”规定
投标内容	符合第二章“投标人须知”规定
交货期	符合第二章“投标人须知”规定
货物质量	符合第二章“投标人须知”规定
投标有效期	符合第二章“投标人须知”规定
投标保证金	符合第二章“投标人须知”规定
权利义务	符合第四章“合同条款及格式”规定
已标价货物清单	符合第五章“货物清单行报价暨投标报价汇总表”给出的范围和数量
技术标准要求	符合第六章“技术标准和要求”规定
文书签署	符合第二章“投标人须知”规定

（5）详细评审。详细评审是评标委员会按照招标文件规定的评标方法、因素和标准，对通过初步评审的投标文件进行商务、技术、报价等方面进行评审，以评价不同投标文件对招标文件的响应程度。

采用经评审的最低投标价法，评标委员会应当根据招标文件中规定的评标价格计算因素和方法，对投标文件的价格要素做必要的调整，计算所有投标人的评标价，以便使所有投标文件的价格要素按统一的口径进行比较。招标文件中没有明确规定的因素不得计入评标价。

采用综合评估法，评标委员会可使用打分的方法或者其他方法，衡量投标文件对招标文件中规定的价格、商务、技术等各项评价因素的响应程度。综合评估法的详细评审因素主要有价格、技术和商务。商务因素还可细化为财务状况、信誉、业绩、服务、对招标文件的响应程度等。上述因素及相应的分值和权重应当在招标文件中规定。

评标委员会各成员应当独立对每个初步评审合格的投标文件的评标因素在规定分值内进行评价打分，然后按照相应的比重或者权值计算每个投标人每项评分因素的得分。

（6）评标报告和推荐中标候选人。评标委员会完成评标后，应当向招标人提交书面评标报告，并根据招标文件的规定推荐中标候选人，或根据招标人的授权直接确定中标人。评标报告应当如实记载以下内容：①基本情况和数据表；②评标委员会成员名单；③开标记录；④符合要求的投标一览表；⑤否决投标的情况说明；⑥评标标准、评标方法或者评标因素一览表；⑦经评审的价格或者评分比较一览表；⑧经评审的投标人排序；⑨推荐的中标候选人名单与签订合同前要处理的事宜；⑩澄清、说明事项纪要。

评标委员会应当在评标报告中列出中标候选人名单。中标候选人应当不超过三个并标明排序。如采用综合评估法，最大限度符合要求的投标人排名第一，次之的排名第二，以此类推。如采用经评审的最低投标价法，满足招标文件实质性要求且投标价格不低于成本的前提下，按照经评审的价格从低至高排序列出前三名。

评标报告应由评标委员会全体成员签字。对评标结论持有异议的评标委员会成员可以书面形式阐述其不同意见和理由。评标委员会成员拒绝在评标报告上签字又不陈述其不同意见和理由的，视为同意评标结果。评标委员会决定否决所有投标的，应在评标报告中详细说明理由。

（7）评标注意事项。评标委员会在评标过程中，需要注意以下事项：

1）评标委员会的职责是按照招标文件中规定的评标标准和方法，对投标文件进行系统的评审和比较。评标委员会不得制定、完善和修改招标文件中已经公布的评标标准和方法。

2）评标委员会应对评标结果负责。招标人接收评标报告时，应核查评标委员会是否按照招标文件规定的评标标准和方法进行评标，是否有计算错误、签字是否齐全等内容。如果发现问题，评标委员会应及时更正。

3）评标委员会成员应该对评标过程严格保密，除依法公示评标结果外，不得私自泄露任何与评标相关的信息。评标结束后，评标委员会应将评标使用的各种文件资料、记录表、草稿纸交回招标人或招标代理机构。

（十一）定标和签约

1. 中标候选人公示

依法必须进行招标项目的招标人，应当自收到评标报告之日起 3 日内，在招标公告和公示信息指定发布媒体公示中标候选人，公示期不得少于 3 日。中标候选人不止 1 个的，应将所有中标候选人一并公示。

投标人或其他利害关系人对依法必须进行招标项目的评标结果有异议的，应当在中标候选人公示期间提出。招标人应当自收到异议之日起 3 日内作出答复；作出答复前，应当暂停招标投标活动。

2. 确定中标人

招标人按照评标委员会提交的评标报告和推荐的中标候选人以及公示结果，根据法律法规和招标文件的规定确定中标人。中标候选人的经营、财务状况发生较大变化或者存在违法行为，招标人认为可能影响其履约能力的，应当在发出中标通知书前由原评标委员会按照招标文件规定的标准和方法审查确认。

招标人确定中标人后，向中标人发出中标通知书，同时将中标结果通知所有未中标的投标人。依法必须招标的项目，招标人应当及时发布中标公告，同时在确定中标人的 15 日内向有关行政监督部门提交招标投标情况书面报告。

3. 签订合同

招标人和中标人应当自中标通知书发出之日起 30 日内，按照中标通知书、招标文件和中标人的投标文件签订合同，明确双方责任、权利和义务。合同的标的、价款、质量、履行期限等主要条款应当与招标文件和中标人投标文件中的内容一致。招标人和中标人不得再行订立背离合同实质性内容的其他协议。签订合同时，双方在不改变招标投标实质性内容的条件下，对非实质性差异的内容可以通过协商取得一致意见。招标文件要求中标人提交履约保证金的，中标人应当提交。

公开招标基本程序如图 3－1 所示。

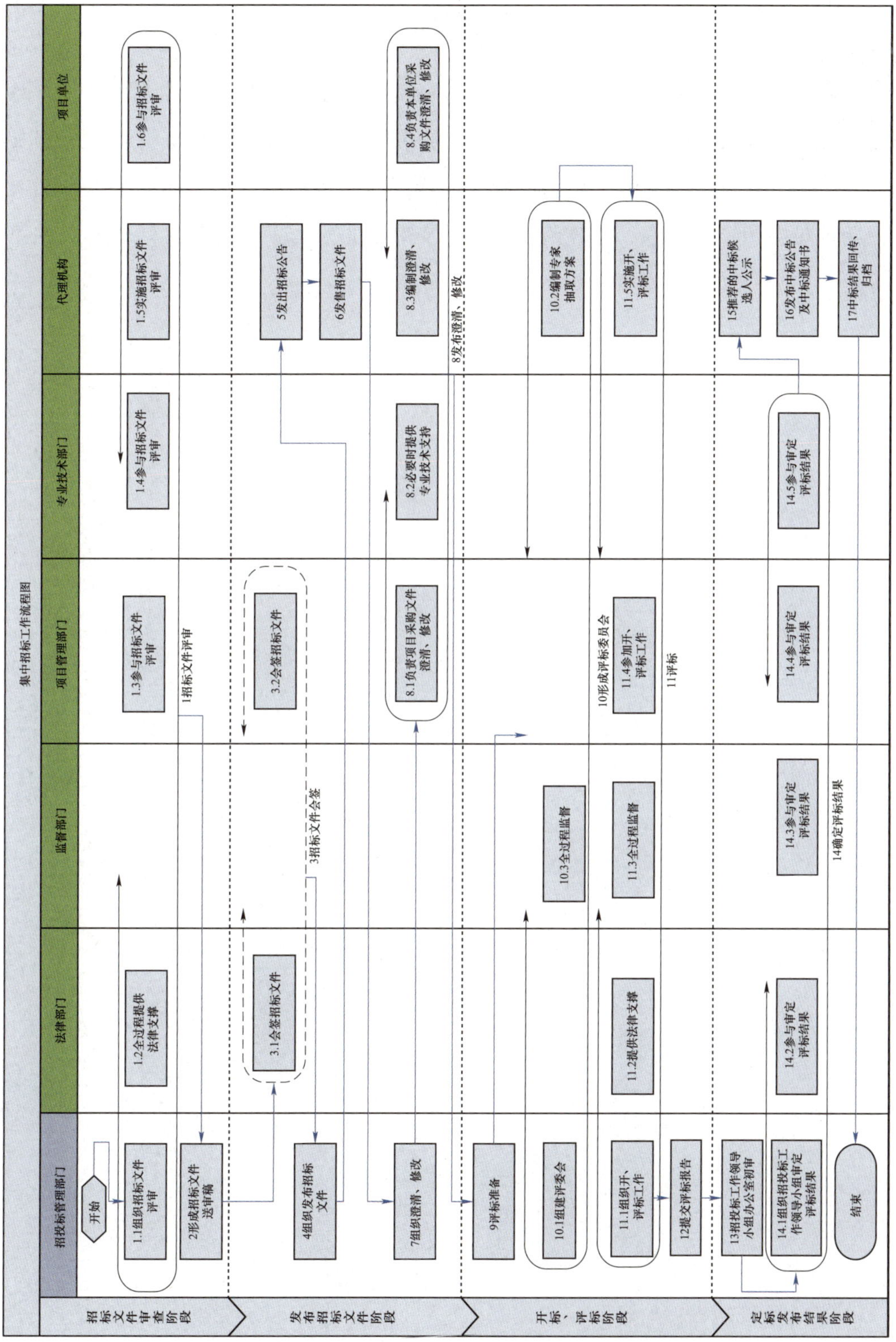

集中招标工作流程图

	招投标管理部门	法律部门	监督部门	项目管理部门	专业技术部门	代理机构	项目单位
招标文件审查阶段	开始 1.1组织招标文件评审 2形成招标文件送审稿	1.2全过程提供法律支撑		1.3参与招标文件评审 1招标文件评审	1.4参与招标文件评审	1.5实施招标文件评审	1.6参与招标文件评审
发布招标文件阶段	4组织发布招标文件 7组织澄清、修改	3.1会签招标文件	3招标文件会签	3.2会签招标文件 8.1负责项目采购文件澄清、修改	8.2必要时提供专业技术支持	5发出招标公告 6发售招标文件 8.3编制澄清、修改 8发布澄清、修改	8.4负责本单位采购文件澄清、修改
开标、评标阶段	9评标准备 10.1组建评委会 11.1组织开、评标工作 12提交评标报告	11.2提供法律支撑	10.3全过程监督 11.3全过程监督	10形成评标委员会 11.4参加开、评标工作 11评标		10.2编制专家抽取方案 11.5实施开、评标工作	
定标发布结果阶段	13招投标工作领导小组办公室初审 14.1组织招投标工作领导小组审定评标结果 结束	14.2参与审定评标结果	14.3参与审定评标结果 14确定评标结果	14.4参与审定评标结果	14.5参与审定评标结果	15推荐的中标候选人公示 16发布中标公告及中标通知书 17中标结果回传、归档	

图 3－1　集中招标基本流程

三、招标投标活动的参加人

招标投标参加人包括招投标活动当事人和其他参加人（详见二维码）。招标投标活动的当事人是指招标投标活动中享有权利和承担义务的各类主体，包括招标人、投标人和招标代理机构等。其他参加人包括评标委员会和评标专家、行政监督机构、交易中心及与其他招投标活动有关的第三人等。

第四章

企业非招标采购

如前所述，并非所有项目都适合采用招标方式实施采购。招标采购方式的刚性程序和过度竞争等特点，也会对企业供应链的安全稳定产生一定影响。因此，对于企业采购来说，与供应链主链构建相关的原辅材料、设备和备品备件等，不太适合采用招标方式实施采购。企业可以根据具体情况和项目需求，采用非招标采购方式选择适合的供应商，不必受限于招标程序的严格要求。

第一节　采购方式的选择

一、选择采购方式的原则及要求

从法律管制角度来看，企业采购项目大体可以分为依法必须招标项目和非依法必须招标项目。对于非依法必须招标的项目而言，企业依法享有选择采购方式的自主权。企业可以结合实际，选择招标方式或非招标方式实施采购。为了获得最佳采购结果，企业在选择采购方式时需要遵循相应原则和要求。

1. 采购方式的选择原则

采购方式的选择应该考虑项目的需求、风险、成本效益、时间限制及供应市场的状况等因素。学界一般认为，国有企业在选择采购方式时，应遵循如下一些基本原则。

（1）公开透明。国有企业采购使用的是国有资金，采购活动应该公开、透明、公正，除保密项目外，应尽可能采用公开采购方式，提前公开采购信息，扩大采购信息的公开范围，确保所有供应商都有平等的机会参与竞争。

（2）效益优先。企业采购的目的是为了维护正常的生产运营秩序，根据市场状况提升产能，保障企业转型升级、多元发展等方面的需要。因此，企业在选择采购方式时，应当注重经济效益，以实现成本最小化和效率最大化。

（3）注重质量。企业采购的物品质量直接关系到企业的生产和服务质量，因此在选择采购方式时，企业应当注重物品质量的稳定性和可靠性。

（4）风险可控。企业在采购过程中，应考虑到供应商可能存在倒闭、产品质量问题等风险的存在。采购方式的选择，应有利于采取相应措施降低这些风险，如可选择多家备选供应商等。

（5）程序合规。采购程序应符合相关法律法规和企业内部管理制度的，确保采购过程合法合规，避免出现违法违规行为。

2. 采购方式的选择要求

企业在选择采购方式时，需要综合考虑法律法规、透明度和公平性、经济效益、供应商资质、风险管理、采购周期、内部资源和能力及可持续发展等因素。

（1）法律法规因素。企业选择采购方式，应遵守国家和地方政府的规定，符合国资委等管理部门相关文件的要求。

（2）透明度和公平性。企业采购过程应符合透明度和公平性要求，尽可能确保所有潜在供应商都有平等机会参与竞争。

（3）经济效益。企业选择的采购方式应该能够实现经济效益，包括降低采购成本、提高采购效率、优化供应链等。

（4）供应商资质。企业无论采购什么采购方式，都应对供应商的资质和信誉度进行评估，确保供应商可以按照合同要求提供高质量的产品或服务。

（5）风险管理。企业选择的采购方式，应该能够最小化风险，包括供应商风险、市场变化风险、合同履行风险等。

（6）采购周期。企业需要根据项目紧急程度和采购周期来选择采购方式，确保供货及时，不耽误企业正常的生产经营秩序。

（7）内部资源和能力。企业需要评估自身的资源和能力，选择适合自身情况的采购方式，避免因采购方式不适合而导致的问题和风险。

（8）可持续发展。国有企业在选择采购方式时，应结合企业所肩负的社会责任，选择环保友好的供应商或材料，支持可持续发展。

二、非招标采购方式的适用

和招标采购相比，非招标采购方式具有程序便捷、效率较高、保密性强等优点，企业在开展采购活动时，不必受制于招标投标程序的严格要求，便于企业更快地与供应商达成协议，减少了信息泄露的风险。因此，非招标采购方式也大量应用在企业采购实践中。

2024 年 3 月 15 日，国家标准化管理委员会审查通过了 GB/T 43711—2024《电子采购交易规范非招标方式》。该标准为国家推荐性标准，是我国标准体系中规制企业非招标采购活动的最高标准。国有企业可以适用该标准开展电子化非招标采购活动。此外，国有企业也可以根据自身实际，选择中国物流与采购联合会颁布的团体标准 T/CFLP 0016—2023《国有企业采购操作规范》或中国招标投标协会颁布的团体标准

ZBTB/T 01—2018《非招标方式采购代理服务规范》中的规定，开展非招标采购。

第二节　非招标方式采购代理服务规范

一、《非招标方式采购代理服务规范》的编制与发布

2018 年 6 月，中国招标投标协会颁布了团体标准 ZBTB/T 01—2018《非招标方式采购代理服务规范》（简称《采购服务规范》）。该团体标准作为行业自律推荐性服务规范，于 2018 年 7 月 1 日起试行。

《采购服务规范》是我国招标采购行业第一个非招标方式采购代理专业化、系统化服务和科学化评价的推荐性规范，不具有强制约束力，但代表了招标采购服务行业共同的价值基础与发展趋势。该规范适用于依法设立的招标采购代理服务中介机构提供的非招标方式的采购服务工作，也适用于各类市场采购人（主要指企业）设立专职机构（部门）自行组织实施的采购服务工作。

下列采购项目，可以采用《采购服务规范》推荐的采购方式组织实施采购：①机关事业单位使用财政性资金且在政府采购管理范围之外的项目；②企业单位各类非招标方式的采购交易项目；③依法必须招标的工程、货物和服务项目，符合法定条件或者在规模标准限额以下，可以免于招标的项目；④招标后不满足招标竞争要求，依法不再招标的项目等。

二、《采购服务规范》推荐的非招标采购方式

《采购服务规范》通过对传统采购方式的总结提炼和优化改造，按照采购方式的共性特点归类并区别于政府采购方式的需要，组合形成谈判采购、询比采购、竞价采购、直接采购四种采购方式和框架协议采购一种采购组织形式。

1. 谈判采购

包括传统的竞争性谈判和竞争性磋商两种采购方式。采购人通过公告或者直接邀请两家及以上合格潜在供应商参与项目采购竞争性交易。采购人组建的谈判小组，基于项目谈判采购文件与供应商响应文件，与响应供应商分别依次进行一轮或者多轮（交流）及谈判，并依据谈判采购文件、供应商最终响应文件及其供应标的物的技术、经济、商务等方案要素进行评审和比较，采购人根据谈判小组最终谈判和评审比较结

果及其推荐意见，综合研究确定成交供应商的采购方式。

谈判采购通常适用以下情形：

（1）采购项目需求方案不明确。采购人不能自行一次准确提出项目采购需求及其技术标准，需要与供应商交流谈判和比较分析后，研究确定采购项目需求及其技术标准的；

（2）采购项目的市场资源供应不充裕，市场潜在供应商明确有限几家，或者通过公告邀请后的响应供应商不足三家，或者采购项目不宜公开，只能从已知有限供应商中选择。

谈判采购根据采购项目需求和技术特性，可以分别选择综合评价办法（适用技术需求多方案），或者最低价评价办法（适用技术需求标准统一）。

谈判采购方式的基本程序如表 4－1 所示。

表 4－1　　　　谈判采购方式基本程序

序号	采购程序	工作内容
1	编制采购文件	根据采购需求编制采购文件，采购文件主要包括以下内容：（1）采购公告或采购邀请书；（2）应答人须知；（3）评审办法；（4）合同草案；（5）采购需求；（6）应答文件格式；（7）其他内容
2	发布采购公告或采购邀请书	采用公告邀请的，通过媒介发出采购公告；采用直接邀请的，向两家以上被邀请应答人发出采购邀请书
3	发售采购文件	向应答人发出采购文件
4	（组织应答人踏勘现场）	根据采购项目实际需要，组织应答人踏勘现场
5	（采购文件澄清或修改）	提交应答文件截止之日前，可对已发出的采购文件进行必要 的澄清或修改，澄清或修改的内容作为采购文件的组成部分
6	组建谈判小组	协助采购人组建谈判小组，谈判小组由三人以上单数组成
7	（收取保证金）	根据采购文件的规定，收取保证金
8	接收应答文件	在采购文件规定的时间和地点安排专人接收应答文件
9	（开启应答文件）	采购文件规定公开开启应答文件的，在采购文件确定的时间和地点公开组织开启应答文件会议，宣布参加谈判的应答人以及采购文件规定的其他内容
10	组织谈判及评审	初步评审。谈判小组对应答人提交的应答文件进行初步评审，初步评审包括对应答人进行资格审查和对应答文件的响应性进行审查
		谈判。谈判小组与所有通过初步评审的应答人进行谈判
		重新提交应答文件（如需要）。应答人按照采购文件修改后的内容和要求重新提交应答文件
		应答人按采购文件及谈判要求，提交最终报价或最终方案。所有应答人在规定时间内进行最终报价或提交最终方案
		公开开启最终报价或最终方案（如需要）

续表

序号	采购程序	工作内容
10	组织谈判及评审	详细评审。谈判小组对应答人的最终报价或最终方案进行评审，按照采购文件规定的数量推荐成交人
		编写评审报告。谈判小组应根据谈判情况和评审结果编写评审报告
11	成交结果公告	按采购文件规定进行成交结果公告
12	发出成交通知书	向成交人发出成交通知书

注　加括号“()”的采购程序为可选工作，应根据采购项目的实际需要选择。

2. 询比采购

包括传统的询价与比选（类似简易招标）。采购人通过公告或者直接邀请三家以上合格潜在供应商参与项目采购竞争性交易。采购人组建的评审小组依据询比采购文件，对供应商一次性递交的响应文件进行评审，采购人根据评审小组的评审结果及其推荐意见，研究确定成交供应商的采购方式。

询比采购通常适用于采购人可准确提出采购需求、市场资源供应充裕，竞争比较充分的采购项目。其中，标准通用货物通常使用最低价评价办法(即传统的询价采购)；单件性以及需求复杂的工程与服务项目一般使用综合评价办法（即传统的比选采购）。

询比采购方式的基本程序如表 4－2 所示。

表 4－2　询比采购方式基本程序

序号	采购程序	工作内容
1	编制采购文件	根据采购需求编制采购文件，采购文件主要包括以下内容：(1) 采购公告或采购邀请书；(2) 应答人须知；(3) 评审办法；(4) 合同草案；(5) 采购需求；(6) 应答文件格式；(7) 其他内容
2	发布采购公告或采购邀请书	采用公告邀请的，通过媒介发出采购公告；采用直接邀请的，向两家以上被邀请应答人发出采购邀请书
3	发售采购文件	向应答人发出采购文件
4	（组织应答人踏勘现场）	根据采购项目实际需要，组织应答人踏勘现场
5	（采购文件澄清或修改）	提交应答文件截止之日前，可对已发出的采购文件进行必要的澄清或修改，澄清或修改的内容作为采购文件的组成部分
6	组建谈判小组	协助采购人组建谈判小组，谈判小组由三人以上单数组成
7	（收取保证金）	根据采购文件的规定，收取保证金
8	接收应答文件	在采购文件规定的时间和地点安排专人接收应答文件
9	（开启应答文件）	采购文件规定公开开启应答文件的，在采购文件确定的时间和地点公开组织开启应答文件会议，宣布参加谈判的应答人以及采购文件规定的其他内容
10	组织评审	组织评审小组按采购文件规定进行评审并编写评审报告

续表

序号	采购程序	工作内容
11	成交结果公告	按采购文件规定进行成交结果公告
12	发出成交通知书	向成交人发出成交通知书

注　加括号“()”的采购程序为可选工作，应根据采购项目的实际需要选择。

3. 竞价采购

采购人通过采购文件约定供应商资格条件、价格竞争要素和竞争规则，参与竞价采购的合格供应商在约定的轮次或时限内依次提交竞争性报价（或者包括其他竞争因素）并按照约定规则计算价格（或者综合得分）排序，采购人按照约定规则确定成交供应商的采购方式。竞价采购通常依托互联网电子平台在线进行价格竞争。

竞价采购通常适用于供应商数量相对充足，且技术规格标准通用，参数完整明确的采购项目，通常约定以价格为竞争要素，也可同时约定项目质量指标、交货期、寿命期等可量化的竞争因素。对于采购技术标准和价格判别比较复杂困难，且涉及安全生产与运营的项目，采购人可以事先约定并告知潜在供应商，需对最终竞争价格进行评审可靠后，确定成交。

以价格竞争为主的物资出售、权益出让等交易活动，可参照竞价采购方式组织实施。

竞价采购方式的基本程序如表 4－3 所示。

表 4－3　竞价采购方式基本程序

序号	采购程序	工作内容
1	编制采购文件	根据采购需求编制采购文件。采购文件应包括以下主要内容：（1）采购公告或采购邀请书；（2）应答人须知；（3）确定成交人的办法；（4）合同条款及格式；（5）采购需求；（6）其他内容
2	发布采购公告或采购邀请书	采用公告邀请的，通过媒介发出采购公告；直接邀请应答人的，向三家以上被邀请应答人发出采购邀请书
3	发售采购文件	应答人在电子竞价平台进行注册
		需进行竞价资格审查的，应答人在电子竞价平台上传提交资 格证明文件和标的物情况说明等。采购代理机构负责组织对供 应商的竞价资格进行审查
		应答人在电子竞价平台上下载采购文件
4	（组建评审小组）	如需对应答人报价进行审核的，协助采购人组建评审小组，评审小组由三人以上单数组成
5	应答人报价	应答人按照电子竞价平台的提示，在规定的轮次或时限内多次提交竞争性报价
6	平台自动排名	电子竞价平台根据采购文件规定，自动计算各应答人排名

续表

序号	采购程序	工作内容
7	（组织价格评审）	组织对排名前三的应答人报价进行评审，评估报价的合理性
8	成交结果公告	按采购文件规定进行成交结果公告
9	发出成交通知书	向成交人发出成交通知书

注 加括号“()”的采购程序为可选工作，应根据采购项目的实际需要选择。

4. 直接采购

采购人组建谈判小组，邀请一家或者有限几家特定供应商，进行非竞争性谈判并直接签订采购合同，或者通过发出和接受订单的方式直接采购。此种采购方式下，采购人或采购代理机构应具备对采购标的物技术、经济、商务等要素直接进行物有所值综合评价判断的能力水平。直接采购方式通常适用于以下情形：

（1）因需要使用不可替代的专利或专有技术等资源条件限制，只能从唯一或有限几家供应商中采购的项目；

（2）必须保证原有采购项目使用功能一致性或技术实现路径配套的要求，需要继续从原供应商处采购的项目；

（3）因抢险救灾等不可预见的紧急情况需要进行紧急采购的项目；

（4）为振兴国内制造业或提高重大装备国产化水平等国家政策需要直接采购的项目；

（5）涉及国家秘密或企业秘密不适宜进行竞争性采购的项目；

（6）与采购人存在控股、管理关系的上下级单位之间能够相互提供的采购项目；

（7）采购金额小，需求技术规格简单通用，市场价格透明和竞争度高，可以直接比较和判断选择的采购项目。电子商城采购属于此类直接采购的特殊情形。

直接采购方式的通用流程如表 4－4 所示。

表 4－4　直接采购方式通用流程

序号	采购程序	工作内容
1	编制采购文件	根据采购需求编制采购文件，采购文件主要包括以下内容：（1）采购邀请书；（2）应答人须知；（3）采购需求；（4）合同条款及格式；（5）应答文件格式；（6）其他内容
2	发出采购文件	向采购人确定的特定应答人发出采购文件
3	组建谈判小组	协助采购人组建谈判小组，谈判小组由三人以上单数组成
4	谈判准备	做好必要的谈判准备工作

续表

序号	采购程序	工作内容
5	初步评审	谈判小组对应答文件进行初步评审，据此制定谈判策略
6	谈判	谈判小组根据确定的谈判策略与应答人就商务、技术方案和合同条款等内容进行谈判
7	详细评审	谈判小组对谈判的结果进行详细评审和合理性分析
8	编写评审报告	谈判小组根据预期的谈判目标综合谈判纪要编写评审报告，推荐候选成交应答人或提出谈判终止建议
9	成交结果公告	按采购文件规定进行成交结果公告
10	发出成交通知书	向成交人发出成交通知书

5. 框架协议

框架协议采购是采购人归集属下多个不同采购实施单位一段时间中同类需求采购项目，并分步订立采购合同的采购组织形式。采购人在第一阶段归集下属管理范围（或者商议范围）的采购实施单位在一定时期内同类需求采购项目及其预计采购数量，通过招标、谈判、询比等方式竞争选择入围供应商名单，并使用框架协议与入围供应商约定同类采购项目的采购单价或定价方式、质量标准、协议有效期限、采购实施条件与规则等内容；第二阶段，采购人或项目采购实施单位根据实际采购数量、技术规格、供应时间等需求，按照框架协议约定采购规则，从入围供应商中选择成交供应单位，订立和履行采购合同。

框架协议采购适用于采购人需要归并集中组织下属多个采购实施单位和多个采购项目，因各采购实施单位难以一次确定实际采购数量与时间计划，从而需要分别重复多次组织实施采购的同类项目，或者为了满足应急和零星等不确定和不精确需求，且需要提前准备的不确定采购项目。

框架协议采购分为两个阶段：第一阶段确定框架协议入围供应商；第二阶段实施采购。

（1）确定入围供应商。

1）确定框架协议入围供应商的方式及适用条件。确定框架协议入围供应商可参照招标、谈判、询比等方式，实施程序和服务标准分别参见《招标采购代理规范》和该规范中通则及相应分则的规定。招标方式通常适用于项目采购需求和技术要求清晰、参与竞争的供应商数量较多的情形。谈判、询比等方式的适用情形参见本规范通则。

2）确定框架协议入围供应商的相关注意事项：

①编制招标文件或采购文件。采购代理机构应根据框架协议采购项目的特点和采购人的实际需求编制招标采购文件。招标采购文件的内容应包括供应商资格条件、入围供应商数量或入围比例、框架协议适用期限、预计的采购内容和范围及数量、报价形式、评审因素和标准、采购需求、框架协议格式、采购合同格式、投标文件或响应文件格式等内容，并应注意如下事宜：

A. 参加投标或响应的供应商数量应多于入围供应商数量，尽可能使前者大于后者 2 倍以上，以保证有足够的响应竞争性。

B. 预估采购数量应尽量准确，并提示供应商由于采购数量不确定可能造成的风险。

C. 报价一般为单价。报价可采用固定价、可调价（明确价格调整公式）和最高限价的形式。

②评审。评审小组按照招标文件或采购文件规定的因素和标准，对投标文件或响应文件进行评审。采用谈判方式的，谈判小组应在与所有供应商进行充分谈判后，对其响应文件和最终报价进行评审。评审后，对符合招标文件或采购文件要求的供应商排序和推荐候选入围供应商。

采购人按照招标文件或采购文件规定的入围供应商数量或入围比例确定入围供应商。如果评审小组推荐的候选入围供应商数量少于招标文件或采购文件规定的入围供应商数量，采购人可以将其全部确定为入围供应商。同时，根据不同的情况，采购人可决定继续采用招标、谈判、询比等方式确定剩余名额的入围供应商，或不再增加入围供应商。

③签订框架协议。确定入围供应商后，采购代理机构向入围供应商发出入围通知书并告知其他未入围供应商，采购人与入围供应商签订框架协议。框架协议应采用招标文件或采购文件中已经明确的格式。

（2）实施采购。

1）组织实施采购。在框架协议的入围供应商范围内，项目单位可自行组织签订和实施采购合同，也可委托采购代理机构代理签订和实施采购合同。

项目单位委托采购代理机构代理签订和实施采购合同的，应与采购代理机构签订委托协议，明确服务费用等内容。

2）实施采购的方式和适用条件。实施采购可以通过订单、谈判和询比等方式进行。

①订单。项目单位或采购代理机构根据采购需求，对入围供应商进行比较后，选择其中一家或几家供应商向其发出采购订单，直接与其签订格式化采购合同。订单采

购时项目单位不再与供应商进行价格谈判，但应与供应商就采购数量、合同履行期限等内容进行细化。

订单采购适用于框架协议采购标的内容、范围清晰简单，并采用固定价或明确了价格调整公式的可调价的情形。

②谈判。项目单位或采购代理机构根据采购需求，对入围供应商进行比较后，选择其中两家以上供应商进行谈判，通过谈判确定更有利的交易条件和更低的价格后，与其签订采购合同。

谈判采购适用于框架协议采购内容、范围比较复杂或采用最高限价的情形。

③询比。项目单位或采购代理机构根据采购需求，邀请所有入围供应商参加竞争并一次报出不可更改的价格，从中确定一家或多家供应商签订采购合同。

询比采购适用于框架协议采购内容、范围清晰，入围供应商数量较多，或采用最高限价的情形。

3）实施采购的程序。

①订单采购程序：

A. 确定签约供应商。项目单位或采购代理机构从入围供应商中选择一家或多家供应商为签约供应商。

B. 发出订单。项目单位或采购代理机构向签约供应商发出订单。订单中包括采购数量、合同履行期限以及其他合同细节。

C. 签订采购合同。项目单位与供应商签署采购合同。采购合同应采用框架协议中的采购合同格式。

框架协议已经明确约定采购人、项目单位的各项权利义务的，可不再签订采购合同。采购人与供应商签署的框架协议以及项目单位向供应商发出的订单即构成采购合同。

②谈判采购程序：

A. 选择参加谈判的入围供应商。项目单位或采购代理机构邀请两家以上入围供应商参加谈判。

B. 谈判和评审。项目单位或采购代理机构与供应商就采购价格、采购数量、合同履行期限等与合同条件有关的内容以及合同细节进行谈判，确定比框架协议更优惠的价格和合同条件。谈判结束后，项目单位或采购代理机构应对供应商进行评审、比较、排序。

C. 确定签约供应商和合同份额。项目单位根据供应商排序确定签约供应商。确定多家供应商为签约供应商时，排序靠前的供应商宜获得更多的合同份额。

D. 签订采购合同。项目单位根据谈判结果与供应商签订采购合同。

③询比采购程序：

A. 邀请入围供应商。项目单位或采购代理机构应邀请全部入围供应商参加询比，并向其发出询比通知书。询比通知书应明确供应商报价的内容、格式等要求。

B. 供应商报价。供应商根据询比通知书，向项目单位或采购代理机构提供一次性报价。

C. 评审。项目单位或采购代理机构对供应商报价的内容进行评审、比较，对供应商进行排序。

D. 确定签约供应商和合同份额。项目单位根据供应商排序确定签约供应商。确定多家供应商为签约供应商时，排序靠前的供应商宜获得更多的合同份额。

E. 签订采购合同。项目单位和签约供应商签署采购合同。采购合同应采用框架协议中的采购合同格式。

第三节　国有企业采购操作规范

一、《国有企业采购操作规范》的编制与修订

2023 年 4 月 20 日，中国物流与采购联合会发布了修订后的团体标准 T/CFLP 0016—2023《国有企业采购操作规范》，该标准于 2023 年 5 月 15 日开始实施。此版操作规范引入了采购组织模式这一概念，并对采购方式进行了优化，将采购方式分为招标采购（含公开招标、邀请招标）、询比采购（含询价采购、比选采购）、谈判采购（含合作谈判、竞争谈判）和直接采购（含单源直采、多源直采）四组八种采购方式，取消了竞争磋商采购方式。

本节介绍 T/CFLP 0016—2023《国有企业采购操作规范》（简称“新版规范”）推出的国有企业采购组织模式和非招标采购方式。

二、《国有企业采购操作规范》推出的采购组织模式

采购组织模式的定义和分类是央企在采购操作管理中的一个创新。

所谓采购组织模式就是针对采购活动中的重要管控项点制定的标准解决方案，是

依据采购策略确定采购方式的模板和基础，也是采购实体实施采购细分管理的一个范式（详见二维码）。采购前，采购实体应根据集团化公司的生产经营特点，区分需求单位提出的采购标的是否可以由集团公司系统内的企业提供，即先区分内部供应还是外部采购。如果需从外部采购，再区分该类采购项目是否属于战略采购；然后再确定应组织公开采购还是非公开采购；之后再确定采购载体，通常情况下，公开采购都应在网上采购，非公开采购可以在网上采购，也可以线下采购；确定采购载体后，再确定资源整合模式，是集中采购还是分散采购；最后决定合同形式是框架协议还是一般合同。

国有企业采购组织模式的选择顺序如图 4－1 所示。

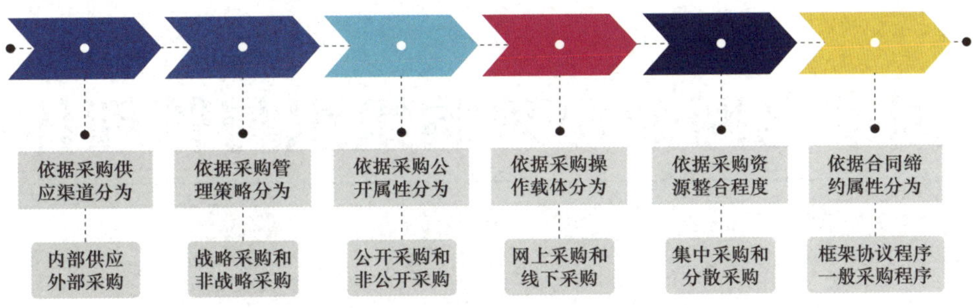

图 4－1　国有企采购组织模式选择顺序示意图

在国有企业采购实践中，这些采购组织模式可以组合使用。例如，生产原料物资采购可以采用公开采购模式、在网上、集中采购这三种模式的组合。采购模式必须和采购方式结合才能完成采购任务。例如，通过谈判的方式对企业原材料在线下、集中采购、签订框架协议。国有企业采购实体应依据采购策略，结合采购需求和市场状况选择合适的采购组织模式。

三、《国有企业采购操作规范》推荐的采购方式

新版规范推出了四组八种采购方式，其中第一组为招标采购，细分为公开招标和邀请招标两种采购方式。其余三组六种采购方式均为非招标采购方式。因此，采购执行机构的首要任务就是在招标与非招标方式之间进行选择。选择合适的采购方式对于企业至关重要。在选择过程中，应综合考虑采购物品或服务的性质、供应商的稳定性和信誉度、成本和效率等因素，可选择的采购方式有：企业自愿招标、询价采购、比选采购、合作谈判、竞争谈判、单源直接采购、多源直接采购（详见二维码）。

第五章

国家电网公司采购组织与管理体系

国家电网有限公司（简称国家电网公司）全面贯彻党中央、国务院关于全面深入推进采购管理提升各项决策部署，以服务电网建设和公司高质量发展为目标，秉持“公平、公开、公正和诚实信用”原则，全力做好采购管理工作。2024 年 8 月，公司印发《国家电网有限公司创新型产品采购实施工作指南》，明确指出要做好创新型产品采购工作，持续推动采购工作重点从“选物资”到“选供应商”，再到“选技术、选工艺”，实现从“选优选好”到“好中选优”的转变，形成了集中统一、精益高效、持续改进、具有国家电网特色的阳光透明智能采购新格局，促进招标采购与供应链融合发展，保障能源电力产业链供应链安全稳定，助力建设高效规范、公平竞争、充分开放的全国统一大市场，为加快构建新发展格局提供坚强的基础支撑。

本章从采购组织、采购制度、采购法律保障、采购监督、评标专家管理、代理机构管理、供应商管理、评标场所管理等方面，系统阐述国家电网公司采购组织与管理体系。首先，简要叙述国家电网公司采购管理体系，从管理组织、政策法规、管理制度等方面，介绍了国家电网公司采购组织体系、采购制度体系，推进采购业务高效运行。其次，从防范法律风险、合规监督管理方面，介绍了国家电网公司采购法律保障体系、采购监督体系，保障采购活动规范有序开展。最后，从做好评标专家管理、规范招标代理业务、优选优质供应商、夯实采购基础设施等方面，介绍了国家电网公司评标专家组建与评价、代理机构资质行为管理、供应商关系管理、评标场所规范智能管理，促进招评标人员、业务、硬件有机协同，支撑采购实施安全稳定运行。

第一节 国家电网公司采购管理简述

国家电网公司以不断强化采购管理为切入点，加快绿色现代数智供应链体系建设，持续打造公开公平、竞争有序的招标采购平台，构建亲清的供应链合作关系，推动传统采购管理向供应链管理升级，提升供应链的发展支撑力、行业带动力、风险防控力、价值创造力及效率、效益、效能，更好支撑电力保供、能源转型、电网发展、生产经营、提质增效等各项工作，推动国家电网公司采购管理水平不断提高。

一、采购管理的发展理念

国家电网公司采购管理克服历史沿革形成的管理层级多、机制缺、风险大的现实困难，经历了从分级管理、集中管理、现代智慧供应链管理到绿色现代数智供应链等发展阶段，在建设具有中国特色国际领先的能源互联网企业进程中，按照国家能源战略、供应链发展导向、招投标法律法规等政策要求，将国资委对标世界一流采购交易管理体系“高效规范、公平竞争、充分开放”的根本要求融入招标采购各环节，充分利用公司投资体量大、经营区域广、带动能力强等特性，以构建国网绿色现代数智供应链为主线，以采购为切入点，持续推动采购管理从关注价格到质量优先，从传统采购思想到供应链管理理念，从分散采购到集中管控，从单一招标采购到多种采购模式创新应用，从标准化、电子化到结构化、智能化内涵延伸，促进采购管理的提档升级和智能化转型，建立健全了集中管控、需求导向、质量优先、高效透明的采购管理体系，树立了“质量第一、价格合理、绿色低碳、诚信共赢”采购理念，打造“公平公正、规范诚信”招标品牌，为招标采购行业探索了一条适应国企特点的发展之路。

二、采购管理的内涵特征

国家电网公司阳光智能采购以物资采购全过程为主线，以“供需服务提质”为核心，以“技术标准统一”为基础，以“业务数据融通”为纽带，深刻把握采购需求出发点、供方关切点、招标关键点和风控制高点，融合应用“大云物移智”等数字化技术。为深入贯彻落实国家“AI+”专项行动部署和公司人工智能应用工作安排，2024年8月，公司印发《“人工智能+供应链管理”专项行动方案》，打造招标采购智能机器人，提升平台业务办理流程化、自动化及批量处理能力，推动采购策略自动推荐、采购文件智能编审、专家抽取方案自助编制、结构化投标参数自动比对、初评阶段自动否决、详评阶段辅助赋分、预制规则自动授标，实现招标采购活动操作智能执行、数据智能分析、感知智能视听、认知智能决策，构建“计划精准预测、采购高效实施、数据全程贯通、风险全域防控”的阳光智能物资采购链条，促进计划更科学、投标更简单、招标更高效、监管更到位，实现“智动评审、阳光采购”和“智选优品、质量强网”目标，最终实现物资采购全过程的无需人工干预、自动化、智能化处理，实现业务全流程依法合规、阳光透明、可信可追溯。

立足需求出发点，“精准预测”确保计划科学严谨。依托大数据和人工智能，推动物资计划业务“数据化”进程，实现物资与发展、建设、设备等专业数据融合，在此基础上智能开展需求精准预测、实现物资计划的智能编制、申报和审核，全面提升物资计划管理质效。

把握供方关切点，“精心服务”提升投标质量效率。在实现采购标准、技术规范、资质业绩、运行绩效等关键业务数据全面结构化的基础上，实现了商务投标文件的智能化一键提报，技术投标文件的结构化快速编制，有效提升供应商的投标效率和标书制作质量。

把握风控制高点，“精细监管”实现过程规范可溯。通过大数据分析技术，开展专家资源智能优化配置，通过人工智能应用实现评标专家抽取方案智能化校验；通过物联网、移动技术应用，加强了评标专家智能化服务和管理及监督现场实时管理，打造了廉洁规范的物资工作新生态，使“三全三化”物资监督体系成功实践落地。

聚焦评审关键点，“精益量化”保证招标客观公正。应用人工智能技术实现技术参数、商务报价等自动比对评分；采用大数据技术开展供应商生产进度、履约供货情况与其生产能力关联分析，智能预判中标供应商履约承诺；基于机器学习技术建立授标规则学习引擎，实现设备、材料、服务等采购业务自动授标，评标授标高效、客观、公正。

（一）阳光采购

1. 打造阳光采购服务品牌

（1）营造规范守信交易环境。应用“国网链”，通过与“天平链”等司法链跨链互通，保障市场交易记录有据可查、真实可靠、不可篡改。健全完善守信激励和失信惩戒机制，营造“公开、公正、公平”、阳光透明、诚实守信的市场交易环境。

（2）推动所有采购活动上平台。推动所有采购活动在电子商务平台（E-Commercial Platform，ECP）开展，投标人一键填写参数信息，自动生成投标文件，远程直播开标，在线查看报价，通过业务在线办、移动办、无纸化、便捷化，实现与供应商“零接触、不见面”“业务办理一次都不跑”。电子化招投标“不设门槛”，采购重点流程公开透明、流程固化、过程受控、全程在案、有据可查、永久追溯，让国有企业、民营企业等各类投标主体在同一平台公平竞争。

（3）强化内外部全方位监督。贯彻落实国家“规范国企采购、严格监督管理”要求，与监督部门、政府监管机构协同合作，构建全供应链核心业务全覆盖、关键流程全管控、重要岗位全监督的监督机制，保障市场主体之间的公平、有序竞争，维护高水平市场体系，擦亮“阳光采购”服务品牌（见图 5－1），保障供应链在发展中规范、在规范中发展。

（4）数字技术赋能网络协同。融合数字新兴技术，实现采购关键节点审查智能化、投标便捷化、开标可视化、评标精益化；打通 E 链国网、国网征信平台、移动 CA 平台、数字档案系统的信息交互链路，实现外部数据互联互通；推广区块链技术，应用电子签名签章、发票智能验审、货款自动结算等智慧场景，实现合同网上“快速签”、票据远程“在线办”、货款支付“零延迟”，推动网络高效协同、资金快速支付，支持链上企业健康发展。

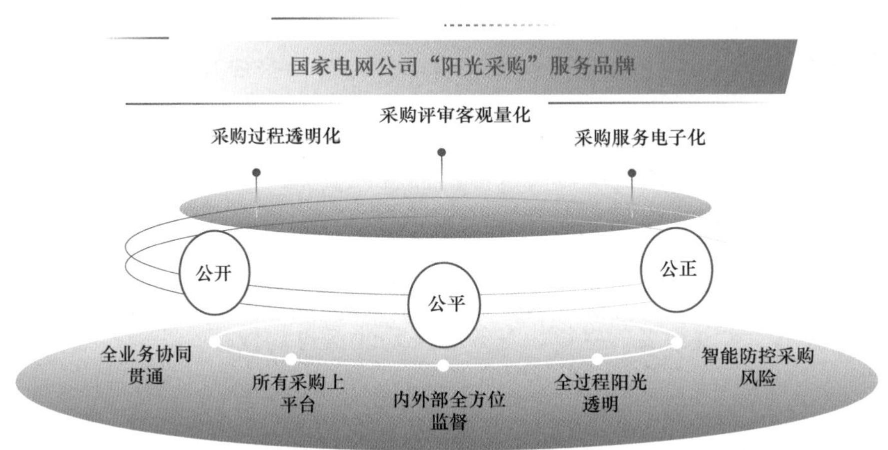

图 5－1 “阳光采购”服务品牌

2. 严控采购全过程合规风险

全面落实法律法规和国家监管关于采购合规管理的要求，打造央企首个千亿级交易规模的采购中心，实现从需求计划到招投标采购过程的全流程在线应用，推动采购计划、评审等关键环节全面智能化升级，实现物资采购“业务全上线、数据不落地、流程自动化、应用一键式”，实现“大规模”“高效率”“零差错”阳光采购。将国家政策、法律法规和公司制度管理要求固化在采购平台，对业务逻辑进行强校验，对采购过程进行强管控。打造“全过程”“各环节”风险防控平台，实现采购全流程关键节点在线智慧监督，支撑管理模式和采购决策动态优化。通过持续完善风险监测模型和合规数字探针，监控关键业务效能不达标、不合规风险，在线预警、督办纠偏，推动风险管控关卡前移，有效防范合规管理风险，实现全供应链业务“线上办、防篡改、可追溯”，提升全链风险数智管控能力，持续优化营商环境。提升采购平台、评标场所设施数智化水平，强化招标代理业务管理，制定招标采购代理工作标准和要求，规范招标采购代理机构行为，推动招标采购业务依法合规、精益高效运营。

（二）智能采购

1. 计划智能编审

物资计划是供应链业务的开端，是设备质量提升和物资供应保障的基础。应用“大云物移智”技术，推动物资计划业务“数据化”进程，提升物资专业数据感知能力，构建开放、平等、协同、共享的信息化平台，实现物资与发展、建设、设备等专业数据融合。通过可研、初设环节物料选型标准化智能应用，自动生成标准统一、内容详实、深度可用的物资清册，通过构建计划储备库机制，利用大数据等技术结合计划业务周期等规律建立相应数据预测模型，提升智能化水平，高效辅助开展物资计划智能编制、审查工作，全面提升物资计划管理质效。

（1）实现电网物资采购标准结构化。结合运检、基建各专业数据需求，以及采购环节智能量化评标、结构化资质能力核实等结构化数据，梳理采购标准的关键参数及对应特征值，提高技术标准要素结构化水平，并将其固化部署至系统中，形成可供信息系统识别、使用的结构化采购标准，以便重复使用，避免同类物资多次编制技术规范。

（2）构建需求计划储备库机制。对项目明确的年度需求预测结果直接转化为需求计划进入储备库管理，并可补充更新未在年度需求预测中体现、且项目已明确但未到批次提报时间的物资需求。需求计划储备库的建立，为物资计划管理提前预估物资需求规模提供信息渠道，实现阶段性集中审查，增强物资管理部门的主动服务能力，避免投资计划下达后再申报需求计划，单独组织审查，提升审查环节工作质效。

（3）采购计划提报智能提醒。依据里程碑计划等项目进度信息，结合物资需求计划储备库，参考物资采购供应周期，主动提醒项目需求部门及时报送需求计划并精准安排对应采购批次，实现采购计划从“被动接收”到“主动提醒”的转变，提升计划提报的及时性。主动提醒体现在采购批次开放和截止时间提醒、项目未编制采购计划提醒、预提报计划转正式计划提醒三个方面。

（4）结构化采购策略自动推荐。建立基于品类的结构化采购策略全量要素库、规则库、范本库，实现差异化招标文件范本、资格条件、价格公式、权重、评审细则、合同条款等策略要素的结构化管理。按照物资品类自动推荐采购策略，实现结构化评审要素自动纳入招标文件。在平台内置统一招标采购文件范本，实现招标文件结构化编制、自动生成。充分挖掘历史采购数据和供应商信息要素价值，常态化跟进国家政策、公司发展、工程建设、市场环境变化等内外部因素，动态优化采购策略。

（5）采购计划及招标文件智能审查。对采购计划、招标文件提报审查要点结构化梳理，完成审查规则结构化，审查过程中的关键信息进行自动校验，实现采购计划及招标文件关键要点自动审查功能，减轻现场审查专家的工作量，提高采购计划及招标文件审查工作相关效率。

2. 网络在线投标

供应商投标需要提供价格文件、商务文件和技术文件三部分，价格文件包括开标价格、单价分析表等，商务文件包括投标担保、企业信用查询、商务资质文件和商务偏差表，技术文件包括专项应答文件、技术偏差表、技术业绩文件和技术图纸等，制作一本投标文件耗时耗力、浪费资源，而通过电子化单轨制投标管理，极大地提高了投标效率和信息准确性。

（1）建立供应商全景信息库。依托国家电网公司电子商务平台，通过文件核实和现场核实等审核手段，广泛准确地收集基本信息、财务信息、产品目录、报告证书、产品业绩、研发设计、生产制造、试验检测、原材料及组部件等供应商信息，形成供应商信息库，在电子商务平台系统自动取读、一键提报，避免在投标时重复提供，大大简化供应商投标文件制作成本，压缩标书制作时间。

（2）结构化编制投标文件。供应商利用投标编制工具，实现专项技术投标文件中“技术参数表”“组部件材料表”及“分项报价表”的快速编制及结构化应答，资质能力核实信息结构化勾选。供应商无需打印纸质投标文件，且实现远程异地投标。对于合同业绩等，国网系统内签约合同自动流转至供应商资质业绩库，国网系统外业绩按结构化模板线上填报、核实入库。所有数据投标时直接复用，从海量文件到核实证明再到线上数据的贯通应用，实现业务数据化。

（3）落实“一个数据用到底”理念。采集的投标数据从采购到履约、监造、运行等环节全流程数据贯通，为技术参数跟踪、组件材料价格水平分析提供数据来源，实现资产全寿命周期管理。为全面分析设备的要求值、试验值、抽检值、设备运行值、投标响应值等数据中关键技术参数的波动性，进行大数据多维度统计与分析，全方位分析设备质量稳定性、一致性、趋势性等技术能力水平，提供有效的数据基础。

3. 人机协同评审

评标是招投标活动中十分重要的阶段，是基于国家法律法规及公司物资管理制度要求，根据招标文件中载明的评标标准、评标办法开展的投标文件审查、评审和比较的工作。评标的质量决定整个招标投标活动是否公平和公正，决定着采购标的物的质量。

（1）建立评标专家库整体资源配置与采购需求联动模型。借助大数据和自然语言识别技术处理历史数据，分析电网发展规划和年度调整对专家库资源配置要求的影响，结合采购项目历史物料信息和专家使用历史等数据，建立年度各专业专家需求模型，使专家库整体资源配置管理与采购需求产生联动，及时迅速地对采购需求变化做出反应。通过对历史数据的分析，形成专家库年度专业、等级定额标准，进而明确总部及各单位本年度的专业及等级定额人数，作为指导各单位组织专家入库及等级调整的依据，提升专家库资源分布合理性。

（2）智能校验评标专家抽取方案合理性。建立“评审小组合理专家配备模型”，对各评审组人数合理性进行智能校验。通过收集同等规模、类型历史项目采购信息、专家抽取方案和电子商务平台系统工作时长记录、现场工作时长记录，在此基础上采集同等规模、类型历史项目各标包平均潜在投标人数量、各评审小组平均专家人数和各评审小组及各等级专家平均加班率等数据，建立各评审小组合理专家配备模型，对每次评标项目的专家抽取方案的合理性进行智能校验，指导专家抽取方案的优化，使方案在人数和专业分布上更好地满足评标项目的需要。

（3）供应商评价结果自动关联应用。借助信息系统工具，将评审细则中包含的评审要素、评审事项、评分细则等维护在系统上，并应用在线辅助评标工具，将评审细则与资质能力信息核实、不良行为处理及社会信用其他评价指标等信息进行关联，设置量化评分规则，形成评标模板。将绩效评价分数（含履约表现、运行绩效），通过系统可自动搜索获取供应商相应投标品类的评价结果进行关联，无对应关联结果的可手动进行选择匹配，进而实现供应商评价结果在评审环节的自动关联应用。

（4）客观量化智能评审。以提高设备质量为目标，推广基于供应商资质能力核实的客观量化智能评审，按品类梳理主要设备材料商务、技术评审模板，汇集投标人技术参数、试验报告、运行绩效和资质业绩等客观量化信息。加强投标人技术表及组部件表响应的规范性及准确性，同时识别可量化的评标因素，引入大数据、机器模拟学习等先进技术，实现评审参数、技术参数、关键组部件等结构化参数自动比对，关键技术参数的自动比对算分，降低评标专家的裁量权，从而提高设备评标质量，并逐步推动智动评审及量化评审工作。

（5）保障授标高效透明。为提升评标数据和授标数据的安全性、减少人为干预评标和提高授标管理效率，将授标管理功能由离线授标工具实施，改变为在 Web 端在线授标，避免了评标数据在导入导出中出现偏差，影响中标结果的确定。在线自动授标管理涵盖准备阶段、授标阶段和推荐中标候选人结果管理三部分。准备阶段，完成初评否决和详评打分后，导出相应的评标报表；授标阶段，在线进行完整的授标流程，形成推荐的中标候选人。授标人员名单、项目标包信息和详评打分结果信息可从电子商务平台直接流转至授标管理部分，生成的推荐中标候选人信息。推荐中标候选人结果管理，将授标阶段生成的各个分包下推荐中标候选人信息流转至定标管理模块，在定标管理中对生成的推荐中标候选人信息进行查看，可查看各分包中供应商的详评打分排序、授标排序、是否为中标候选人等信息。

三、采购管理的创新方向

（一）绿色采购助力全行业绿色升级

国家电网公司以供应链平台为支撑，聚焦绿色低碳可持续发展，围绕“降碳、减污、扩绿、增长”这个核心，建立绿色采购（Green Procurement，GP）需求牵引战略思维，将建设绿色数智和韧性安全的供应链放在更加突出的战略位置。完善采购文件绿色条款，将环保失信行为、绿色认证要素、审核要素等逐步研究纳入采购评审标准，将绿色采购、绿色物流、绿色供应商、绿色产品等方面要求和违约责任条款，逐步研究纳入合同文本。开展绿色资质能力核实，将供应商绿色管理体系、绿色工厂认证、绿色产品标识、绿色采购制度、环评能评报告、污染排放报告等绿色低碳信息逐步纳入资质能力信息核实范畴。加强采购评审绿色导向，遵循“调研市场、纳入评审、提高要求”的先后步骤，科学优化采购评审策略，逐步摸清投标人群体绿色发展状况，逐步加大绿色低碳导向力度，引领供应商加快绿色低碳转型，全面推动绿色采购，如图 5-2 所示。

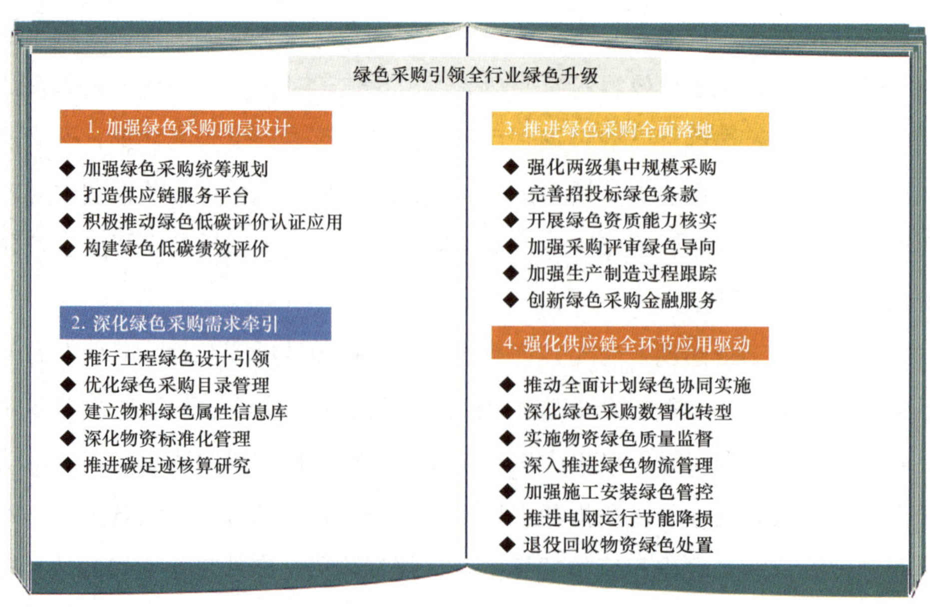

图 5-2 绿色采购引领全行业绿色升级

（二）全寿命周期成本采购助力设备“好中选优”

国家电网公司以采购为切入点，发挥公司市场采购规模优势和供应链生态主导能力，在建立全供应链全寿命周期质量保证体系、产品认证体系、绩效评价体系方面精准发力，通过统一质量标准、升级检测能力、强化质量追溯，强化供应链全过程质量监督管理，发挥实物“ID”流程贯通和数据共享纽带作用，归集设备全寿命周期质量和成本信息，推动优选智能制造程度高、质量自动化控制水平高的优质企业，优选技术能力强、创新能力强、履约能力强的优质企业，优选绿色低碳环保、综合性价比好的优质产品，加快应用资产全寿命周期成本（LCC）全息招标，对不同厂商的同类设备开展综合成本比选，提升电网投资精益性，采购设备“好中选优”，激发企业内部和外部两个市场活力，提升产业链供应链发展质效和电网本质安全。

（三）创新采购助力全链科技攻关

国家电网公司灵活应用市场化机制，以市场需求引导创新资源有效配置，发挥规模采购需求牵引驱动作用，激发市场创新活力、形成创新合力、增强创新动能，引领“卡脖子”技术突破，推进创新成果规模化应用和迭代升级，引导产业链供应链高质量发展。建立科技创新的市场化激励机制，开展创新类采购需求预测，结合需求市场大小，制定统一提级、搭配组合等采购策略，加强跨工程、跨单位的需求整合，形成规模化市场，开展专项采购，吸引头部企业积极投入创新。建立企业新装备新技术研发等评价模型，制定新型电力系统创新贡献度“三维三级”评价体系（重点方向、核心成果、参与程度三个维度，每个维度划分三个参与度等级）。通过评价结果与采购联动，加大优秀企业的产品采购，形成成熟的市场化激励机制，激发“专精特新”企业积极参与新型电力系统构建。

第二节 国家电网公司采购组织体系

国家电网公司加强采购工作组织管理，建立一级平台管控、二级集中采购的管理模式，推进采购实施、评估、优化的闭环管理，提效率、增效益、促效能，不断健全采购质效，不断提升供应链发展支撑力、行业带动力和风险防控力，助力公司战略实施和高质量发展。采购组织与管理体系主要包括采购管理组织机构、采购业务管理架构和采购质效评价组织三部分。

一、采购管理组织机构

采购管理组织机构是由参与集中采购活动的各个职能主体组成的，在系统管理集中采购的过程中，各主体既有分工，又有协作。国家电网公司基于两级集中采购管理理念，形成公司系统采购工作在招投标工作领导小组领导决策、招标采购管理部门归口管理下，各相关部门（单位）配合实施的管理格局。

国家电网公司采购管理组织机构如图5－3所示。

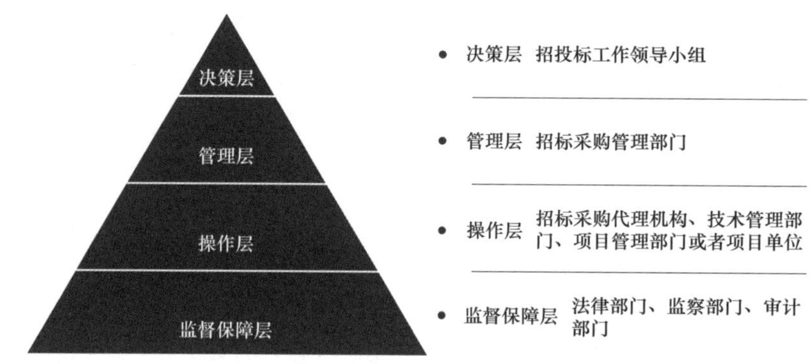

图5－3 国家电网公司采购管理组织机构

（一）决策层

招投标工作领导小组负责指导和监督公司贯彻执行国家有关招标投标的法律、法规及公司有关规定，通过召开领导小组专题会议审议，决策招标采购活动重大事项。在总部和各单位招标采购管理部门设立领导小组办公室，负责领导小组的日常工作，工作程序按照总部和各单位制定的相应规范文件执行。

（二）管理层

招标采购管理部门作为国家电网公司系统采购工作的归口管理部门，负责依据国家法律、法规、规章及公司有关规定，制定、完善并执行公司采购管理的规章制度，负责制定公司系统采购计划、采购目录和采购标准，组织实施纳入集中采购范围的采购活动，负责指导、监督、检查和考核采购工作，解决采购过程中的争议和协助处理投诉，负责公司招投标领导小组的日常工作。

（三）操作层

招标采购代理机构作为具体采购活动的组织实施机构，负责组织采购前期准备工作，组织发布招标（采购）公告、招标（采购）文件、资格预审文件，规范严谨地组织开评标工作，承办招标采购活动的各项会务工作，总结分析招标采购各环节的工作，做好归档文件材料的整理、组卷，完成采购代理业务相关调研分析、课题研究等。

专业技术管理部门为公司系统采购活动提供专业技术支持，负责对采购方案和采购文件提出技术要求，配合采购标准和技术规范的编写，参与招标文件审查，参与处理采购过程中的争议和投诉，对供应商开展专业绩效评价。

项目管理部门（项目单位）负责提出项目采购需求以及资质业绩条件、分包及评审原则等规则建议，按规定履行审批手续，开展直接采购项目。

（四）监督保障层

法律部门为公司系统采购活动提供法律支持和保障，负责对规章制度、采购方案、采购文件、采购过程的合法合规性进行审查，协助处理采购过程中出现的争议、投诉和纠纷。

纪检监察部门负责监督公司系统采购从业人员履行职责、秉公用权、廉洁从业、道德操守等方面的情况，对发现问题提出相关意见建议或廉洁风险点提醒，对涉嫌违规违纪违法的问题线索进行处置，按程序进行问责或提出监察建议。审计部门主要对公司系统采购活动进行审计监督。

二、采购业务管理架构

国家电网公司建立总部和省公司、直属单位两级集中采购管理体系，依托一级部署的电子商务平台，全面推行“总部直接组织实施”和“总部统一组织监控、省公司/直属单位具体实施”两种采购模式，实行统一归口管理，所有采购活动均纳入两级集中采购管理体系进行实施。针对需求零星、专业特殊或地域限制等原因，不具备集中实施条件，或集中实施不符合效率效益原则的采购需求，可授权下一级单位实施。此外，对于非依法必须招标的项目，根据情况可由各级需求单位（部门）直接委托实施。

国家电网公司分三个级别设立物资部，作为招标采购归口管理部门。其中，总部、省公司/直属单位负责两级集中采购，地市物资部负责授权采购。各级物资公司作为专业主要支撑单位，规范开展招标代理工作，协调各方专业力量，共同保障采购活动实施。其中，总部物资部作为国家电网公司招标采购工作的归口管理部门，主要负责：①依据国家法律、法规、规章及公司有关规定，制定和完善公司招标采购管理规章制度和其他文件；②负责编制公司年度招标采购计划并组织实施；③监督、检查和指导各单位招标采购工作；④协调解决招投标争议和投诉。省公司/直属单位招投标管理部门作为本单位招标采购工作的归口管理部门，主要负责：①制定本单位招标采购相关实施细则；②负责编制本单位招标采购计划并组织实施；③配合总部组织开展的招标采购工作，负责集中招标采购项目的计划上报、合同履约等信息报送工作；协调解决本单位招投标争议和投诉。

（一）两级集中采购管理

国家电网公司采用“总部直接组织实施”和“省公司/直属单位直接组织实施”的两级集中采购模式，如图5－4所示。国家电网公司以物料主数据为基础，按物料大、中、小类编制集中采购目录，并实行动态调整、滚动修编，详细规定相应的采购范围、采购实施模式、采购方式以及采购组织形式等，全面覆盖公司安全生产、电网发展、营销和优质服务，以及科技进步和信息化建设等建设与发展环节所需的各类物资和服务，有效提升采购质量和效率，助力实现经营管理目标。

图5－4 国家电网公司采购管理模式

1. 一级集中采购

一级集中采购由总部直接组织实施。国网物资部依据采购规模、重要程度及通用情况，会同项目管理部门共同制定一级集中采购目录清单，由总部作为采购人统一组织开展采购活动实施工作。其中，一级集中采购目录清单涵盖一级集中采购目录、特高压工程集中采购范围清单、总部直接委托范围清单3部分内容，对于技术标准统一明确，具有一定采购规模的新设备，优先纳入“总部直接组织实施”范围；一级集中采购目录清单范围内需要授权的，由总部按照“一事一授权”方式授权省公司、直属单位实施。

2. 二级集中采购

二级集中采购由省公司/直属单位直接组织实施。各省公司/直属单位根据一级集中采购目录清单，结合本单位管理现状编制二级集中采购目录清单，由总部统一组织监控、省公司/直属单位直接组织实施清单内的物资采购工作。二级集中采购实施过程中，各省公司/直属单位编制采购计划报并总部审核、遵循总部统一制定的流程制度、应用总部统一编制的招标文件范本、通过一级部署的电子商务平台操作实施。对于二级集中采购目录清单范围内采购规模小或通用性差、不属于依法必须招标需要授权的物资和服务，可由各省公司/直属单位授权下一级单位实施。

其中二级集中采购目录清单涵盖二级集中采购目录、电网零星二级专区范围清单、非电网及办公用品二级专区范围清单、固定授权范围清单、直接委托范围清单 5 部分内容，其采购内容及实施范围在一级集中采购目录清单之外，与一级集中采购目录不存在交叉，从源头上强化了采购计划的刚性执行，解决了应招未招、超范围采购等不规范行为。

（二）授权采购管理

授权采购由省公司/直属单位授权，地市公司或其他单位具体实施，是集中采购的重要补充形式，相对于集中采购，具有管理灵活性强、需求分散程度高、地域特色明显等特点，在提升零星工程与服务采购效率方面发挥了重要作用。

地市公司或其他单位作为授权采购的被授权人，负责具体组织开展授权采购活动。其中，被授权人不能转授权或再授权，授权人负责对授权采购的全过程进行监督管理。授权采购管理全过程突出事前审批、注重过程规范、强化事后审查，确保全程可控、能控、在控，保障授权采购组织实施的严谨性和规范性。

（三）直接委托管理

符合直接委托条件的采购需求，依据公司规定的决策程序审核批准后，各级需求单位（部门）可直接办理合同、付款事宜，不再组织开展采购活动。直接委托主要用于某些不需通过集中采购活动确定对方或价款的特殊零星需求，以及满足应急事件产生的应急物资和服务需求。

（1）对于政府性基金、行政事业性收费、不需要通过合同进行支付的政府定价目录规定的项目、向各类事业单位和社会组织缴纳的会费项目可直接委托。

（2）公司会计基础管理办法中规定的相关费用且不在两级集中采购目录清单范围内的项目可直接委托。

（3）对于需要通过合同进行支付的政府定价目录规定的项目可直接委托。

（4）两级集中采购目录清单明确可直接委托的物资和服务可直接委托。

（5）两级集中采购目录清单以外由两级采购主体通过文件、签报、会议纪要或“三重一大”等决策程序确定可直接签订合同的项目。

（6）满足应急事件产生的应急物资和服务需求可直接委托。

三、采购质效评价

采购质效评价是采购管理组织体系的重要组成，主要是对采购活动策划、执行、检查、改进的周而复始监督循环，准确地查找采购管理短板，对管理体系运行效果的不断评价和改进，以达到始终保持采购管理体系适用性的目的。

（一）采购质效指标体系

绿色现代数智供应链对采购工作的推动不仅体现在对业务的流程化、信息化支撑，更体现在通过完整、系统的采购效能分析对业务生成的数据加以处理，全面评价业务质效并辅助决策。绿色现代数智供应链中的采购效率、效益、效能分析就是自动抓取业务数据，借助完善的量化指标体系和科学的算法模型，分析计算指标值的方法。指标结果可以用来反映和评价业务执行情况，强化落实各级各类主体责任，辅助管理者不断优化采购策略，提升采购管理水平。

国家电网公司根据采购全流程业务，构建完善的量化指标体系，建立覆盖采购全业务环节的全量指标库，如图 5-5 所示，包括采购效率、采购效益、采购效能、采购公开、采购规范 5 个方面、25 个指标。

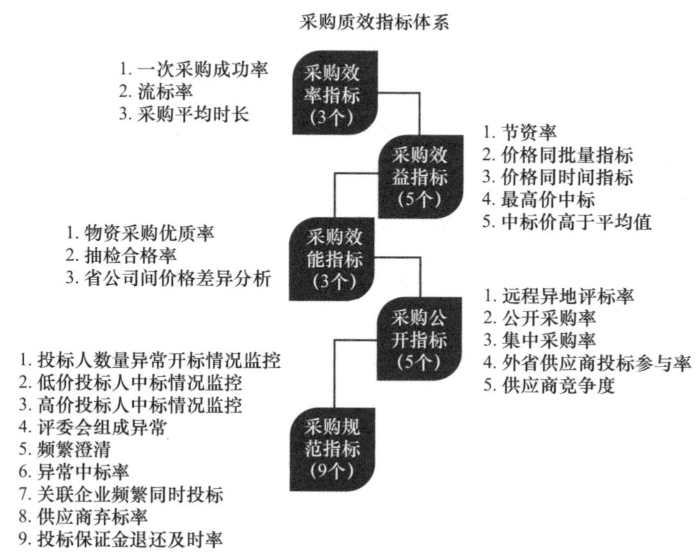

图 5-5 国家电网公司采购质效指标体系图

（二）采购质效评价实施与应用

采购质效指标分析的基础数据来源于 ECP、ERP，通过全业务数据中心自动抓取，

依托供应链运营平台ESC以及采购业务关键点建模并内置算法，对采购批次、品类、时间、质量、供应商等进行多维穿透分析和“线上化”管控，更好地为采购智慧管理提供准确的数据支撑。如图5-6所示，国家电网公司采购质效分析主要用于预测、决策和阶段控制中。

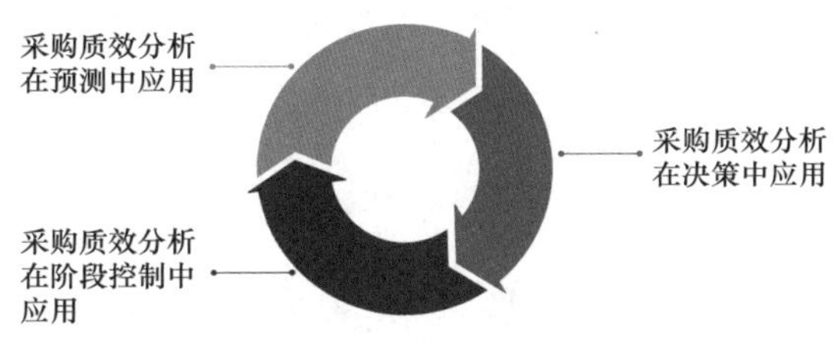

图5-6 国家电网公司采购质效分析应用

（1）采购质效分析在预测中应用。首先，公司根据自身特点，重点进行年度、季度或采购批次计划的预测分析，确保企业目标管理和考核的有效性。其次，要根据公司的计划目标和历史数据确定各项数据指标，找出经济运行波动的共性和差异性。再次，要根据行业的总体规划和行业的特殊性，综合运用一定的预测模型来提高分析的科学性。同时，考虑许多外在因素的影响，预测以年度、季度或批次为主。

（2）采购质效分析在决策中应用。首先，对社会经济环境的分析。社会经济环境的影响包括国内、国际的宏观环境对公司发展的影响。其次，对需求和供给能力的分析。主要包括需求数量、价格、供应商供给能力、订单满足率等。通过分析，可以判断供需缺口，为确定采购批次、采购方式与策略提供支持。再次，对物资管理水平的分析。通过物资管理分析以及与其他电网企业之间的对比，在对比中认识自身发展的差距和潜力，为提高物资管理水平提供参考。

（3）采购质效分析在阶段控制中应用。在计划方案的落实过程中，往往会出现一些不可预见的情况，需要及时进行过程分析和阶段分析。公司利用运营数据定期分析计划完成情况、进度情况等，可以及时发现执行过程中存在的问题。通过对完成阶段的结果进行对比分析，有利于提高物资计划的执行效力。

第三节 国家电网公司采购制度体系

国家电网公司在贯彻落实国家有关采购政策法规的基础上，强化制度顶层设计，持续修订和完善公司内部的采购管理制度，建立内容全面覆盖的采购制度体系。

一、采购政策法规

为规范招投标活动，维护国家利益、社会公共利益和招标投标活动当事人合法权益，国家和相关部委颁布了一系列法律、法规、规范性文件。国家电网公司严格贯彻执行国家有关招投标的法律、法规、规章，落实依法治企理念，进一步规范采购行为，促进公平竞争，强化监督管理，严格预防和惩治腐败，增强各类风险防控能力。采购政策法规包括但不限于表 5－1 所示内容。

表 5－1　　采购政策法规汇总

分类	法律法规名称
法律	《中华人民共和国招标投标法》
	《中华人民共和国民法典》
	《中华人民共和国建筑法》
行政法规	《中华人民共和国招标投标法实施条例》
	《优化营商环境条例》
	《建设工程安全生产管理条例》
	《建设工程质量管理条例》
	《建设工程勘察设计管理条例》
部门规章	《必须招标的工程项目规定》
	《房屋建筑和市政基础设施工程施工招标投标管理办法》
	《工程建设项目施工招标投标办法》
	《工程建设项目勘察设计招标投标办法》
	《工程建设项目货物招标投标办法》
	《标准施工招标资格预审文件》和《标准施工招标文件》暂行规定
	《机电产品国际招标投标实施办法》
	《电子招标投标办法》
	《招标公告和公示信息发布管理办法》
	《评标委员会和评标方法暂行规定》
	《评标专家和评标专家库管理暂行办法》
	《工程建设项目招标投标活动投诉处理办法》
规范性文件	《必须招标的基础设施和公用事业项目范围规定》
	《关于印发〈标准设备采购招标文件〉等五个标准招标文件的通知》
	《国家发展改革委等部门关于严格执行招标投标法规制度进一步规范招标投标主体行为的若干意见》
	《中共中央国务院关于加快建设全国统一大市场的意见》

续表

分类	法律法规名称
规范性文件	《关于进一步规范电子招标投标系统建设运营的通知》
	《关于建立清理和规范招标投标有关规定长效机制的意见》
	《国务院关于加强和规范事中事后监管的指导意见》
	《关于在招标投标活动中对失信被执行人实施联合惩戒的通知》

二、采购管理规章制度

（一）制度架构

国家电网公司在修订采购管理制度体系中注重系统性、可操作性和动态建设，打破以往将采购业务划分为招标及非招标两条线的思路，从顶层设计角度解决了原制度体系中采购管理原则、导向、业务实施模式等内容缺失问题。

国家电网公司采购管理制度架构如图 5－7 所示，制度体系框架有层次、有逻辑、有针对性，其约束的行为主体既相互独立工作，又存在必要的协同和联系，全面覆盖了管理全流程的各个方面。制度内容利于各行为主体贯彻执行，要求在制度建设中控制制度的数量，控制制度的深度细度，控制制度的复杂程度，突出制度的实用性和易用性。法规政策、组织机构、管理对象、管理方法时刻在变，在保持相对稳定情况下，对制度体系进行动态修订和完善，始终保持其对管理活动的适应性。

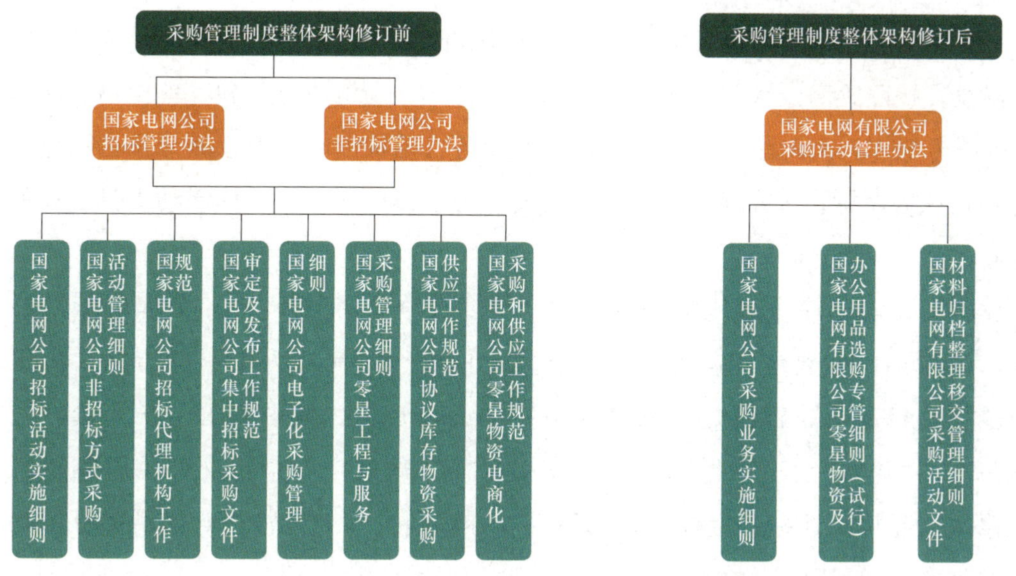

图 5－7 国家电网公司采购管理制度架构

（二）制度体系

国家电网公司始终把管理制度体系建设作为一项重要工作来抓。在遵守国家法律法规、各项规章制度的框架下，不断修订和完善物资管理制度体系建设，建立形成管理通则、管理办法、工作规范和管理细则等文件共同组成的多层次、相互衔接协调的管理制度体系。目前，物资（供应链）管理制度体系架构共计 20 项制度，其中一级规范 1 项、二级规范 11 项、四级规范 8 项，覆盖物资（供应链）管理的各个环节方面。其中与采购管理直接相关的二级规范 1 项，四级规范 6 项，如表 5－2 所示。

表 5－2　　国家电网公司物资管理通用制度规范（采购管理相关）

一级规范	二级规范	四级规范
国家电网有限公司供应链管理通则	国家电网有限公司采购活动管理办法	1. 国家电网有限公司采购业务实施细则 2. 国家电网有限公司零星物资及办公用品选购专区管理细则（试行） 3. 国家电网有限公司采购活动文件材料归档整理移交管理细则 4. 国家电网有限公司评标专家管理细则

同时，国家电网公司研究制定了《境外工程承包项目采购活动管理规定》，对海外项目采购活动的实施模式、采购方式、采购流程等进行了规范，为海外项目建设长期稳定运行提供保障。

第四节　国家电网公司采购法律保障体系

国家电网公司为规范招标采购活动法律保障工作，防范法律风险，维护公司合法权益，按照“两级管理、两级负责”的原则，分别组建总部和各单位招标活动法律保障专家库，为两级招标提供法律保障服务。招标活动法律保障专家由法律部门进行业务指导与统一管理，受法律部门调派为总部或各单位招标活动提供法律保障服务。

招标采购活动法律保障工作遵循“专业服务、集中调派、全程保障”的原则，法律部门主要负责：①调派符合规定的法律顾问，为本单位招标活动提供规范化、标准化、精益化的法律服务；②归口管理、集中调配、统一选派法律顾问开展招标活动法律保障工作；③对采购方式确定、招标文件的编制及澄清与修改、开标、评标、定标、合同签订、异议和投诉处理等招标活动各环节提供全过程的法律保障。

一、招标文件审查法律保障

编制招标文件审查要点、招标文件时，法律部门通过调派法律顾问，在规定时间内参加审查活动、出具书面审查意见等方式提供法律保障。近年来，国家电网公司也在积极推动招标文件审查要点、招标文件法律审查会签的电子化工作，提升工作效率。

（一）法律审查内容

（1）招标文件审查要点法律支撑。招投标管理部门向法律部门送审招标文件审查要点，说明项目审批或核准情况、项目资金落实或来源情况，明确招标范围、招标方式、招标组织形式等内容，并附相关支持性文件。由法律部门对前述内容的合法合规性出具法律意见。

（2）招标文件法律审查支撑。招标文件应在规定时间前送法律部门审查，由法律部门对招标文件进行法律审查时，重点审查招标投标程序规则、投标人资格业绩要求、评标办法、授标原则、否决投标条款、合同文本与条款等相关内容。

（二）法律审查要求

（1）报送时间要求。招标文件审查要点不应晚于招标文件报送法律部门。招标文件审查要点具有特殊或重要事项的，应提前就有关情况向法律部门说明。对于送审的招标文件不符合规定的，招投标管理部门应予补齐。

（2）审查结果处理。招投标管理部门应在与法律部门对法律审查意见沟通一致后，对招标文件审查要点、招标文件进行修改完善，未通过法律审查的招标文件不得对外发布。

二、开评标全过程法律保障

法律部门积极参与开标、评标、定标活动全过程，同时招标代理机构指派法律人员配合总部与各单位法律部门，共同提供相应的法律保障服务。

（一）开评标过程法律审查

法律顾问对于符合相关规定的澄清、否决投标、事项应予审查确认，按照评标现场工作程序进行审批；对评标过程中的重大及疑难法律问题无法立即作出判断的，及时向评标委员会声明，并在遵守工作纪律的情况下向调派其参加招标活动法律保障工作的法律部门请示汇报后及时予以答复。

法律顾问在评标结束当日，向调派其参加招标活动法律保障工作的法律部门报送法律保障工作报告，并对评标及法律保障工作提出建议。

（二）定标过程法律审查

法律部门派员参加本单位的招投标领导小组会议并发表法律意见。定标后，法律部门按照国家电网公司有关制度规定，参与相关合同签约事宜，提供法律保障服务。经过招标程序签订的合同，按照国家电网公司合同管理制度规定进行审核会签，合同文本及其实质性内容应当与招标文件和中标人的投标文件内容一致，不得与中标人再行订立背离合同实质性内容的其他协议。

三、异议处理法律保障

在招标活动中出现异议、投诉时，法律部门提供相应的专业协助，就所涉法律问题提出意见。对于异议、投诉形成案件的，按照国家电网公司案件管理制度规定处理。

第五节　国家电网公司采购监督体系

采购监督体系是采购工作有效运转的基础保证，为采购工作的规范实施提供支撑，促使采购工作中各个部分形成系统的、相辅相成的总体。国家电网公司通过监督人员队伍建设、监督招标代理采购业务实施、数字化监督平台建设等手段与措施，健全采购监督体系，保障采购活动规范、有序开展。

一、采购监督主要内容

在采购监督组织机构设置上，国家电网公司建立健全采购监督组织机制，国网物资部作为招标采购工作的归口管理部门，负责监督、检查和指导各单位招标采购工作，协调解决招投标争议和投诉。省公司/直属单位招投标工作领导小组作为本单位招标采购工作的领导机构，负责指导和监督本单位招标采购工作。此外，采购管理组织机构中设置协同监督机构，对业务管理机构和业务配合机构的工作规范性进行监督，提供法律保障。

在采购监督工作方式上，国家电网公司招标采购监督由专业监督、专项监督、现场监督、数智监督和社会监督等方式组成。专业监督是指各业务部门对涉及本专业范围内的招标采购管理相关事项进行监督。专项监督是指针对招标采购管理中重点、难点问题开展专项监督检查。现场监督指委派监督人员对招标采购业务实施现场进行实时监督。数智监督是指依托供应链“两库一平台”，在招标采购管理风险研判、监控、预警、整改等方面开展数字化、智能化的监督工作。社会监督是指投标人、供应商、社会公众、社会舆论对公司采购业务的依法合规性开展监督。

在采购流程监督重点上，加强对采购业务全过程和招标采购代理业务监督。采购准备阶段，各相关部门按照职责分工分别负责各自监督内容，例如发展部门对招标采购项目的投资计划安排及落实情况进行监督，监察部门对标底保密及是否存在干预标底确定的情况进行监督。在开标阶段，重点监督收取投标文件到唱标结束、投标文件集中运抵评标地点前的全过程。在评标阶段，重点监督评标专家报到至评标结束前的评标现场封闭保密、参与工作人员履职、相关工作程序执行、专家评审打分等全过程。在定标阶段，主要监督招投标工作领导小组是否执行定标程序及原则、是否充分听取领导小组成员意见、是否未经集体研究确定中标人等情况。

二、监督专家队伍管理

（一）监督专家队伍组建

国家电网公司建立了供应链监督管理专家队伍，包括现场监督专家和合规监督专家。总部、省、市公司物资管理部根据监督工作需要组建本级现场监督专家库和合规监督专家库。现场监督专家、合规监督专家实行分级入库、统一管理。现场监督专家主要承担开标评标（审）、供应商资质能力核实和废旧物资竞价处置等现场监督工作。合规监督专家主要承担各类专项监督检查及专题数智监督工作。

（二）监督专家队伍管理

国网物资部根据监督工作需要，从现场监督专家库和合规监督专家库中随机抽取或委派专家开展相应的监督工作。物资管理部定期对本单位现场监督专家和合规监督专家开展培训，提高专家的廉政自律意识和公正履职能力。同时，物资管理部组织对参加现场监督、合规监督的专家进行评价。考评标准由“业务能力、工作态度、廉洁纪律”等内容组成，考评结果分“优秀、良好、称职和不称职”四个等次，评价优秀的专家纳入年度专业表彰，对履职不到位的专家予以退库处理。

三、数智化监督

（一）数智化监督思路

国家电网公司绿色现代数智供应链招标采购智能监督深度分析总结历史问题特征，智能捕捉业务合规薄弱点。运用事前预判、实时管控技术手段，在业务中嵌入合规管控规则，防线前移至业务源头。按照“线上稽查为主、线下核实为辅”的思路，加强关键、薄弱环节基础设施的数智化升级，稳步推进数智化监督，提升数字化监管敏捷感知、智能预判、在线监督、闭环处置能力，为制度笼子加上“数字探头探针”“电子围栏”和“数智锁”。

（二）数智化监督系统

电子化招标采购是以招投标法律法规为准绳、以业务流程为基础、以互联网信息技术为支撑，实现招投标各参与主体在线进行项目操作和管理的专业化行为。国家电网公司已建成了以电子商务平台和企业资源管理系统（Enterprise Resource Planning，ERP）为核心，以一级主数据管理平台和226个电子评标室、29个电子监控室等软硬件为支撑的集团采购数字化监督系统。

1. 一级平台管控

随着集中招标采购范围逐步扩大，特别是集中采购规模发展到一定阶段，必然要通过电子化采购手段提高运作质量与效率。为此，国家电网公司建成并投运了一级部署的信息系统——国家电网公司电子商务平台（ECP），严格管理招标采购各环节，为建立全业务覆盖、全过程管控、全闭环管理、全方位监督、全环节阳光透明的采购集约化管理体系提供支撑，对促进物资全供应链管理规范化、决策科学化、效率最优化、效益最大化具有重要意义。

国家电网公司总（分）部、省公司、直属单位采购活动按照采购目录清单纳入ECP一级平台管控实施，围绕“统一管理、集中采购、分级负责”的运作模式，实现对物资采购管理业务的“全覆盖”。在采购程序上，ECP涵盖公开招标、邀请招标、竞争性谈判、询价采购、单一来源采购等多种采购方式，配置了采购活动各个环节的流程操作与管理功能模块，实现所有采购活动全过程电子化。在合同签订中，ECP通过ERP系统获取采购需求，在合同签约过程中合同管理接收招标结果生成合同，供应商与相关部门通过协同功能参与合同的签署，并将合同协同结果回传ERP，在ERP中进行订单管理。在合同履约过程中，通过ECP关注合同物资的生产跟踪情况、到货验收情况、安装投运情况、货款支付情况等环节合同执行情况，并在每个环节与供应商管理集成完成供应商及产品信息的评价。

2. 两库一平台监督

随着现代绿色现代数智供应链建设的深入推进，采购监管已逐渐迈入数字化、数智化阶段，国家电网公司构建依托供应链运营调控指挥中心（Enterprise Supply Chain

Center，ESC）建立“两库一平台”监督体系，即供应链数字化风险知识库、供应链数字化风险指标库和供应链风险监控预警平台。其中，风险知识库由风险案例与风险清单组成，通过整合供应链各环节的数字化作业风险，形成全网监督人员在线共建共享的案例清单，做到“全网风险一本账”。风险指标库对具备在线监控条件的风险点开展监控建模，形成智能化、模块化监控指标。风险监控预警平台是基于两级 ESC 平台的风险事件闭环管控平台，针对风险指标库中“激活”指标开展在线监督，对发现的疑似风险事件启动监控预警。“两库一平台”的工作机制分为以下三个方面。

（1）事前预警预判。围绕重点业务环节，对风险知识库、风险指标库进行迭代更新，推进防控重点“清单化”和“指标化”管理，为业务提供决策支撑。以平台监控预警数据为基础，结合风险知识库中的典型案例以及历年巡视、审计过程中发现的问题，开展现场监督，提升物资风险“事前预防”水平。

（2）事中督办纠偏。对于异常事件，依托风险监控预警平台发送异常事件信息，建立分级闭环管控机制，协调各级专业人员和相关业务部门开展异常事件闭环消缺，跟踪问题整改，提高异常事件管控、处理、反馈效率。

（3）事后闭环改进。建立事后结果考核评价机制，确保物资管理监督工作依法依规、高质高效开展。同时，持续完善风险知识库和风险指标库，实现“两库一平台”合规监督体系运营工作闭环管控。

第六节　国家电网公司评标专家管理

国家电网公司评标专家及评标专家库纳入电子商务平台专家管理系统统一管理，遵循“统一平台、分级应用、资源共享、动态管理”的原则。总部、各省（自治区、直辖市）电力公司和公司直属单位委托的代理机构是国家电网公司专家库使用的责任主体，负责实施招标代理活动中评标专家库的组建，评标专家抽取、通知与考核，做好评标专家管理保密等工作。

一、评标专家库的组建与管理

（一）入库管理

评标专家入库遵循“个人申报、组织推荐、代理机构审核入库”的原则。入选评标专家库的评标专家应满足《评标专家和评标专家库管理暂行办法》（国家计委令第 29 号）和《国家电网有限公司评标专家管理细则》所规定的职称资质、入库年龄、利益关系、用工性质、单位所属等资格条件。评标专家实行分级管理，由高至低分为“资深＋级、资深级、A 级、B＋级、B 级”五个等级，其中 A 级及以上等级评标专家由国网总部招标代理机构统一管理；B 级及以上评标专家由各单位招标代理机构进行管理。

评标专家入库和等级认定通过以下程序确定：首先，各级物资管理部门根据评标专家库建设需要，发布聘任信息，或直接向拟邀专家所在单位发出邀请。接着，专家使用生成的注册邀请码在国家电网公司电子商务平台自行申报入库。最后，各单位物资管理部门组织对专家自行申报资料审核，并结合专家工作简历及业绩等合理推荐专家等级。

（二）动态管理

评标专家库实行动态管理，定期更新。评标专家信息审核采取集中与专项相结合的方式。每年初国网物资部发布年度集中审核工作安排，在审核期间，由各级招标代理机构集中提报评标专家的评标专业、等级、组织机构等变更申请。根据工作需要，可不定期组织评标专家信息专项审核，相关单位及总部相关部门参与审核工作。公司总部招标代理机构组建督导组指导各单位规范开展评标专家管理工作。

二、评标专家的抽取与通知

依托电子商务平台，评标专家的抽取与通知工作由专人负责，配备专用电脑、录音电话等设备，在规定的时间内和保密环境中完成，严控专家信息泄密风险。

（一）评标专家抽取

依据招标项目类型确定对应的评标专业，并在开标前应用电子商务平台，完成评标专家抽取方案的编制与审核、专家抽取或选取等工作。对于所需专家人数较多，或者因特殊原因造成专家资源不足等情况的招标项目，专家抽取方案的审核确认、抽取与通知工作可适当提前。

（二）评标专家通知

在完成评标专家抽取工作后，严格按照抽取结果依次通知评标专家；当所有抽取人员全部通知后出席人数仍不能满足评标要求时，按相应程序执行补充抽取工作。专家通知原则上通过短信系统自动一对一向专家发送评审通知，在短信系统出现故障时，可采用拨打电话、自发短信等方式通知。同时，招标人及时汇总核实出席名单，组建评标委员会；各级招标代理机构具体安排专家报到及身份核实工作，对由于不可抗力原因造成评标专家不能按时报到或缺席的，及时向招标人汇报。

（三）评标专家出席

严格评标专家出席次数管理，原则上抽取的评标专家每年出席总部和各单位评标活动次数不得超过规定次数。但当受评标专家资源不足，或者遇特殊情况无法满足评标专家人数需求的单位或项目，直接影响评标工作正常开展时，可适当放宽专家年度出席次数限制。

三、评标专家的培训与评价

（一）评标专家培训与教育

国家电网公司总部招标代理机构统一安排评标专家的教育培训，各单位招标代理机构负责配合开展本区域内评标专家的培训工作。评标专家培训采取集中培训、评标现场培训和日常培训相结合的方式，培训内容涵盖招投标法律知识、评标业务知识与实际操作技能、廉洁从业相关要求等。培训实施线上统一管理，各级招标代理机构负责及时在电子商务平台上对培训项目、培训内容、参加培训专家等信息进行发布和维护。

（二）评标专家评价与考核

为便于统计了解评标专家工作情况，国网物资部制定了评标专家调研问卷，评标专家在评标打分结束后，需填写问卷并提交，公司对问卷填写情况进行统计和分析。各级招标代理机构负责建立本级评标专家的评价与考核制度，组织对参加本级评标活动的评标专家进行日常考评、季度考核和年度考核。日常考评由“业务能力、工作态度、廉洁纪律”三部分组成，由评标委员会、招标代理机构、监督人员对评标组长进行日常考评，评标组长、招标代理机构、监督人员对其他评标专家进行日常考评。考评结果分为“优秀、良好、称职和不称职”四个等次。各级招标代理机构将参加本级招标项目评标专家日常考评为“优秀”和“不称职”的评价信息按季度反馈至国家电网绩效管理系统，此信息作为评标专家绩效和专家人才考核的重要因素。每季度，各级招标代理机构按批次统计评标专家出席情况，经本级物资管理部门核实后，分季度予以公布。每年底，各级招标代理机构依据评标专家日常考评评价结果，提出年度考核意见，经本级物资管理部门核实，考核结果作为评标专家奖惩、续聘、动态调整的依据。

第七节　国家电网公司招标代理机构管理

招标代理机构在招标投标中扮演着重要角色，在维护市场秩序、提高招标采购工作公平、公正、公开等方面发挥着举足轻重的作用。国家电网公司高度重视招标采购代理业务管理，制定《国家电网有限公司招标采购代理业务规范》，由各级委托单位对招标代理机构所从事的招标代理业务依法进行监督和管理，严格规范招标采购代理机构行为。

一、代理机构的基本要求

国家电网公司对招标代理机构的设立条件、办公场地、专业力量、人员管理、硬件场所等提出明确要求。

代理机构是依法设立，受托从事招标采购代理业务并提供相关服务的中介组织，应满足国家相关法律法规规定的依法执业、严格保密、利益回避等基本要求。

代理机构须有固定的办公营业场所和开展招标采购代理业务所需设施及办公条件；具备健全的组织机构，内部机构设置满足业务开展需要；构建规范的招标采购代理服务管控体系，有完善的招标采购业务流程及质量管理、风险管理、财务管理、档案管理等内部管理制度；具备完善的电子化办公系统、招标采购辅助系统等信息化管理工具和手段。

代理机构应具备与代理业务相适应的能够编制资格预审文件、招标（采购）文件和组织评标（评审）相应专业力量，涵盖管理、技术、经济等人员。代理机构应配备与其业务规模相适应的法律顾问，对招标采购代理业务开展提供全过程法律保障。代理机构应配备与电子化招评标相适应的信息化支持力量，以及保障招标采购活动开展所需的会务服务能力。

代理机构业务人员应熟知招标采购相关的国家法律法规、公司规章制度、组织实施采购活动所需的专业技术知识，熟练应用公司电子商务平台，依法规范地组织开展招标采购全流程业务。代理机构从业人员应遵守职业道德、规范履职，定期接受相应的专业培训和职业技能培训。

代理机构应具备组织开展招评标活动的场所条件，主要包括开标室（大厅）、评审室、视频监控室、保密室、谈判室等，一般应具备专家食宿条件。评审场所应设有良好内外网环境、开评标（审）专用计算机、打印机等必要设施，具有有效的封闭隔离措施。评标（审）场所应安装音视频监控系统，具备监控功能。

二、代理机构的行为管理

国家电网公司对招标代理机构在遵守采购程序、维护公平竞争、履行公正义务，遵守回避制度、防范廉洁风险、履行保密职责等方面的行为规范提出明确要求。

代理机构应遵守采购程序，依法在指定媒介发布资格预审公告或招标公告，确保招标（采购）文件、资格预审文件发布、澄清、修改符合法律法规的规定，不得接受未通过资格预审的单位或个人参加投标。

代理机构应维护公平竞争，不得违法设置不合理条件限制、排斥、歧视潜在投标人，限制正当竞争。

代理机构应履行公正义务，不得私下接触投标人，收受投标人的财物或其他好处；不得涉及与投标人相互串通，阻挠、排挤其他投标人公平竞争等影响公平正义的行为。

代理机构应遵守回避制度，主动回避本人亲属或其他利害关系人直接或间接参与本项目的投标。应执行招标结果，及时、准确、合法发出中标（成交）通知书、确定中标（成交）人。

代理机构应防范廉洁风险，遵守国家法律法规、公司廉洁要求，提高廉洁风险识别能力和风险防控意识，加强从业人员行为监管，强化廉洁警示教育。

代理机构应履行保密职责，加强内部管理和保密教育培训，提升从业人员保密意识；配备评标专用存储设备，确保招投标信息存储、传输安全；严格遵循招标（采购）、资格预审公告发布前、开标前、评标前、评标中，及评标后的有关信息泄露、资料存储归档、账号密码管理等保密规定。

三、代理机构的评价管理

国家电网公司各级招标采购代理机构考核评价工作坚持“谁使用、谁评价”原则，由各委托单位组织开展。考核评价内容包括：代理合同的签订及执行情况、采购代理服务质量、招标采购代理机构及从事采购代理人员诚信情况、执行国家招投标法律法规和规范性文件的情况。

代理机构的考核评价采取定性评价与定量评价相结合方式。在采购代理业务全流程各环节设置评分项，由招标采购管理部门组织相关人员对采购代理机构服务情况进行综合评分。代理机构考核评价依据包括：国家电网公司组织的招标采购专项督导检查情况通报，批次采购代理业务操作失误、数据统计错误等情况，批次采购代理服务满意度调查情况等资料。

第八节　国家电网公司供应商管理

国家电网公司在供应商管理理论基础上，结合自身实际需求，围绕供应商注册、供应商资质能力信息核实、供应商评价、供应商激励与退出等关键业务环节，构建了具有国网特色的供应商管理核心业务体系。国家电网公司供应商管理遵循“统一标准、分级管理、专业协同、公开透明、诚信共赢”的原则，通过构建和谐共赢供需关系，引导供应链上下游企业绿色发展、诚信经营，切实提升产品质量，从而确保内部供应链稳定运行，支撑“双碳”“加快质量强国建设”“推进信用体系建设”等一系列国家政策落地实践。

一、供应商的注册管理

国家电网公司对参与公司招标采购等供应链管理活动的供应商，实行电子商务平台注册管理。注册业务实现对供应商的实名认证，为后续招标采购、供应、质量监督等业务提供前端保障和基础支撑。

（一）供应商注册流程

注册的供应商面向全社会开放，中华人民共和国境内依法注册的法人或其他组织，提交真实有效的企业工商信息，经过校验审核通过后，即可以免费完成注册。

（二）供应商注册审核

在供应商完成注册后，对供应商注册及信息变更开展审核，保障供应商注册信息的真实准确，并通过告知审核不通过的全部原因，作为供应商完善信息和提升自身资质能力的依据。

（三）供应商注册数智化管理

国家电网公司依托信息化平台固化供应商注册管理业务逻辑，对新进入供应商进行注册制管理，实现供应商在线结构化注册。通过实施供应商注册数智化管理，推动供应商信息全平台共享共用，为后续供应商管理公正，以及供应链采购、供应、质量监督等业务提供数据支撑。

二、供应商资质能力信息核实

供应商资质能力信息核实是指根据供应商自愿申请或招标采购文件约定对供应商的资质业绩、生产现场等信息进行核实的活动。经核实的供应商相关信息作为供应链管理工作的重要参考依据。国家电网公司通过开展供应商核实工作，进一步了解供应商提供符合企业需求的产品或服务的能力，助力提升供应链采购管理质效，同时也帮助供应商发现自身差距，有针对性的提升资质能力和经营管理水平。

（一）供应商核实方式

根据采购品类的特点、关键程度、复杂性、价值及供应商自身情况灵活选择供应商核实方式，国家电网公司核实工作方式主要分为文件核实和现场核实。文件核实一般按照年度核实计划开展，现场核实根据业务需要开展。

1. 文件核实

对于复杂性低、价值低的品类，根据供应商申请情况，采取资料审核、远程监控审核等非现场考察方式。通过设计文件审核标准化模板，由供应商进行反馈并提供相关佐证资料。

2. 现场核实

对于复杂性高、价值高的品类，其他关键性品类，或无法根据文件资料了解的内容，到供应商现场核实。现场核实可以了解供应商的实际运营情况，确保核实结果准确。现场核实分为常规现场核实和专项现场核实。

常规现场核实是依据考察标准，对申请考察新产品，或其生产试验设备、生产环境发生重大变化的供应商进行现场核实和确认的工作。

专项现场核实是根据采购业务需求、重点采购物资质量运行情况，或者配合投诉调查等，对特定供应商进行现场核实和确认的工作。

（二）供应商核实流程

按年度核实计划开展的核实工作，主要流程包括：编制工作方案、发布核实公告、组建核实委员会、召开核实启动会、文件核实、现场核实、核实信息公示、核实结果审批、核实结果反馈、文件资料归集等。

（三）供应商核实内容

为真实反映供应商的综合能力，国家电网公司从多维度设置考察与审核供应商。物资类供应商核实内容主要包括供应商的基本信息、财务信息、报告证书、产品业绩、设计研发、生产制造、试验检测、原材料及组部件管理、售后服务和产品产能等。服务类供应商核实内容主要包括基本信息、财务信息、企业资质、报告证书、技术实力、工程业绩等。

（四）供应商核实数智化管理

国家电网公司依托信息化平台部署供应商核实功能模块，实现供应商信息收集、核实工作开展、考察与审核结果反馈等业务过程的线上化，提高管理工作效率。供应商已核实数据在国家电网公司系统内信息共享，可以作为后续的评标依据，不需提供支持证明文件。考察与审核生成的量化可视结果也可直接应用于招标活动，减少评标环节专家资质业绩文件审核工作量，大幅提高评标工作效率。

三、供应商的评价管理

国家电网公司建立了全息多维的供应商评价指标体系，通过量化的指标数据，全面了解供应商基础资质与履约表现、综合水平与专项能力等全方位信息。通过应用供应商评价结果，助力采购工作选好选优，同时帮助供应商对标找差，提升产品与服务质量。

（一）供应商评价的类型

国家电网公司开展的供应商评价分为绩效表现评价和专项水平评价，具体如下。

（1）供应商绩效评价是充分挖掘供应商全寿命周期各环节数据，对供应商综合绩效水平进行量化评价的一种方式，供应商评价结果可以应用于招标采购工作，支撑供应商选择，也可以作为供应商对标、激励的依据，促进供应商改进服务、提升质量。

（2）供应商专项评价是对供应商某项特定能力和水平进行深度评价和应用，进一步引导供应商的经营管理行为，助推“双碳”“质量强国”“制造强国”等国家战略落地，包括供应商质量竞争力评价、绿色供应商评价等。

1）供应商质量竞争力评价是在分析与供应商质量密切相关的影响因素的基础上确定评价内容，并运用适宜的评价方法进行量化评测。开展供应商质量竞争力评价可以有效强化供应商质量主体责任，加强质量技术攻关和自主品牌培育。

2）绿色供应商评价是以供应链业务为主线，充分考虑供应商各个层面的绿色低碳行为和能力等因素，并对此作出评价。开展绿色供应商评价可以帮助企业识别并挑选出绿色供应商作为合作伙伴，促进企业供应链可持续发展。

（二）供应商评价的组织方式

国家电网公司供应商评价按照采购范围定期开展，评价结果分别在公司两级招标采购中应用。评价对象包括物资类、服务类等采购品类的供应商。

一般来说，供应商绩效评价工作每年开展一次，当采购量较大时，可以每年开展两次，其中第二次可以作为补充，由专业部门根据实际业务需要确定是否开展。供应商专项评价工作需按一定周期定期开展，在供应商的装备、工艺等发生重大变化时重新开展评价。

（三）供应商评价的流程

供应商评价的流程可大致划分三个阶段，即准备阶段、实施阶段、结果公示及咨询受理阶段，各阶段具体流程内容如下。

1. 准备阶段

物资部门会同专业部门制订供应商评价工作方案，确定评价范围、评价细度、工作计划等内容，各专业部门根据物资部门提供的过去 3 年中标供应商名单以及实际业务需要，确定本专业管理范围需要评价的供应商名单。各部门按照供应商评价工作方案，制定评价标准，明确供应商评价的内容、规则、方法等。

2. 实施阶段

专业部门按照评价工作方案和评价标准要求，对各评价细度下的供应商进行量化评价打分或评级。各部门应履行供应商评价结果审批手续，并将审批后的评价结果、评价标准上传至电子商务平台。

3. 结果公示及咨询受理阶段

供应商评价结果、评价标准由物资部门在电子商务平台上公示，公示期不少于 3 日。相关供应商咨询由物资部门统一受理和回复，咨询内容涉及其他专业评价的，由物资部门转相应专业部门进行解答，专业部门应在收到咨询之日起 5 日内回复。

（四）供应商评价内容

1. 供应商绩效评价内容

供应商绩效评价结合物资类和服务类供应商的特点，设计不同的评价内容。物资类供应商一般从质量监督、供应履约、安装调试、运行维护四个维度开展评价。质量监督评价主要依据监造、抽检环节供应商的产品质量信息开展。供应履约评价主要依据物资合同执行阶段供应商的履约信息及各单位合同执行“一单一评”结果开展。安装调试评价主要依据安装调试阶段供应商的产品质量、现场技术支持情况开展。运行维护评价主要依据设备运行维护阶段供应商的产品质量、售后服务等情况开展。服务类供应商由专业部门根据业务实际情况确定评价维度。

2. 供应商专项评价内容

（1）供应商质量竞争力评价内容。供应商质量竞争力评价从质量水平评价和发展能力评价两方面设置内容。“质量水平”侧重反映“质量发展的当前状况”，是对供应商现状的测量，内容包括：标准与技术水平、质量管理水平、质量监督与检验水平。“发展能力”侧重反映“质量发展的持续能力”，是对供应商潜力的测量，内容包括：研发与技术改造能力、核心技术能力、市场适应能力。

（2）绿色供应商评价的内容。绿色供应商评价内容主要包括发展战略、体系建设、生产经营、环境排放与治理、企业社会责任等方面，并重点考虑 ESG 要素，将 ESG 指标纳入绿色供应商评价体系。

（五）供应商评价结果应用

供应商全息多维评价结果在供应链各业务环节共享共用，如在招标采购环节，为选择合适的供应商提供参考，助力招标采购选优选强；在质量监督、物资供应环节，可以提醒相关部门加强评分较低供应商的质量管控及供应风险防控，尽早消除问题隐患。以供应商分类评价结果作为全息画像的输入信息，可以丰富供应商全息画像内容，为供应商的差异化管理策略提供依据。

（六）供应商评价数智化管理

国家电网公司依托信息化平台，可灵活配置评价物资范围、评价专业部门，收集并整合供应商评价结果，根据实际业务要求选择评价结果计算方式，设置评价结果共享范围。供应商可以随时随地查看评价规范、评价结果公示公告和共享范围内的评价结果。供应商对评价结果存在异议的，可以提出异议和咨询，国家电网公司通过平台统一受理并回复，提升为供应商服务水平。

四、供应商的激励与退出

国家电网公司依据供应商核实与评价结果，制定差异化的激励措施，可以有效引导供应商行为，通过对供应商进行正向的激励、负向的处罚和淘汰，进一步优化供应商队伍结构，提升供应商群体质量。

（一）差异化的激励措施

1. 供应商正向激励措施

针对表现优异的供应商，选取恰当的正向激励措施。常见的供应商正向激励方式有加强辅导培训、供应商早期参与、正式肯定或表扬、信息共享等。具体而言，国家电网公司会不定期召开供应商大会，宣贯企业相关业务及政策，通报典型质量问题，提供具体的改进提升措施及建议，从而加强供应商落实质量主体责任，持续提升履约水平；在产品开发前期，选定一家或多家优质供应商，允许他们参与到企业产品或服务的设计中，运用供应商的专业知识经验来共同开发设计；针对重视荣誉的供应商，采取书面表扬、颁发证书、赠送锦旗等形式，直接寄送至供应商单位或通过当地媒体向社会公开表扬；通过与供应商共享新产品开发、新技术研发、采购方的运行状况等方面的需求信息，促使供应商主动调整经营方向，迎合市场需求，实现可持续发展。

2. 供应商负向激励措施

采用负向激励主要是针对出现不良行为（负面行为）的供应商。为了建立诚信公平的竞争环境，营造以质取胜的市场氛围，国家电网公司在物资管理活动中，对供应商供应的物资在全寿命周期内发生的重大质量问题，以及供应商在参与资质能力核实、招标采购活动、合同履约过程中的诚信、交货、服务等问题纳入不良行为，进行相应处理。根据不良行为的严重程度，对供应商在招标采购中采取扣减评标分值、暂停授标、列入黑名单等处理措施。通过采取负向激励措施，约束、震慑供应商行为，提升供应商诚信履约意识，改进合作效果，维护企业利益不受损失。

（二）供应商激励数智化管理

国家电网公司依托信息化平台，定期公示惩罚和警告的供应商名单，注明原因和处罚结果，以警告名单内的供应商和警示正在合作中的供应商。接受不良行为处理信息的供应商须详细分析问题产生原因，上传相应的整改报告至管理平台。根据整改报告和整改情况，各单位在管理平台发布整改验收意见。在供应商整改验收期间，根据事前在管理平台设置的时间阈值，当供应商整改期限超过阈值后，平台自动推送监督管理提醒，直至完成全部整改验收。此外，平台可发布关于供应商管理制度文件、国家发布的有利于民营企业、中小企业的政策文件、生产型企业管理创新方法等信息，助力供应商及时掌握发展形势，改进管理办法，提升管理水平。

（三）供应商退出管理

供应商退出管理是依据供应商核实与评价结果，对在技术、质量、成本、交付等方面无法满足要求的供应商采取相应的负向激励措施，限制其在后续采购活动中继续中标的一种管理行为，或根据供应商未来合作意愿，由供应商主动申请退出企业供应商基础信息库的一种方式。通过开展供应商退出管理工作，能够进一步整合优质供应商资源，持续优化供应商队伍结构，为企业供应链高效运作提供有力支撑。

第九节 国家电网公司评标场所管理

国家电网公司以“统筹规划、标准统一、因地制宜”为原则，着力打造绿色数智评标基地，加强智慧管理系统、网络安全和配套设施建设，保障绿色数智评标基地各系统、网络、设备安全稳定可靠运行，进一步提升评标基地数智化管理水平，助力打造行业领先的智能评标基地管理典范，为建设国网绿色现代数智供应链提供支撑。

一、评标基地规范化管理

评标专家现场管理是加强招标采购管理的重要环节，通过加强评标现场专家从报道、日常考勤、活动轨迹记录、重要事项提醒等方面的管理，促进专家公正履职，提升评标环节的评标效率和评标质量。评标现场监督是指对各种评标现场实施现场旁站式监督的过程，是防范评标现场管理风险的重要手段，监督方式是否全面有效，直接关系到物资从业人员和各类专家是否能够公平公正，严格履职，也直接影响到物资管理相关业务能否规范高效开展。

（一）技防监控管理

加强评标基地现场监控及封闭保密管理，评标现场进行全程封闭、隔离，配置音视频监控、对外联络电话录音等管控功能，所有监控点位均接入国家电网物资评标监控管理平台，实现全方位监控，同时进行固定式音视频监控、移动式音视频监控，在评标基地安装监控摄像头和监控拾音器、移动式音视频监控设备等，定期存储、上传评审过程录音录像资料。

运用技术手段加强对评标基地管理基础数据的动态管理，及时导入并动态维护评标基地电子地图数据、评标专家库信息、人员信息、房间信息、设备信息、消息模板、电子围栏、文档视频素材等基础数据，提升基础数据管理水平。

（二）评标过程管理

在评标准备阶段，事先确定评标专家报到时间，指定专门人员负责基地封闭管理和评标保障工作；在评标基地封闭前，系统运维人员严格检查智能储物柜、安检设备、人脸识别门禁系统、音视频监控等设备的运行状况；会议服务人员在专家抵达评标基地前根据人员分组情况设置电子围栏，分配住宿及工作区域、出入权限，并完成人员与智能设备的绑定。

在评标专家入场阶段，通过专家报到名单、身份证信息采集技术与人脸识别技术，搭建入场信息采集系统，结合智能终端设备，实现评标专家无纸化、自助式入场报到管理，从而提高评标专家入场报到的效率，降低现场管理的人工成本，实现评标专家有序报到，达到入场智能化管理的效果。

在评标阶段，评标委员会组织召开评标启动会议，招标采购管理部门、专业管理部门（如有）、监督人员、法律人员、招标代理机构工作人员及全体评标（审）专家参加，明确会议各项工作安排，并统一组织签订廉洁保密承诺书。评标期间，进入评标基地的所有人员必须佩戴智能手环及胸牌，相关人员进入超出权限区域或手环检测到异常值时将触发平台警报，相关人员在收到报警后及时到报警位置处理；平台自动记录专家考勤，招标业务工作人员可查询专家签到情况，对于工作时段未签到的评标专家，通过平台发送通知短信提醒评标专家签到进行评标工作；评标基地音视频监控系统确保正常连续运行并按规定期限保存监控音视频资料。同时加强评标基地管理单位对评标基地服务人员（保洁、安保、餐饮等）管理，根据实际情况采用手环定位、人脸识别等手段，设置评标基地服务人员活动区域，进入封闭区域之前需进行安检，并规定不得携带违禁物品入场。

（三）基地人员管理

利用身份识别技术手段，全面梳理进入评标基地各类人员，分析、配置各类人员工作性质及权限，强化对各类人员的身份验证与权限管理。评标会议参会人员到达评标基地后，利用智能储物柜存储个人物品、领取智能设备，进行人脸识别身份认证后，完成自助报到；会议服务人员组织对专家及其行李进行安全检查，确保专家不得携带违禁物品入场；智能储物柜关闭后将自动锁定，直至评标结束后解除锁定。在专家完成报到后，会议服务人员可从平台导出报到入场签到表，由专家签字确认。会议结束后，会议服务人员引导人员离场，负责指导在智能储物柜扫描身份证开柜归还设备、领取个人物品，会议服务人员负责检查设备归还情况。评标完成后，会议服务人员对智能手环进行电量检查并进行消毒清洁处理。

二、评标基地智能管理

国家电网公司评标基地实现全程封闭、隔离，配置必要的安检设施、身份识别设备、评标设备等，具备充足的会议室和客房，具备音视频监控、对外联络电话录音等管控功能。搭建评标专家现场智能化管理平台，提升并优化评标人员入场效率；实现人员身份自动检索比对；防控各类人员违规跨区域活动；实时监测专家身体健康，确保专家自主紧急呼救；为专家提供学习、娱乐、健身等自助服务；全方位提升评标现场管理水平，打造现代化、智能化、人性化的评标现场管理新模式。推动评标基地创新技术应用，依托物联网、移动互联技术，创新性采用无线脉冲定位与生物识别技术，集成智能终端设备、智能门禁、智能定位等感知设备，保障招标采购活动的智能合规运行。

（一）智慧管理系统

国家电网公司注重提升评标基地智慧化管理水平，在推进 5G 专网建设的基础上，通过建设监督管理系统和现场监督移动端应用，实现与电子商务平台交互监督要点和监督任务，深化数据交互和智能设备应用、升级智慧管理系统功能（见图 5–8），实现监督工作的信息化管理，实现监督人员巡查规范化、流程化，有效提升评标基地智慧化管理水平。

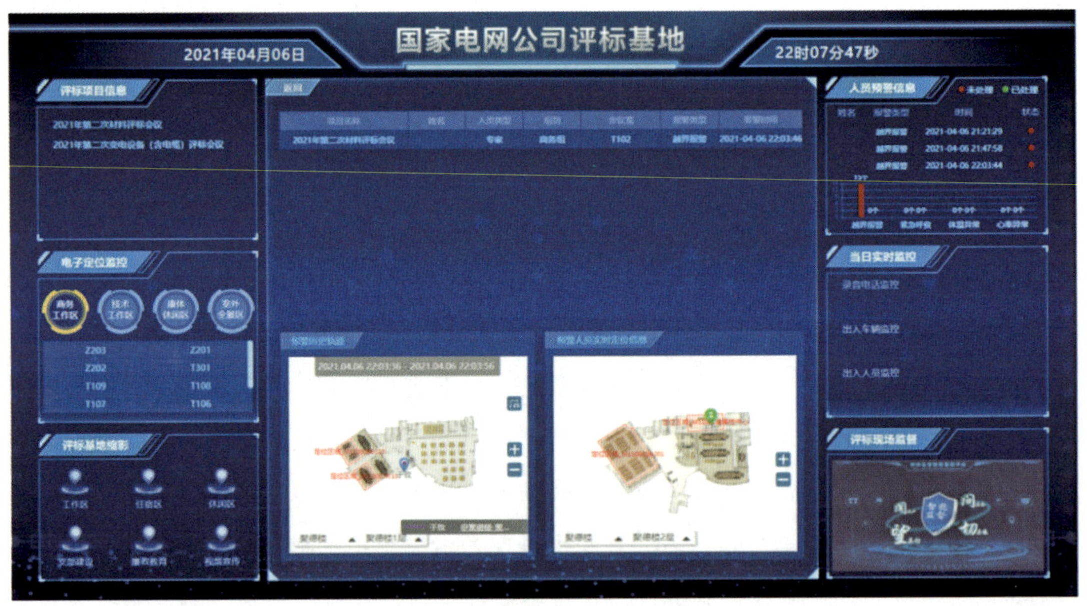

图 5–8　评标基地智慧管理系统

（1）深化现场全方位监督。通过监督模块管理和监督过程管理，实现评标过程全方位、无死角智能化监督，支持采购授权机构统一在线监管，提升评标过程保障水平。

（2）实现监督全过程记录。录制现场监督作业及音视频，在监督流程完成后，由系统端和移动端输出监督信息，包括监督音视频档案、监督过程记录和对监督人员的履责评价，提高监督工作效率和质量。

（3）提升数据智能管理。可视化分析并展示评标基地动态信息，实现按项目对评标现场管理数据进行综合分析、查询，深挖数据价值。

（4）深化智慧终端应用。实现审批流程待办处理、专家自助服务、评标会议期间即时通讯等功能，提升评标基地流程智慧化管理水平。

（二）网络安全建设

国家电网公司持续增强评标基地网络安全，维护评标基地网络安全，扎实推进评标基地建设，助力营造安全可靠的评标环境。

（1）提升评标基地网络安全。全面加强评标基地办公内网环境、评标内网环境、综合数据网、5G 专网或局域专网、外网环境等建设，合理划分网络区域，严格按照业务需要配备相应网络及安全策略。

（2）规范评标期间网络使用。在评标期间，评标内网通过相关安全防护策略和防火墙内容过滤模块，管控源、目的地址和相应端口，使其仅可访问 ECP 及与评标工作相关的系统，如在评标期间访问办公内网及外网，需履行相应手续并在现场监督人员监督下使用。

（3）加强智慧管理系统授权管理。智慧管理系统在指定电脑授权使用，配置白名单访问策略，实现访问控制，非白名单电脑不允许访问智慧管理系统。

三、评标基地运营管理

（一）验收投运管理

国家电网公司所属评标基地按要求进行评标基地智能化、规范化、标准化管理，保障评标工作高效、有序开展。新建和改造评标基地应严格按照绿色数智评标基地建设标准进行建设，建设完成后由省公司/总部直属单位物资管理部门对所属评标基地进行自验收，自验收通过后在智慧管理系统向总部提交验收申请和自验收报告，总部验收通过后正式投入使用。针对拟新建、改造或退出使用的评标基地由本级物资管理部门通过智慧管理系统将相关申请上报总部备案。

（二）系统功能管理

各单位根据实际情况，针对智慧管理系统提出新增或迭代需求申请，国网物资公司对相关需求进行统一受理，并配合国网物资部组织开展需求分析，对于满足代表行业发展方向的、先进的个性化需求，纳入标准化需求统一开发部署。新增个性化需求暂不适合推广的，在不影响其他省市、保证数据安全的前提下，各单位可自行建设，智慧管理系统可开放标准数据输出接口。

（三）日常运维管理

绿色数智评标基地分两级运营管理，国网物资公司负责组建一级运营团队，为解决二级运营处理范围外的问题而进行技术支持；省公司/总部直属单位物资管理部门负责组建二级运营团队，为智慧管理系统使用人员提供统一的服务入口，并负责解决用户端问题，确保智慧管理系统正常运行而进行维护。二级运营团队通过智慧管理系统、邮箱、电话咨询等方式向一级运营团队提交问题或寻求技术支持。招标代理机构或基地日常管理单位负责基地相关智能化设备、网络的日常运维，在评标基地封闭前确保智能化设备、网络的正常运行，并在发生故障时及时处理。国网物资公司定期发布智慧管理系统标准化升级版本、重要补丁等，各单位按照要求进行版本迭代升级和数据备份等，确保智慧管理系统正常运行。

第六章

国家电网公司采购实践

本章主要介绍国家电网公司在采购业务实施方面的实践成果。首先，从采购规模、采购品类、发展转型等方面，介绍了国家电网公司采购业务概况。其次，从采购方式、采购组织形式、采购流程、围串标识别防控等方面，介绍了国家电网公司如何规范高效开展采购业务，提高采购效率效益，提升物资供应能力，推动营商环境进一步优化。最后，选取6个国内项目采购实践案例和2个海外项目采购实践案例，详细阐述了国家电网公司针对不同采购项目的创新采购模式、优化采购策略的实践过程与成效，展示国家电网公司在批次采购、框架协议、协议库存、电商化采购、联合采购等方面的具体做法与经验。

国家电网公司以采购相关政策法规为遵循，构建了强有力的采购支撑保障体系，结合经营区域广、投资体量大、物资服务需求品类多的特点，积极探索采购业务高效规范运作机制。以服务电网建设和高质量发展为目标，以集约化、扁平化、专业化为方向，通过不断创新实践、总结提升，逐步形成了集中统一、精益高效、持续改进、具有国家电网特色的阳光透明智能采购新格局，为电网建设提供坚强物质支撑保障。

第一节　国家电网公司采购业务概况

国家电网公司作为关系国民经济命脉和国家能源安全的特大型国有重点骨干企业，是全球最大的公共事业企业，经营区域覆盖我国26个省（自治区、直辖市），供电范围占国土面积的88%。国家电网公司以投资、建设和运营电网为核心业务，负责所辖省级电网及电网之间的输配电运行管理和电力交易，投资、建设和经营相关的省（自治区、直辖市）级电网及跨省跨区输变电、配电和联网工程。同时，国家电网公司主动服务高质量共建“一带一路”，顺应经济全球化大势，秉持共商共建共享原则，稳健拓展国际业务。

国家电网公司招标采购规模庞大，“十三五”期间完成集中采购21720亿元，采购范围涉及主配网工程建设所需的变电设备、线路材料等物资及相关的勘察、设计、施工、监理等各类服务。高效稳健的电网物资采购供应是电网生产建设顺利进行的重要保障，采购业务已经成为关系公司和电网发展全局的重要环节，也是海外电网项目投资、建设和运营的重要支撑。公司遵循采购相关政策法规及相关管理制度，经过多年的探索实践，建立健全了集中管控、需求导向、质量优先、协同高效的采购管理体系，为电网高质量发展提供了强有力的物力保障。同时，还依托国内采购资源、管理、标准、人员等要素资源，积极探索海外项目采购业务管理模式，服务国际业务发展。

当前，随着经济社会的快速发展和能源结构的转型升级，采购需求发展形势也在发生变化。在顺应世界能源变革、服务国家“双碳”目标、助力新型电力系统建设等新形势下，国内能源电力发展面临保障持续稳定供应和加快清洁低碳转型的双重挑战，电网升级改造任务日益繁重，电网建设投入还在不断加大，物资保障任务仍将十分艰巨。为积极应对形势变化、满足用户需求，国家电网公司不断创新优化采购实施管理模式，推动采购业务向着规范化、标准化、绿色数智化的方向发展。

第二节　国家电网公司采购业务实践

国家电网公司采购业务以服务电网建设和高质量发展为目标，通过合理确定实施模式、探索创新组织形式、科学选用采购方式、识别防范围串标风险，使得采购过程更加公正、科学、透明，形成了集中统一、精益高效、持续改进、具有国家电网公司特色的采购业务体系，并在此过程中不断丰富集中采购经验与实践。

一、采购方式

采购方式是指采购人为达到采购目标而在采购活动中运用的方法。对不同的采购需求，应采取适合的采购方式进行采购。在长期的采购活动实践过程中，国家电网公司结合企业采购管理具体特点，形成了自身适用的采购方式，主要包括以公开和邀请方式进行的招标、竞争性谈判、询价采购，以及单一来源采购。

（一）公开和邀请

公开是指在采购信息发布媒介上发布采购公告，邀请不特定的供应商参加采购活动。邀请是指向特定供应商发出书面通知，邀请其参加采购活动。国家电网公司邀请采购的方式适用于以下情形之一：

（1）技术复杂、有特殊要求或受条件限制，只有少量供应商可供选择的；

（2）通过公开方式采购导致采购费用占项目合同金额比例过大的，属于国家规定需要履行项目审批、核准手续的依法必须招标项目，应当取得项目审批、核准部门的邀请采购批准手续，其他依法必须招标项目应当取得有关行政监督部门作出的邀请采购认定手续；

（3）已通过公开采购方式验证有效响应的供应商不足三家的，包括本项目通过公开采购方式验证有效投标的供应商不足三家，或近期实施的类似项目已通过公开采购方式验证有效响应的供应商不足三家的；

（4）涉及国家安全、国家秘密、商业秘密等，不适宜进行公开采购的。

国家电网公司两级集中采购活动优先采用公开采购的方式，如确需采用邀请采购方式需满足上述适用情形。例如，在国家电网公司总部一级采购中，纵向加密认证装置、正反向隔离装置、加密卡等物资采用邀请采购方式，主要原因在于该类装置涉及网络和数据安全，对供应商的技术水平要求较高，能满足需求的国内供应商较少。

（二）招标采购

国家电网公司招标是指在一定范围内公开货物、工程或服务采购的条件和要求，邀请众多投标人参加投标，并按照规定的评审条件和程序，从中选择中标供应商的一种采购方式。国家电网公司招标适用于以下情形之一：

（1）《中华人民共和国招标投标法》第三条规定的工程建设项目，包括项目的勘察、设计、施工、监理以及工程建设有关的重要设备、材料等；

（2）公司两级集中采购目录清单中建议采用公开招标方式的相关物资与服务。

为了规范采购业务管理，营造“公开、公平、公正、诚实信用”的采购市场环境，国家电网公司严格采购方式选择，属于依法必须招标范围的，选择公开招标方式进行采购，不属于依法必须招标范围但市场竞争充分、规模优势明显的，优先选择公开招标采购方式。国家电网公司采用公开招标采购方式的物资和服务范围较广。例如，物资类包括配网物资（10～20kV 变压器、一二次融合环网箱、高压熔断器等）、调度物资（线路保护、稳定控制装置、变电站监控系统等）、营销物资（标准计量设备、电能计量箱等）、运检物资（线路在线监测装置、变电站一键顺控系统等）；服务类包括电网工程服务（设计、施工、监理、工程总承包）、小型基建工程服务、生产辅助技改大修、新能源工程服务等。

（三）非招标采购

国家电网公司开展的非招标采购主要包括竞争性谈判采购、询价采购和单一来源采购等。符合以下情形之一的采购活动可以采取非招标方式进行：

（1）依法非必须招标的项目，包括不属于《中华人民共和国招标投标法实施条例》第二条定义的工程建设项目，未达到《必须招标的工程项目规定》第五条规定标准的项目；以及属于《中华人民共和国招标投标法》第六十六条和《中华人民共和国招标投标法实施条例》第九条规定情形的；

（2）经两次公开招标的项目，递交投标文件的投标人均不足3个，或经评审否决部分投标后，导致有效投标不足3个且明显缺乏竞争而否决全部投标的；

（3）按照国家有关法律、法规及有关部门要求，可不进行招标的项目；

（4）公司两级集中采购目录中建议可采用招标以外方式的相关物资与服务。

1. 竞争性谈判采购

国家电网公司竞争性谈判采购是指采购人组建的谈判小组与响应采购的供应商依次分别进行一轮或多轮谈判并对其提交的响应文件进行评审，根据评审结果确定成交供应商的一种采购方式。采用竞争性谈判采购方式，拟响应或邀请的供应商应为2个及以上。国家电网公司竞争性谈判适用于以下情形：

（1）不能准确提出采购项目需求及其技术要求，需要与供应商谈判后研究确定的；

（2）采购需求明确，但有多种实施方案可供选择，需要与供应商谈判从而优化、确定实施方案的；

（3）采购项目市场竞争不充分，已知潜在供应商比较少的；

（4）按照国家规定需要核准的项目，核准部门核准的采购方式为竞争性谈判采购的。

竞争性谈判采购兼具谈判采购及竞价采购的特点，既包括谈判过程，也涉及多轮次报价，是常用的非招标采购方式。针对不具备公开招标条件的，为鼓励市场充分竞争，国家电网公司优先采用公开竞争性谈判采购方式。例如，省公司电商化采购以公开竞争性谈判采购方式为主，采购范围主要包括安全工器具、低压电器、家具、办公用品、厨具、一二次设备配件等。这类物资一般专业性较强，货源充足，可进行竞争性的多轮报价。

2. 询价采购

询价采购是指采购人就采购标的向供应商发出询价函件让其应答和报价，采购人对应答文件和报价进行比较，确定成交供应商、成交价格以及其他技术、商务条件的一种采购方式。采用询价采购方式的，拟响应或邀请的供应商应为3个及以上。

国家电网公司询价采购适用于技术参数明确、完整，规格标准基本统一、通用，市场竞争比较充分的采购项目。

3. 单一来源采购

国家电网公司单一来源采购是指采购人就某一采购标的与单一供应商进行谈判，确定成交价格以及其他技术、商务条件的一种采购方式。采用单一来源采购方式的项目，需落实专业论证、事前公示要求。单一来源采购适用于以下情形：

（1）只能从唯一的供应商处采购的，包括需要采用不可替代的专利或专有技术的，进行专业论证、事前公示。

（2）为了保证采购项目与原采购项目技术功能需求一致或配套的要求，需要继续从原供应商处采购的，专业论证、事前公示按清单管理（国家电网公司总部根据实际情况按年度修订清单范围）。在清单范围内的不进行专业论证，仅进行事前公示，其他采购均须专业论证、事前公示。

（3）因抢险救灾等不可预见的紧急情况，已启动应急响应，需要进行紧急采购的，不进行专业论证、事前公示。

（4）为执行创新技术的研发及推广运用，提高重大装备国产化水平等国家政策，需要直接委托的，进行专业论证、事前公示。

（5）涉及国家秘密或国家电网公司各级保密委员会明确不适宜公开的企业秘密，采购需求不进行专业论证、事前公示。

除上述单一来源五类适用情形外，在政府审批核准文件明确为单一来源采购方式的采购需求，不进行专业论证，仅进行事前公示；公开竞争性谈判中，应答供应商仅为一家时，对于采购文件中明确可转为单一来源采购的项目，按照单一来源采购工作流程进行采购的，不再经过专业论证和事前公示；已履行专业论证、事前公示的单一来源采购计划，发生采购失败，纳入下一批次采购的，若不改变采购方式，不再进行专业论证及事前公示。

国家电网公司严格管控单一来源采购方式的选择和审批，落实专业论证、事前公示要求，确保采购方式选择依法合规、公开透明。例如，某110kV变电站第三台主变压器扩建工程需采购一套三端光差线路保护，该物资与前期项目存在接续关系，更换供应商将影响光纤差动保护的正常通信，导致差动保护失效，因此为确保扩建线路保护正常运作和系统安全，须与对端保护设备保持一致，拟采用单一来源方式采购原厂家设备。因该物资在国家电网公司单一来源范围清单内，可不再进行专业论证，采购代理机构在电子商务平台进行事前公示，公示期结束无异议反馈的，方可履行单一来源采购程序。

二、采购组织形式

国家电网公司根据采购需求特点，在确定采购方式的前提下，分别采用不同的采购组织方式，提升整体采购效率。采购组织形式主要包括批次采购、协议库存采购、框架协议采购、电商化采购、联合采购、集中资格预审、联合资格预审等。

（一）批次采购

1. 批次采购的特点

批次采购是集中采购中最先使用且应用范围最为广泛的组织形式，批次采购适用于具体或特定工程建设项目物资和服务的采购，批次采购的标的物数量、技术要求明确，且有明确交货期，根据采购结果签订合同，并按合同完成履约结算。

2. 批次采购的实施要求

为提高采购效率效益，国家电网公司对采购时间相近、具有同质性、能形成规模的采购计划进行汇总、归并，形成采购批次，按照统一时间节点同步组织实施。采购批次的安排依据国家电网公司综合计划和预算，综合考虑物资属性、专业特点、资源配置，以提高效率效益、便于组织实施、保障有序供应为原则制定。国家电网公司批次采购结果直接用于合同签订，并按合同完成履约结算。

（二）协议库存采购

1. 协议库存采购的特点

协议库存采购是指对一定时期内采购需求进行预测，通过合适的采购方式确定协议供应商、采购数量和采购金额，根据实际需求，平衡利库后以供货单方式分批或分期要求协议供应商按照规定时间提供相应数量的产品，并据此向协议供应商分批或分期结算货款。协议库存采购适用于需求频度高、响应时间短、技术标准统一、年度需求数量较大的物资，是具有国家电网公司特色的采购组织形式。协议库存采购约定了采购需求技术规格或范围、计价规则或基准价格、数量范围或占比、协议有效期等要素，其属于框架协议采购的范畴。

协议库存采购具有以下特点：

（1）采购供应效率提升。对于非依法必招的项目，可以提前一次采购，多次使用，从而缩短准备期，使采购项目更快地发挥作用。协议库存采购可以把大量需求频度高、响应时间短、年度需求数量较大的物资集中到一个协议库存批次中采购，待具体物资需求申请产生后，直接按照协议分配供应商。

（2）采购规模效益明显。协议库存采购将年度需求数量较大的物资，通过集中采购确定协议供应商，会吸引实力较强的供应商投标，并因为采购规模较大，采购价格一般会比零散采购低。

2. 协议库存采购的实施要求

国家电网公司协议库存采购由两阶段组成，分别是采购阶段和匹配阶段。

（1）采购阶段。协议库存采购结合年度综合计划、年度预算和历史采购信息等，对一定周期内的物资需求计划进行预测。经平衡利库、综合平衡后，形成需求预估采购量。采购阶段收集的需求不以项目为载体，无需落实资金，采购结果并不直接明确具体需求。

（2）匹配阶段。根据实际需求，按照采购文件约定规则，以供货单方式分批或分期要求协议供应商按照规定时间提供相应数量的产品，并据此向协议供应商分批或分期结算货款。协议库存物资实际需求计划原则上每月集中匹配 1～2 次。匹配规则、人工调整事项需报本单位招投标领导小组会审议后执行。协议匹配执行结果在电子商务平台上公示，接受公司内部和社会监督。按数量（金额）分包的协议库存物资合同匹配时应遵循比例均衡的原则。对于受原材料价格波动影响，生产成本变化较大的协议库存采购物资，按照招标文件、采购合同中约定的物资品类、联动原材料、联动公式、联动阈值、联动周期、原材料价格获取方式、基准价格和含量等执行价格联动机制条款。

（三）框架协议采购

1. 框架协议采购的特点

框架协议采购是指通过适当的采购方式，按照专业品类预测采购规模并进行标包划分，确定相对固定的供应商，约定定价规则或最高限价、合同期限、付款方式、服务承诺等内容，并与其签订框架协议的采购组织方式。国家电网公司框架协议采购适用于难以确定采购计划的应急、零星需求采购，或者需要频繁、重复组织采购同类工程、货物或服务，其具有以下特点：

（1）不受资金与项目的限制。采用框架采购模式，可在项目资金未落实、无具体项目的情况下进入采购程序。

（2）具有明显的两阶段特征。第一阶段通过采购程序，确定入围供应商并订立框架协议；第二阶段由采购人或者服务对象按照框架协议约定规则，在入围供应商范围内确定成交供应商并订立采购合同（订单）。

（3）提升集中采购效率效益。框架协议期内可及时匹配协议供应商，节省提报采购计划阶段、招标采购阶段时间，满足事故抢修、零星物资等需求响应，确保了采购的时效性；框架采购模式通过集中一定期限内的采购需求，确保了采购的规模性，能够吸引更多投标人参与竞争，减少了流标现象，利于采购质价最优服务商。

2. 框架协议采购的实施要求

（1）“两阶段”实施。国家电网公司框架协议采购分为两个阶段实施。第一阶段，采购人根据需求预测计划，结合市场竞争格局选择合适的采购方式，通过框架协议集中采购确定供应商/服务商，确定单价或定价规则、协议期限、付款方式、服务承诺等内容。由于第一阶段已经完成价格竞争且采购需求技术规格或范围、计价规则或基准价格、框架协议有效期等关键要素一般不发生变化，为提升采购效率效益，国家电网公司主要采用一阶段定价方式；第二阶段，发生实际需求时，采购人或项目单位按照框架协议约定规则，从框架协议内的供应商中择优确定成交供应商和单价（折扣率），由成交供应商提供相关服务。

（2）框架协议执行管理。为防范框架协议实际执行金额与采购金额偏差过大风险，加强框架协议采购结果执行规范管理，框架协议采购设实际执行金额上限和下限。在采购文件中约定框架协议期及终止情形，但执行中的框架采购结果合同继续履行，直至合同约定的内容完成为止。

（四）电商化采购

1. 电商化采购的特点

国家电网公司电商化采购属于框架协议采购的范畴，是物资批次采购和协议库存采购的有效补充，适用于采购规格品种多、需求频次高、数量无法准确预测且不属于国家法定必须招标的零星采购。国家电网公司电商化采购范围包括直接用于构成电网组成部分的电网零星物资及日常办公所需辅助用品的非电网零星物资。协议供应商依据框架合同在规定的电商平台上架商品进行履约（电网零星物资在国家电网公司新一代电子商务平台电网零星物资采购专区，办公用品及非电网零星物资在国家电网公司商城）。

电商化采购是极具国家电网公司特色的一种采购组织形式，其有效缩短了采购申请、批复、配送、收货、结算各个环节的流转时间，实现整个管理链条的效率最大化。通过“一次采购、分批配送”模式，大大缩短了零星物资采购周期，减少了采购频次，具有采购过程规范快捷、配送服务高效优质、采购成本显著降低的优点，同时具有商品品类丰富、货品清晰直观、履约全程受控等优势，有效解决了零星物资采购标准不统一和采购效率低的问题，实现了零星物资的集中管控，是实现物资采购管控范围达到100%目标的重要手段。

电商化采购具有以下特点：

（1）实行专区管理。国家电网公司电商化采购实行专区管理，专区物资统一纳入公司两级集中采购目录，实行正面清单管理。国家电网公司组织制定专区清单范围及一级分区清单，并定期组织调整更新。各单位物资管理部门根据本单位情况在总部下发的专区清单范围内确定本单位二级分区清单，经本单位招投标领导小组审定后实施。

（2）统一采购、零星使用。电商化采购涉及物资种类繁多，需求发生的频次高、需求时间和需求地点分散，因此存在统一采购、零星使用的特点，对于供应商的响应、供货、服务等能力要求也相应较高。

（3）自选式使用。对于列入电商化采购的物资，依据采购标准，在确定对应的协议供应商后，由协议供应商负责提供详细的商品信息和图像照片，包括商品的品牌、规格型号、主要参数、价格、供应商名称。商品信息导到电商化专区信息系统后，经过审核形成电商物资的图形化电子目录，供电商化协议中各单位选用。

2. 电商化采购的实施要求

（1）合理预测需求。国家电网公司电商化采购根据历史消耗量及年度财务预算，综合分析历史采购数据，按照既定的电商化采购专区目录，确定一定期限内具体物资采购需求种类、预估数量。

（2）规范寻源采购。电商化采购采用框架协议组织形式，通过合理设置采购策略，确定成交供应商、物资品类（或规格型号）、成交价格（或折扣率）、履约执行方式、协议有效期（原则上为 1 年）及终止条件等。国家电网公司主动接受社会公众监督，严格规范采购流程管理，所有框架协议采购活动均在公司新一代电子商务平台实施。

（3）严格结果履行。按照国家电网公司两级采购主体不同，专区下设一级分区和二级分区。其中，一级分区适用于公司总部一级采购结果履行，二级分区适用于各单位二级采购结果履行。各基层需求单位依据资金预算、实际需求和框架协议约定通过零星物资采购管控平台实施请购与结算，在物资同等技术条件下，遵循质量优先、价格合理、供应及时的原则进行选购。

（五）联合采购

1. 联合采购的特点

联合采购是由各家网省公司，针对相同或同类采购需求联合自行采购，或者共同委托同一代理机构进行统一采购。参加联合采购的单位根据采购结果与中标人或成交人分别签署采购合同，并按照合同约定执行。

联合采购工作由国家电网公司物资部统筹，遵循“统一组织、分类谈判”的原则，采取“牵头单位组织+谈判单位实施”工作模式，统一制定采购策略，分品类、分供应商开展谈判评审工作，采购结果在全网应用。

联合采购具有以下特点：

（1）规模效应提升采购效率与效益。通过联合采购，可形成规模效益、增强国家电网公司在市场上的议价能力，解决各网省公司/直属单位需求零散、价格差异、渠道复杂等问题，采购价格统一、透明、趋于合理，在减少管理成本、前期投入和人力物力的同时，降低因分别多次采购产生的采购成本，提高采购效率和采购成功率，采购结果全网适用，有效提升供应效率及保障能力。

（2）协作交流促进合作共赢。联合采购具有显著的规模效益，各单位通过共同采购相同的物资或服务提高议价能力，从而降低各自的风险和成本、提高企业影响力，并通过联合采购促进企业之间的交流协作与学习创新，增强企业之间的信任和合作关系，实现资源共享和优势互补，共同应对市场竞争和变化，促进合作伙伴间的互利共赢。

2. 联合采购的实施要求

（1）联合单位职责分工明确。联合采购实施过程中涉及单位、部门较多，要求分工明确，全责分明。国网物资部负责统筹联合采购管理工作相关事宜，包括制定联合采购目录、制定工作要求与标准、建立协同工作机制、方案和策略审核及重大问题沟通协调等；国网物资公司负责提供联合采购管理支撑；牵头单位牵头各自品类专业组，组织实施联合采购工作；谈判单位负责具体实施联合采购工作；各省公司履行采购人职责，配合开展相关联合采购工作，包括单证开具，履约评价和采购专区建设支持等。

（2）分阶段组织联合采购工作。联合采购工作的组织实施包含准备阶段、谈判阶段和结果上架阶段。第一阶段为采购准备阶段，主要工作包括编制完善采购清单和发布采购文件。各谈判单位开展内部供应商调研，初步编制采购清单，牵头单位汇总并征求各单位意见后形成最终采购清单；经国网物资部组织完成采购文件集中审查后，各谈判单位发布采购文件。第二阶段为采购谈判阶段，各谈判单位负责组建评委会开展谈判工作，并确定采购结果。第三阶段为采购结果上架阶段，主要由各谈判单位进行商品上架，完成采购结果部署。

（六）集中资格预审

1. 集中资格预审的特点

集中资格预审是指针对重复采购的特定标的，集中一次性组织开展供应商资格审查，并结构化部署预审结果，在全年各招标采购批次中应用。

集中资格预审具有以下特点：

（1）审核工作事前开展。国家电网公司于采购项目产生前，按项目专业类别通过集中一次性资格预审，提前发现资质条件不符的供应商，为后续各批次招标采购活动开展提供依据，降低每批次资格后审工作量，提高招投标工作效率。

（2）审核过程集约、高效。集中资格预审相较于资格后审，投标人仅需在资格预审阶段提交一次资格审查文件，后续投标无需重复提交，有效减轻投标文件编制负担、减少投标失误，同时，对相同投标群体仅需开展一次资格审查，审查结果直接应用于各评标批次，审查效率更高。

（3）审核对象规模大、内容多。集中资格预审和资格后审作为供应商资格审核的两种方式，在应用过程中优势互补。国家电网公司对于投标人群体规模较小、审查内容相对简单的采用资格后审；对于投标人群体规模较大、审查内容多要求高，审查工作量大的采用资格预审，二者配合有效提升了供应商资格审核效率。

2. 集中资格预审的实施要求

（1）统一规范资格预审工作流程。由各省公司物资部统一组织，招标采购代理机构具体实施，参照公开招标标准化流程，固化公告、采购文件等各环节模板，规范资格预审“编制、发布、评审、定标”的全流程活动。

（2）科学制定资格预审范围和要求。一方面，根据实际采购业务情况，每年度对预审的标段进行适当增补删减，确保资格预审范围与采购业务需求的高度适配。另一方面，根据行业政策变化和各专业管理实际需求，每年度修编企业资质、业绩等资格要求，精准、合理开展供应商资格预审工作。

（3）充分保障投标人合法权益。采用合格制以保证充分竞争，按照资格预审文件规定的资格条件对申请人进行资格审查，所有符合资格预审文件规定的申请人均通过审查，不限制特定申请人；形成常态化、开放式机制，预审提前或随各批次招标多次开展，前期未通过预审的申请人，仍有机会通过后续资格预审成为合格人参加投标，保障所有投标人的合法权益。

（七）联合资格预审

1. 联合资格预审的特点

联合资格预审由总部统筹组织，省公司具体实施，采取“1+1+N”的工作模式，即1个总牵头单位，1个专业牵头单位，N个专业实施单位。近年来，国家电网公司积极推进统一联合资格预审和资质能力核实标准，优化联合资格预审与资质能力核实协同联动机制与流程，提高联合资格预审信息化水平，实现“标准统一、流程衔接、平台固化、成果共享”，为优质高效开展招标采购活动提供有力支撑。

联合资格预审具有以下特点：

（1）统一审查要求优化营商环境。联合资格预审统一投标人的资质业绩要求，打破区域、地域壁垒，有效扩大供应商选择范围，支撑全国统一大市场的构建。同时实现资格预审结果在有效期内重复应用，大幅减少供应商重复参加资格预审的工作量，提升交易效率，提高采购公开透明度，持续优化采购市场环境。

（2）联合资格预审结果全网通用。通过开展联合预审代替各省公司、直属单位分别组织资格预审，并将资格预审结果全网共用，有效减少重复性审核工作，降低评标阶段评审工作时间，节约采购成本，提升采购工作效率，增强电网物资供应能力。

2. 联合资格预审的实施要求

（1）统一领导、多维协同。联合资格预审由国网物资部统筹领导，总牵头单位和专业牵头单位协助配合，专业实施单位具体实施。总牵头单位做好统筹协调，督促各单位严格按照时间节点要求完成各阶段工作，并将工作开展情况及时报送国网物资部。各单位高度重视，根据职责分工，做好组织、协调、配合等各项工作，加强联合资格预审过程规范性管理，按照相关规定做好保密工作，确保资格预审工作依法合规。

（2）分阶段组织实施联合资格预审工作。在进行联合资格预审前，总牵头单位应根据国网物资部安排，编制联合预审工作方案，协助总部编制预审工作委托函模板，发布联合资格预审提示信息；各专业实施单位深度参与资质能力文件核实，统一审核标准，并收集、汇总、分析各省公司实际需求，确定预审物料清单及预审标段，在资质能力核实工作完成后，根据资质能力核实数据，制定联合预审资质业绩条件设置方案和联合预审文件操作手册模板，并交由总牵头单位、专业牵头单位审查。在资格预审阶段，各省公司向专业实施单位出具委托函，各专业实施单位流转会签资格预审文件，在国家电网公司电子商务平台发布预审公告并组织专家评审，在专家评审工作完成后审定评审结果，处理异议，通过国家电网公司电子商务平台发放资格预审结果通知书，并对通过联合资格预审但未参加资质能力核实的申请人，进行补充（专项）资质能力核实，最后将预审材料移交归档。在联合资格预审完成后，各专业牵头单位将预审结果同步至国家电网公司电子商务平台，实现预审结果全网共享、评标阶段自动应用。

三、采购流程

采购工作流程的严谨周密和科学管理，是采购效果的必要条件和重要保证。以下从采购准备、采购实施、定标结果确认等环节具体介绍国家电网公司招标采购和非招标采购实施程序。

招标、非招标采购流程如图 6－1 所示。

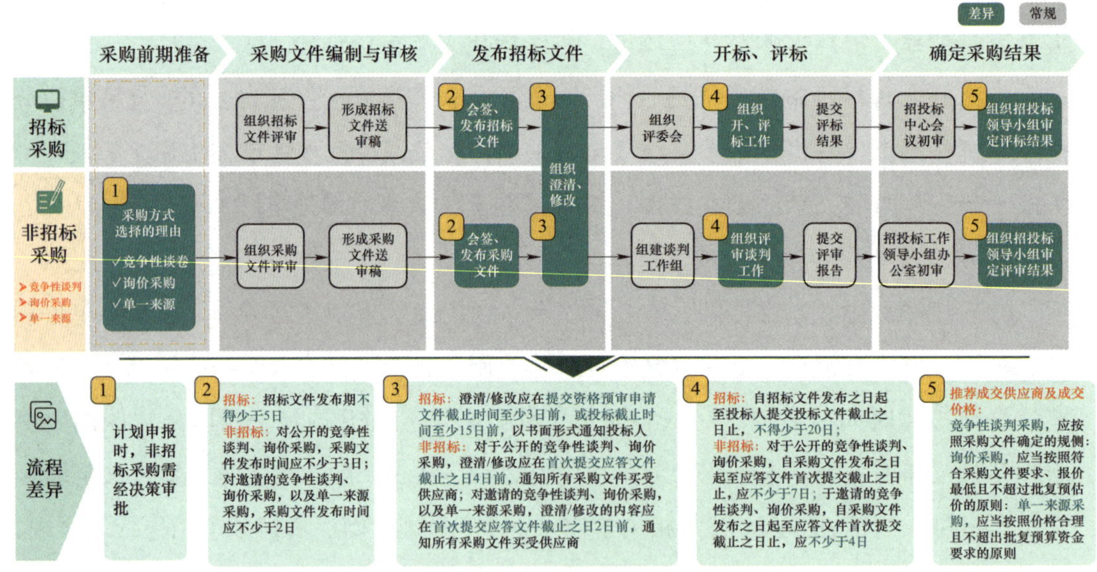

图 6－1　招标与非招标采购流程

（一）招标采购流程

1. 采购准备

（1）招标计划的编制与审查。招标计划依据公司两级集中采购目录清单、工程里程碑计划和生产经营活动需要，参照物资供应合理周期，结合技术、商务采购标准提出，由需求单位（部门）通过 ERP 系统进行申报。

一级采购批次内的招标计划集中审查由总部组织开展，国网物资公司具体实施；二级采购批次内的招标计划集中审查由省公司物资部组织开展，省物资公司具体实施。

招标计划审查按照法律法规、公司通用制度相关规定以及总部统一发布的采购计划审查要点执行，可采用现场或远程方式开展审查。招标计划审查内容包括招标计划的规范性、准确性和合规性，重点对项目核准情况、采购目录清单执行情况、采购方式选择、物资标准化应用情况等进行审查。

（2）招标文件的编制与审批。各级招标采购管理部门委托招标采购代理机构根据采购项目的特点和需求及相关专业技术管理部门审定的技术规范书，按照招标文件范本编制招标文件。招标文件内容包括招标公告或投标邀请书、投标人须知、评标办法、合同条款及格式、采购清单、技术规范书、投标文件格式等。对于协议库存、框架协议等组织形式的采购活动，招标文件中还包括采购有效期、报价方式、执行方式及终止条件等内容。

招标文件审查通常由招标采购管理部门组织，招标采购代理机构实施。审查内容包括技术部分及商务部分。招标文件审查以会议或会签形式组织，优先使用公司内部场所召开会议。对于总部集中采购项目招标文件审查工作，各单位作为项目单位，积极配合总部集中采购项目招标文件审查，并在审查前完成本单位招标计划和招标文件技术部分初审工作；对于各单位集中采购项目，一般由各单位统一组织招标计划和招标文件审查。

招标采购管理部门组织招标采购代理机构根据招标文件审查会确认的内容，修订招标文件并形成招标文件送审稿，送项目管理部门、法律部门等进行会签，并根据会签意见修改完善。招标文件经会签后，形成招标文件审批单，经招投标工作领导小组办公室批准后发布。重大事项应经招投标工作领导小组批准。

2. 采购实施

（1）发布招标文件。各级招标采购管理部门委托招标采购代理机构在国家电网公司新一代电子商务平台等媒介上发布公开招标公告、资格预审公告。对于依法必须招标的项目同时在中国招标投标公共服务平台进行发布，并且保证在不同媒介发布的同一项目的招标公告、资格预审公告内容一致。

招标文件、资格预审文件发布由招标采购管理部门组织，招标代理机构具体实施。在发布过程中，要做好招标文件、资格预审文件报名记录，实时掌握招标文件、资格预审文件的获取情况。招标代理机构在招标公告载明的标书发布截止日期后 2 个工作日内，将招标文件、资格预审文件获取记录提交招标采购管理部门备案。

（2）招标文件的澄清或修改。对已发出的招标文件、资格预审文件可以进行必要的澄清或者修改。对于项目管理部门或项目单位主动提出需对技术条款等实质性内容进行变更的情况，项目管理部门或项目单位应填写澄清（修改）审批单，经审批后由招标采购代理机构发出。澄清或者修改的技术部分，由项目主管部门审核确认；澄清或者修改的商务部分，由招标采购管理部门审核确认。涉及对投标文件编制可能产生影响的澄清或者修改的商务部分，还应经法律部门审核确认。

（3）组织开标与评标。

1）组建评标委员会。公司招标采购管理部门负责组建评标委员会，并由招投标工作领导小组办公室审批，形成组建文件。评标委员会由招标采购管理部门、项目管理部门或项目单位或招标代理机构代表以及相应专业专家组成，人数为 7 人及以上单数，可设商务组、技术组，其中商务、技术等方面的专家按规定从专家库中抽取产生，抽取的专家人数不少于评标委员会总人数的 2/3。

2）开标。原则上招标文件规定的开标现场应为公司内部会议场所。招标活动推行电子化开标方式，开标现场设置监督人员、法律顾问、必要时可聘请第三方公证人员。开标后价格信息公示 24 小时。

3）评标准备。评标工作原则上选择在公司内部评标基地开展。评标现场须满足评标封闭隔离要求，设置必要的安检设施，具备充足的会议室和客房，工作区域应做到音频视频监控全覆盖。招标采购代理机构提前将投标文件、招标文件及其澄清答疑文件放置在评标工作区域内，供应商不良行为处理意见、历史否决情况汇总、供应商绩效评价等评标辅助资料同步置于评标现场。

4）评标启动会。评标委员会成员、监督人员、法律人员、招标采购代理机构工作人员参加评标启动会，并签订廉洁保密承诺书。

5）初评。评标启动会后，评标专家根据招标文件（资格预审文件）规定的程序、方法和标准进行独立评审，评标委员会对初评情况进行审核，现场法律顾问对初评情况提出法律意见和建议，现场监督人员监督初评过程。按照初评情况，对澄清和否决投标事项，履行评标专家、法律顾问、评标委员会主任等审批程序。对于不进入详评、澄清发布与答复，评标委员会严格执行国家有关法律法规的规定。

6）详评。评标专家按照招标文件中载明的评标标准、评标办法对进入详评的投标文件进行技术、商务独立评分。评分结束后，招标采购代理机构按照招标文件规定的技术、商务、价格权重比例汇总计算进入详评的投标人综合评分，形成技术经济指标综合评分及排序表。

7）评标报告的编制。评标委员会根据招标文件公示的授标原则推荐中标候选人，编制评标报告。评标委员会根据资格预审文件公示的标准推荐合格申请人名单。

3. 定标结果确认

（1）招标结果确定。评标委员会向招标采购管理部门提交书面评标报告，招标采购管理部门组织会议进行初步审核。对候选供应商的资格、业绩、信用等履约能力进行核查和履约风险评估，必要时可根据招标文件约定，组织现场核实、产品核验，或要求供应商补充相应证明文件。候选供应商均未通过履约能力核查的，采购人可要求评审小组重新评审推荐候选供应商或重新组织采购。对于流标项目，可采取纳入下一批采购、单独批次采购、变更采购方式实施采购、变更采购实施主体（总部退回省公司实施）等处理方式。

国家电网公司总部或各单位招标采购管理部门提请召开招投标工作领导小组会议，审议、批准采购结果并定标。

（2）结果公示与公告及通知书发放。定标会议结束后，招标采购代理机构根据定标结果，编制中标候选人公示文件，并在中国招标投标公共服务平台、国家电网公司电子商务平台等媒介上发布公示文件。公示时间、公示期间异议的接受与处理严格执行法律法规的规定。

对于公示期间收到投标人或其他利害关系人异议的，经招标采购代理机构核实属实后，需要作流标处理的，由招标采购管理部门发起流标审批，由专业部门、法律部门会签，经招投标领导小组办公室审批后，取消中标候选人中标资格，并向招投标领导小组汇报备案。

公示期结束，对于招标方式采购项目，无异议或者异议未成立，招标采购代理机构在中国招标投标公共服务平台、国家电网公司电子商务平台等媒介上发布中标公告，同时向中标人发出中标通知书。

（二）非招标采购流程

1. 采购准备

（1）采购计划的编制与审查。采购计划由需求单位（部门）通过 ERP 系统进行申报。采购计划审查内容包括采购计划的规范性、准确性和合规性，重点对项目核准情况、采购目录清单执行情况、采购方式选择、物资标准化应用情况等进行审查。国家电网公司严格非招标采购方式选用，非招标方式的选择，需要严格履行决策审批手续。按照管理要求，单一来源采购方式需要专业论证、事前公示，并实行清单管理，确保采购方式选择科学合理、过程公开透明、结果公平公正。

（2）采购文件的编制与审批。根据技术规范书、合同文本、不同采购组织形式涉及的采购文件要素、投标保证金、最高投标限价等内容，招标采购代理机构编制采购文件。采购文件审查由招标采购管理部门组织，项目管理部门、法律部门、项目单位代表参与，以会议或会签形式对采购文件的合法合规性审查，审查内容包括技术部分及商务部分。招标采购管理部门组织招标采购代理机构根据采购文件审查会确认的内容，修订采购文件并形成采购文件送审稿，送项目管理部门、法律部门等进行会签。采购文件经会签后，形成采购文件审批单，经招投标工作领导小组办公室批准后发布。重大事项经招投标工作领导小组批准。

2. 采购实施

（1）发布采购文件。所有采购文件均在国家电网公司电子商务平台上发布，在采购文件发布过程中，要做好采购文件获取记录，获取记录属保密信息。

对于单一来源采购的，向符合相应资格的唯一供应（服务）商发出采购邀请并提供采购文件。对于采取邀请竞争性谈判和询价采购的，向拟邀请的供应商发出邀请函。

非招标采购的采购文件发布时间如表 6－1 所示。

表 6－1　　非招标采购的采购文件发布时间

<table>
<tr><th>采购类型</th><th>环节名称</th><th>时间节点</th><th>制度规定</th></tr>
<tr><td rowspan="2">公开竞争性谈判及询价采购</td><td>发布文件</td><td>3 日</td><td rowspan="4">《国家电网公司采购业务实施细则》第二十四条 对于公开的竞争性谈判（磋商）、询价采购项目，采购文件发布时间应不少于 3 日，自采购文件发布之日起至应答文件首次提交截止之日止，应不少于 7 日。对于邀请的竞争性谈判（磋商）、询价采购项目，以及单一来源采购项目，采购文件发布时间应不少于 2 日，自采购文件发布之日起至应答文件首次提交截止之日止，应不少于 4 日</td></tr>
<tr><td>提交文件</td><td>7 日</td></tr>
<tr><td rowspan="2">邀请竞争性谈判及询价采购、单一来源采购</td><td>发布文件</td><td>2 日</td></tr>
<tr><td>提交文件</td><td>4 日</td></tr>
</table>

（2）采购文件的澄清或修改。澄清或者修改的内容应当符合法律法规及国家电网公司通用制度规定，包括采购人自行澄清、修改，以及针对应答人提出的疑问和异议进行澄清、修改。

（3）组织开标与评审。

1）评审委员会组建。评审委员会由招标采购管理部门、项目管理部门或项目单位或招标代理机构代表以及相应专业专家组成，专家按规定从专家库中抽取产生。评审委员会总人数应为 3 人及以上单数，抽取专家数量应不少于总人数的 2/3。

2）应答文件接收开启。采购人或采购代理机构提前做好收取应答文件准备工作，监督组人员应对应答文件接收过程进行现场监督。应答文件开启（解密）前，由监督人员对其密封性或解密情况进行检查，确认密封完好或未提前解密。

3）评审启动会。评审委员会成员、监督人员、法律人员、招标采购代理机构工作人员参加评审启动会，并签订廉洁保密承诺书。

4）初评及谈判。评审启动会议后，评审专家根据采购文件规定的评审程序、评审方法和评审标准进行独立评审，提出供应商澄清的问题，按照拟定好的谈判提纲，与供应商在谈判室或通过远程方式进行谈判，并做好谈判记录，由评审委员会对初评情况进行审核。

5）多轮报价。评审委员会可根据应答人的报价、采购文件响应及谈判情况，向应答人发出报价邀请，要求所有合格应答人进行多轮报价。

6）评审过程中采购文件的澄清。谈判中采购文件有变动的，评审委员会应以书面形式通知所有参加谈判的供应商，但不得增加排斥参加谈判供应商的内容。

7）详评打分。评审专家按照采购文件中载明的评审标准、评审办法对进入详评的应答文件进行评分。

8）评审报告的编制。评审委员会负责编写评审报告，现场监督人员、法律人员分别编制评审监督报告、法律保障工作报告。

3. 定标结果确认

（1）采购结果确定。采购结果确定应按照以下原则：

1）单一来源采购：按照价格合理且不超出批复预算资金要求的原则推荐成交供应商以及成交价格。

2）竞争性谈判采购：按照采购文件确定的规则推荐成交供应商以及成交价格

3）询价采购：按照符合采购文件要求、报价最低且不超过批复预估价的原则推荐成交供应商以及成交价格。

评审委员会向招标采购管理部门提交书面评审报告，招标采购管理部门组织会议进行初步审核。对候选供应商的资格、业绩、信用等履约能力进行核查和履约风险评估，必要时可根据采购文件约定，组织现场核实、产品核验，或要求供应商补充相应证明文件。候选供应商均未通过履约能力核查的，采购人可要求评审小组重新评审推荐候选供应商或重新组织采购。对于流标项目，可采取纳入下一批采购、单独批次采购、变更采购方式实施采购、变更采购实施主体（总部退回省公司实施）等处理方式。

国家电网公司总部或各单位招标采购管理部门提请召开招投标工作领导小组会

议，审议、批准采购结果并定标。对于询价采购项目，采购人可授权评审委员会直接确定询价结果，并于 5 个工作日内将询价结果资料报送询价采购单位招标采购管理部门备案。对于实施授权采购的项目，由被授权单位对成交结果进行审定，并报授权单位招标采购管理部门备案。

（2）结果公示与公告及通知书发放。

1）采购结果公示。根据定标结果，编制成交候选人公示文件，并在国家电网公司电子商务平台上发布公示。对于法律法规有明确规定发布媒介的，还应同时在规定媒介进行发布。公示时间、公示期间异议的接受与处理严格执行法律法规的规定。

2）成交结果公告/告知。对于公开竞争性谈判、询价采购、单一来源（涉及国家秘密或企业秘密的项目除外）项目，公示期结束无异议或者异议未成立的，在采购结果确认后 1 个工作日内，在国家电网公司电子商务平台上发布成交公告，同时向成交人发出成交通知书。对于邀请竞争性谈判、询价采购、单一来源项目，在采购结果确认后 1 个工作日内，在国家电网公司电子商务平台一对一告知未成交人采购结果，同时向成交人发出成交通知书。

四、围串标风险识别与防控

围标串标行为具有表现形式复杂、隐蔽性强、危害性大等特点。《招标投标法》《招标投标法实施条例》等法律法规明确禁止围标串标行为。国家发展改革委等 13 部委印发的《关于严格执行招标投标法规制度进一步规范招标投标主体行为的若干意见》（发改法规〔2022〕1117 号），要求加强对围标串标、不诚信投标等违法行为的打击力度。为维护招标人及投标人合法权益，国家电网公司对照相关法律法规，针对电力工程建设项目招投标活动，总结围串标典型表现形式，以信息化技术为辅助识别手段，加强串通投标行为审查力度，坚决维护交易市场的公正公平。

（一）围串标情形认定

围标是指在招投标过程中，投标单位之间相互勾结，通过不正当的手段让某一特定投标人中标，获得利益的行为。串标则是指在招投标过程中，投标单位与招标人、招标代理机构或者评审专家相互约定，或几家投标单位相互串通，通过不正当手段，排斥其他投标人，让某一特定投标人中标，获得利益的行为。从法律法规方面，《招标投标法》第三十二条规定，投标人不得相互串通投标；《招标投标法实施条例》第三十九条规定了属于投标人相互串通投标的五种情形，第四十条规定了视为投标人相互串通投标的六种情形，如表 6－2 所示。

表 6－2　　法律法规列举的串通投标情形

法条款号	具体规定
《招标投标法》第三十二条	投标人不得相互串通投标报价，不得排挤其他投标人的公平竞争，损害招标人或者其他投标人的合法权益
《招标投标法实施条例》第三十九条	有下列情形之一的，投标人相互串通投标： （一）投标人之间协商投标报价等投标文件的实质性内容； （二）投标人之间约定中标人； （三）投标人之间约定部分投标人放弃投标或者中标； （四）属于同一集团、协会、商会等组织成员的投标人按照该组织要求协同投标； （五）投标人之间为谋取中标或者排斥特定投标人而采取的其他联合行动
《招标投标法实施条例》第四十条	有下列情形之一的，视为投标人相互串通投标： （一）不同投标人的投标文件由同一单位或者个人编制； （二）不同投标人委托同一单位或者个人办理投标事宜； （三）不同投标人的投标文件载明的项目管理成员为同一人； （四）不同投标人的投标文件异常一致或者投标报价呈规律性差异； （五）不同投标人的投标文件相互混装； （六）不同投标人的投标保证金从同一单位或者个人的账户转出

（二）围串标管控的基本原则

国家电网公司各级单位在招标采购管理工作中，严格执行国家有关法律法规及内部相关管理规定要求，尤其对《招标投标法实施条例》第三十九条、第四十条描述的串通投标情形加大查处力度，维护招标人和其他投标人的合法权益。相关工作遵循以下基本原则：

1. 自行投标原则

各类招标采购活动均要求投标人自行响应招标采购文件，参与投标事宜，不接受投标人委托中介机构或者中间人代行办理投标事宜。

2. 强化全过程管控原则

各类招标采购活动从招标采购文件发售、保证金（含保函）收取、开标前文件接收、评标中标通知书发放等环节加强全过程管控。

3. 严肃查处原则

严格执行国家法律法规及公司相关规章制度，严肃查处串通投标行为，对于投标人之间、投标人委托中介机构或者中间人参与投标活动中的串通投标行为，一经查实，严厉处罚。

（三）围串标风险防控的具体举措

国家电网公司在总结实践经验的基础上，对照相关法律法规，明确了可认定存在围串标风险的四种典型表现形式，提高对投标人串通投标行为的识别能力及审查力度。

1. 投标硬件信息一致识别

国家电网公司电子商务平台开发应用串通投标辅助识别功能，系统可自动识别投标人的投标硬件信息。对于在同一包内，不同投标人生成任意一类投标文件（技术、商务、价格）的计算机 MAC 地址、CPU 序列号、硬盘序列号信息全部一致的情况，经评标专家人工校核、评委会审议后，予以否决，并将相关信息反馈至供应商管理部门。

2. 投标人关联关系识别

国家电网公司应用信息化工具，对投标人关联关系进行筛查。对于存在母子公司投同一包、存在实际控股关系的公司投同一包、法定代表人或单位负责人为同一人的不同投标人投同一包的情况，经评委会审议后，予以否决，并将相关信息反馈至供应商管理部门。为防止投标人发生重大变更对采购结果造成影响，发布中标公示前对推荐中标候选人的关联关系再次进行复核。

3. 投标文件异常一致等情形识别

重点筛查投标文件错误表述、错误计算或者笔误雷同；投标文件内容整段内容一致；试验报告、生产许可证等文件混装；投标报价呈规律性差异；投标文件载明的项目管理成员为同一人等情况。对于存在投标文件异常一致等情况，经评委会审议后，予以否决，并将相关信息反馈至供应商管理部门。

4. 保证金转出账户一致识别

重点筛查投同一包的不同投标人，年度和批次现金保证金/保证保险费用，由同一银行账号转出/支付的情况。对于存在现金保证金从同一银行账号转出、保证保险费用由同一银行账号支付的情况，经评委会审议后，予以否决，并将相关信息反馈至供应商管理部门。

（四）围串标风险防控的数智支撑

随着招投标全流程电子化的全面应用，在电子商务平台串通投标辅助识别系统功能的基础上，国家电网公司积极开展围串标风险防控的探索研究与应用推广，通过数智化技术支撑手段，进一步提升围串标风险高效识别、精准研判与有效处置能力。国网安徽电力深挖历史采购数据内在价值，形成串通投标嫌疑历史数据库，并制定了串通投标核验认定事项清单，为串通投标行为的高效识别提供依据和方向。同时，依托投标文件结构化应用、围串标智能预警等辅助工具，实现快速汇聚投标人法定代表人、股权结构、高管任职、被授权人、项目管理人员等信息，在评审环节通过对相关信息的精准定位、异常提示，辅助评标专家快速识别串通投标风险，有效提升评审工作质效。国网北京电力则借助先进智能算法，通过同标包下投标文件的比对分析，初步得出“文件相似度”“相同图片数量”“文本错误相同数量”等定量指标，并将解析获取的雷同文本及相同图片进行标记展示，辅助评标专家实现对潜藏串通投标行为的精准研判，从而有效防范不诚信投标行为。

第三节　国家电网公司采购实践案例

国家电网公司遵循国家采购相关政策法规及内部采购管理制度，应用采购实施模式，合理选择采购组织形式、科学应用采购方式开展采购业务，为电网建设及运营提供坚强的物资供应保障服务。

一、国内项目采购实践案例

国家电网公司围绕社会经济发展对能源电力需求，以公司采购管理体系为基础，积极探索电网项目采购的实施模式、组织形式和采购方式的组合应用，提升供应链采购服务保障和响应能力。国家电网公司总部、各省公司及直属单位是采购业务执行的主体，依托在电网项目采购中长期积累的实践经验，持续优化采购资源配置，提高采购业务的管理水平和质量。

【案例 1】国网山西电力集中批次采购以带动市场健康发展

1. 案例背景

2022 年 10 月，国网山西电力启动 2022 年第四次物资公开招标采购项目，包括组合电器配件、移动变电站、电磁式电流互感器、杆塔倾斜监测装置、输电线路故障监测系统、电缆隧道在线监测系统、防鸟设备、接地短路故障指示器、舞动监测系统、综合在线监测装置、图像在线监测装置、保护信息管理子站、变电在线监测装置等采购内容。

2. 特色做法

鉴于本批采购数额较大、标的物数量、技术要求清晰且有明确交货期，国网山西电力采用公开招标采购方式，批次采购组织形式，以集中实施模式进行物资采购。具体采购做法如下：

（1）优化评审规则。引入关键技术参数、专业绩效、供货业绩、关键组部件配置等评审要素，突显质量和技术要素，优选技术能力强、产品质量好、售后服务优的供应商。对于技术比较成熟，且投标人群体相对较大、市场竞争充分的品类，技术权重不大于价格权重，降低价格因素敏感性，促进供应商理性报价、良性竞争，实现“优质优价”。

（2）合理划分标包。在统筹考虑市场竞争度（中标覆盖面）、保证采购成功率、供货周期等因素的基础上，针对本批次中输电线路故障监测系统、电缆隧道在线监测系统、接地短路故障指示器等物资需求特点，按照项目单位、货物类型、项目单位地域等维度，划分和设置分标和分包。从科学合理培育优质供应商群体角度出发，合理增加市场竞争度。

（3）推动采购上线。本批次采购项目投标文件采取投标文件云加密存储方式递交，实现无纸化、无接触的全流程电子招投标，确保项目按期正常进行。评标过程中，评标专家按照系统中预先设定好的详评模板对投标人进行独自打分，价格评标得分按照招标文件规定的价格计算公式，由电子商务平台自动计算生成，并完成线上授标。

3. 实践成效

通过应用批次采购方式，集中一个时间段内同品类物资采购需求，集中统筹相关的人、财、物资源和专业力量加以实施，节省了采购时间和采购工作量，提升了采购效率。集中批次招标破除了各项目单位在相同品类、性能需求上的技术差异或壁垒，促进电工装备产业链上企业形成技术标准。同时，营造了充分竞争的采购市场，形成针对各类需求的市场导向能力，既提升了采购效益和效能，又引导供应商向专业化、规模化发展。

【案例2】国网江苏电力实施框架协议招标以提高采购效率

1. 案例背景

2023年8月，国网江苏省电力有限公司（简称国网江苏电力）启动2023年第四次工程服务框架公开招标采购项目，采购范围确定为技改大修工程施工—10kV—框架、技改大修工程施工—110kV、技改大修工程施工—220kV、技改大修施工—土建220kV、电网检修工程施工—110kV、电网检修工程施工—35kV、配网工程施工—业扩配套等。

2. 特色做法

为进一步加强建设工程项目管理，减少重复组织采购同类工程服务，提高采购效率，确保合理工期，及时满足供电需求，国网江苏电力采用公开招标采购的方式，框架协议组织形式，实施服务集中采购。具体采购做法如下：

（1）确定协议内容。对技改大修工程施工、电网检修工程施工、配网工程施工等具有一定采购规模、标准明确统一、多次重复采购的工程服务，通过公开采购程序，确定单价（或定价规则）、协议期限及需求总量等内容。为简化流程并提高采购效率，招标采购管理部门按照框架协议约定规则，择优确定签约供应商。

（2）执行采购协议。为防范框架协议实际执行金额与采购金额偏差过大风险，加强框架协议采购结果执行规范管理，设实际执行金额上限和下限。符合以下条件之一的，框架协议自动终止，但执行中的框架采购结果合同继续履行，直至合同约定的内容完成为止：①协议期届满且实际执行金额达到下限；②协议期未届满但实际执行金额达到上限；③协议期限届满但实际执行金额未达到下限，框架协议期延长 3 个月。延长期届满，不论实际金额是否达到下限，框架协议终止。延长期间实际金额达到上限按第②条执行。

（3）应用采购结果。招标采购管理部门会同其他职能部门制定采购结果匹配的基本原则及流程说明，项目单位按照采购结果匹配的基本原则及流程与中标人匹配年度合同，招标过程中估算金额仅供中标人参考，不作为匹配年度合同的承诺。

3. 实践成效

框架招标采购结果应用于电网基建工程和电力配套工程，极大地提升了应对配电网紧急状况的处置能力，提升了采购及供应服务效率。各项目管理单位按照实际需求匹配执行，有助于调动和提升各项目管理单位积极性，提升了采购业务效能。同时，应用框架协议采购组织形式，大幅减少采购时长与工作量 80%左右，降低了招标频率，提高了采购效益。

【案例 3】国网河南电力开展协议库存招标以提升物资供应能力

1. 案例背景

2023 年 6 月，国网河南省电力有限公司（简称国网河南电力）启动 2023 年第一次配网物资协议库存公开招标采购项目，包括电能计量箱—PC 和 ABS、电能计量箱—高压多功能计量柜、端子箱、电源系统、蓄电池组、继电保护及自动装置、厂站终端、10kV 变压器—非晶合金油浸、10kV 变压器—硅钢片油浸、电力电缆、低压电力电缆、电缆附件—电缆终端和中间接头等采购内容。

2. 特色做法

鉴于配网工程建设改造项目多、工期短，采购需求零散，供应时效性要求高，如纳入批次按项目分别招标均难以满足工程现场时效要求且采购成本高，国网河南电力采用公开招标采购方式，协议库存组织形式，实施物资集中采购。具体采购做法如下：

（1）资质能力核实和资格预审联动应用。在采购前期，针对 10kV 变压器—非晶合金油浸、10kV 变压器—硅钢片油浸、电力电缆、低压电力电缆等品类，综合考虑资质能力核实工作情况，确定开展资格预审工作，形成通过预审的合格供应商名单。在采购实施过程中，应用资格预审结果，接受资格预审合格投标人获取招标文件、参与投标，不接受资格预审未合格或者未参加资格预审的投标人投标。供应商上传的结构化供应商核实结果信息可作为招标采购评标工作的重要参考依据，减少评标环节专家资质业绩文件审核工作量，大幅提高评标工作效率。

（2）应用“物料组”。“物料组”是指针对同一品类物资，将特性相近或存在关联关系的多个物料进行分类归并形成一个“物料组”，组内确定基准物料，构建形成各“物料＋技术规范 ID”与基准物料之间的“多对一”映射关系，“物料组”与物料之间通过价格折算系数 K 进行索引和映射。对于架空绝缘导线、金具分标，本次招标将应用“物料组”形式开展，如表 6－3 所示。

表 6－3　　1723AA 金具物料组（部分内容）

物料描述	物料编码	物料描述	价格标准系数
接续金具－接地线夹，JDL－50－240	500058163	接续金具—接地线夹，JDL－50－240（基准物料）	1
	500028214	接续金具—异型并沟线夹，JBL－2	0.38
	500028216	接续金具—异型并沟线夹，JBL－3	0.71
	500067755	接续金具—接地线夹，JDH－50－240	1.03
	500020513	接续金具—并沟线夹，JB－5	3.57
	500020514	接续金具—并沟线夹，JB－6	4.6
	500020512	接续金具—并沟线夹，JB－4	1.36
接续金具－H 型液压线夹，JH－4	500135754	接续金具—H 型液压线夹，JH－4（基准物料）	1
	500111236	接续金具—铝绞线接续管，JY－185LY	3.18
	500065865	接续金具—铝绞线接续管，JY－240LY	3.54
	500135758	接续金具—H 型液压线夹，JH－1	0.43

续表

物料描述	物料编码	物料描述	价格标准系数
接续金具－H 型液压线夹，JH－4	500119188	保护金具—铝包带，1mm×10mm	0.12
	500020470	接续金具—铝绞线接续管，JY－35LY	0.74
	500135755	接续金具—H 型液压线夹，JH－3	0.79
	500020472	接续金具—铝绞线接续管，JY－70LY	1.23
	500020471	接续金具—铝绞线接续管，JY－50LY	0.98
	500135759	接续金具—H 型液压线夹，JH－6	1.35
	500135757	接续金具—H 型液压线夹，JH－2	0.76
	500135756	接续金具—H 型液压线夹，JH－5	1.05
	500020474	接续金具—铝绞线接续管，JY－120LY	1.99
	500135756	接续金具—H 型液压线夹，JH－5	1.05
	500135755	接续金具—H 型液压线夹，JH－3	0.79

（3）实施价格联动。由于协议库存采购有效期较长，库存协议执行期间受原材料价格波动影响，部分物资的生产成本变化较大，布电线、钢绞线、钢芯铝绞线、架空绝缘导线、低压电力电缆、电力电缆、控制电缆、集束绝缘导线、铝绞线等物资执行价格联动，需要在招标文件中明确联动公式（见表 6－4）、联动周期、联动适用原则等，以减小因原材料价格大幅波动而造成的履约风险。

表 6－4　　钢附件、钢塔的钢材实施的价格联动计算公式

联动计算公式	$P=P_0+K(B-A)$ 其中： A 为投标截止日中钢网公布的 50×5 角钢收盘日均价（郑州地区平均价，按照千克计算）； B 为供货单匹配日上一周中钢网公布的 50×5 角钢收盘日均价（郑州地区平均价，按照千克计算）； P_0 为招标时的中标单价（元/kg）； $K=1$
价格联动条件	若 $\lvert(B-A)/A\rvert<3\%$时，执行中标单价； 若 $\lvert(B-A)/A\rvert<3\%$时，价格按照按公式计算并联动
价格联动基准	本次招标中，执行价格联动的物资，价格联动计算公式中的价格联动基准均为“供货单匹配日上一周”原材料平均价

3. 实践成效

协议库存采购作为国家电网公司特有的框架协议采购的衍生形式，为电网项目采购提供长期稳定的供应资源，有效降低公司和供应商运营成本，并提升采购响应效率。应用资质能力核实和资格预审结果，确保参与投标阶段供应商群体的质量，有效提升评审准确性和工作效率，同时也可以引导供应商重视提升自身资质和能力。应用“物料组”、价格联动等特色做法，加快合同签订执行，提高配网物资采购效率，激活供应链采购服务保障能力。同时，针对政府重点工程、业扩配套项目、应急项目等采购需求，协议库存采购组织形式简化了采购流程，能够快速匹配协议资源进行物资供应，大幅提升物资供应响应能力，实现营商环境优化提升。

【案例 4】国网四川电力应用电商化公开招标以提升快速响应能力

1. 案例背景

2023 年 8 月，国网四川省电力公司（简称国网四川电力）启动了 2023 年第一次零星物资电商化公开采购项目，采购范围分为电网零星物资和非电网零星物资两类。电网零星物资包括 SF_6 气体密度继电器配件、变压器配件、保护设备配件、变电在线监测装置配件、输变电设备物联网节点装置等；非电网零星物资包括安全工器具、个人安全防护用品、10kV 不停电作业工具、低压不停电作业工具、照明设备、技防系统等物资，均为规格品种多、需求频次高、单价低的零星类物资。

2. 特色做法

电子商务将商品信息、采购信息、物流信息数字化，可以突破时间和空间限制，大量减少交易过程中人力、物力成本，大大提高效率，完美解决零星物资采购中存在的需求频次高、需求响应急、数量无法准确预测的困难。同时为了发挥集中采购规模优势，最大限度鼓励投标人在价格、质量上竞争，开展零星物资电商化集中采购，供货协议期一年，采购后的商品在国网电子商务平台上架，供各需求单位请购。具体采购做法如下：

（1）编制采购目录。确定采购需求是做好电商化采购的基本前提，相较于电网主设备采购，电商物资以设备配件类、工器具类、辅助设备设施类居多，其特点是技术要求相对简单、种类繁多、单价不高、物流供货范围零散。国网四川电力在集中采购目录清单的基础上，构建了电商物资标准库，强化标准物料应用，统筹好省市两级项目投资和基层单位实际需求的关系，精准制定电商化采购规模，满足四川全境全年需求。

（2）制定采购策略。适应零星物资需求特点，制定了丰富商品、控制价格、保证质量、及时供应的采购策略。在采购中引入多个供应商开展竞争，引导供应商报价向合理区间靠近，同类物资确定更多品牌型号，给需求单位留下比价格、比质量、比服务选择的空间。评审环节采用综合评分法，从技术、商务、价格等多方面评价供应商，并采取如表 6－5 所示的评审细则，在技术上强调商品质量、技术实力，商务上强调供应时间、服务能力，价格上强调价格合理、诚信共赢。通过采购策略的适应性优化和评审环节的综合评价，精准引导高可靠供应商参与竞争，形成质量价格双优的态势。

表 6－5　　零星物资采购评审细则

评审要素	评审内容	
一、对技术规范书的响应情况	1. 投标文件对招标文件响应情况	（1）投标文件的对应性、规范性、全面性。
		（2）认真填写技术偏差表或清楚地说明技术偏差
	2. 投标设备对技术规范书的响应情况	（1）产品主要经济技术指标响应情况
		（2）对招标文件主要参数的响应情况
二、合同业绩	按供货业绩从大到小分档	
三、资源实力	生产和试验装备、工艺水平	
	人员实力、剩余生产能力	
四、质量控制	外购外协组件材料优秀可靠水平	
	质量保证措施	
五、服务合作	技术服务措施、技术力量、管理水平	
	维修、售后服务的承诺书和实施细则	

（3）商品上架展示请购。省级物资部门与中标供应商集中签订框架采购协议，并按照供应商投标文件响应情况组织开展上架商品审核。完成审核的商品将在国网电子商务平台展示，各需求单位登录平台可在线查看商品品牌型号、实物图片、价格等信息（见图 6－2），可充分比价比质择优选择商品，并在商品页面下单采购，自行收货和验收结算。

3. 实践成效

零星物资的电商化采购，充分发挥了网购零售平台直观展示、方便比对、快速下单、事后评价等优势，避免了需求单位需求预测不准确、反复提报采购计划、供应不及时等问题。实现了零星物资集中采购规模化、采购需求标准化、采购策略差异化、分散请购便利化，能有效缩短各个环节的流转时间，实现全流程效率的最大化。同时，电商化采购还解决了物资集中采购配送时间较长的问题，从 2 个月完成一次采购配送，改变为随时请购和即时配送，有效提升了零星物资需求采购供应的效率效益。

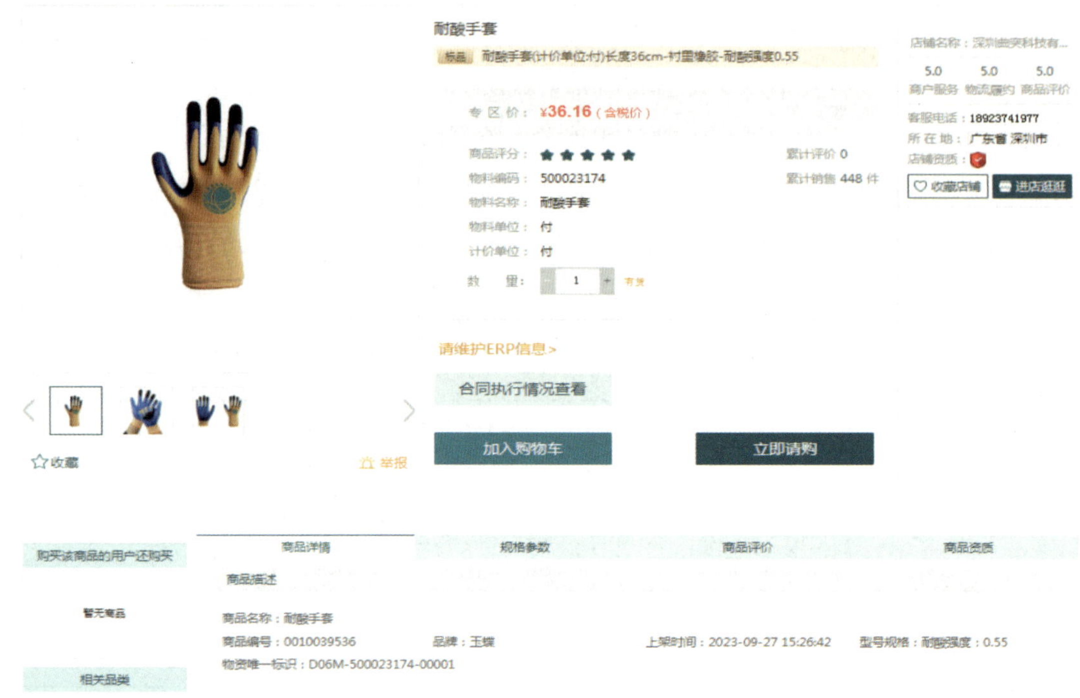

图 6-2 电商专区平台商品页面

【案例 5】国家电网公司推动联合采购以实现效率效益双增

1. 案例背景

2023 年省公司电网零星物资联合采购工作由国网物资部统筹，遵循“分类组织，分别谈判”的原则，采取“牵头单位组织+谈判单位实施”的工作模式，统一制定采购策略，分品类、分供应商开展谈判评审工作，采购结果在全网应用。其中，国网河南电力为二次保护配件牵头单位，国网山东电力为一次隔离开关配件牵头单位，国网北京、山东、上海、江苏、河南、湖南、辽宁、陕西电力 8 个谈判单位同步组织实施。

2. 主要做法

电网设备配件类零星物资主要用于电网在运设备的运行维护，为了功能配套一致性，需要从原设备生产厂商处采购。配件采购需求存在普遍性，但分布比较零散，各单位分散实施采购效率低下。通过各单位联合采购，统筹需求形成规模效益，组织协同分工、谈判评审环节由牵头单位集中实施，极大提升了采购效率和效益。具体采购做法如下：

（1）职责分工。

1）国网物资部：制定电网零星物资专区及联合采购目录范围，管理批次计划安排，指导省公司开展采购计划收集；负责组织制定统一工作要求与标准，统筹联合采购组织及专区管理工作，建立协同工作机制；组织审核采购方案及采购策略；协调处理重大履约问题。

2）国网物资公司：负责联合采购管理支撑，开展专区标准化、信息化、数字化建设及日常运营工作，协调处理专区应用问题，定期组织专区应用总结和成效分析。

3）牵头单位：牵头各自品类专业组，组织实施联合采购工作，联合其他谈判单位制定联合采购工作方案，确定采购策略，编制采购文件，组织开展联合采购工作总结与分析。

4）谈判单位：负责具体实施联合采购工作，收集整理联合采购物料清单，统计采购规模，开展单一来源事前公示，实施谈判采购工作，完成协议签订及商品上架；具体开展联合采购工作总结与分析。

5）各省公司：履行采购人职责，确认采购物料清单和采购规模，履行审批程序后向谈判单位出具工作委托函；负责采购结果执行，开展供应商履约评价；配合开展专区标准化、信息化、数字化建设。

（2）联合采购工作组织。

1）采购准备阶段。

①完善采购清单：各谈判单位会商本单位专业管理部内并开展供应商调研，按照统一规则编制采购清单；牵头单位汇总后征求各单位意见及预估数量，形成最终采购清单。

②发布采购文件：各单位向谈判单位发送采购工作委托函，各谈判单位完成单一来源事前公示。牵头单位会商本单位专业管理部内，组织完成采购文件及采购策略内审。国网物资部组织完成采购文件集中审查，各谈判单位发布采购文件。

2）采购谈判阶段。

开展谈判工作：各谈判单位负责组建评委会，跨单位抽取专家，同步完成单一来源谈判工作；各谈判单位履行决策手续，确定采购结果。

3）采购结果上架阶段。

采购结果部署：各谈判单位完成商品上架。

3. 实用成效

（1）采购效率有效提高。联合采购联盟通过一次性采购代替各网省公司、直属单位分别多次采购，采购成功率提高，采购结果全网适用，供应效率及保障能力有效提升。

（2）采购效益有效提升。联合采购能够解决需求零散、价格差异、渠道复杂等问题，形成显著的大规模采购效益，实现全网采购价格统一、透明，采购价格更趋合理。同时，联合采购也在采购业务的相关环节提供降本机会，具有节约管理费用、减少前期投入、节省人力物力等成本优势，可创造更多利润空间。

（3）战略合作互利共赢。联合采购的规模采购效益显著，提高议价能力的同时也将增强各公司的市场影响力，有利于与供应商形成战略关系，加强双方业务的深度、提高双方关系的稳定性，实现与合作伙伴的互利共赢。

【案例 6】国家电网公司实施联合资格预审以助力营商环境优化

1. 案例背景

2023 年配网物资协议库存招标联合资格预审由国家电网公司物资部统筹组织，坚持“标准统一、流程衔接、平台固化、成果共享”的原则，采取“1+1+N”的工作模式（1 个总牵头单位，1 个专业牵头单位，N 个专业实施单位），其中国网山东电力作为总牵头单位，国网湖北电力作为专业牵头部门，18 家省公司作为专业牵头单位，按照联合资格预审物资品类，将全部 27 家省公司纳入整个实施模式中，为优质高效地开展招标采购活动提供强有力支撑（见表 6–6）。

表 6–6　各物资品类资格预审的分工情况

物资品类	专业牵头单位
10kV 配电变压器	国网陕西电力
箱式变电站	国网湖南电力
开关柜	国网山西电力
环网柜、环网箱（箱式开闭所）	国网江苏电力
柱上断路器	国网辽宁电力
10kV 交流隔离开关、负荷开关	国网上海电力
高压熔断器	国网四川电力
金具、交流避雷器	国网冀北电力
配电终端、接地短路故障指示器	国网安徽电力
钢管杆（桩）、锥形水泥杆	国网河北电力
成力电缆、架空绝缘导线、集束绝缘导线	国网浙江电力
电缆分支箱、电缆附件	国网江西电力

续表

物资品类	专业牵头单位
电缆保护管	国网湖北电力
导地线	国网天津电力
瓷绝缘子、复合绝缘子	国网河南电力
铁附件	国网山东电力
配电箱（JP 柜）	国网福建电力
电能计量箱	国网重庆电力
10kV 柱上变压器台成套设备	国网陕西电力
一二次融合成套环网箱	国网江苏电力
一二次融合成套柱上断路器	国网辽宁电力
一二次融合成套柱上负荷开关	国网上海电力

2. 主要做法

配网设备材料是各省公司组织开展协议库存招标采购的主要物资，其标准化程度较高，生产技术门槛相对较低，供应商数量多，市场群体庞大。结合供应商资质能力核实工作，统筹开展联合资格预审，统一明确采购资格标准要求，消除各区域之间的认知和执行差异、促进资源活跃流动，同时极大减轻了投标人制作投标文件和专家评审的工作负担。具体采购做法如下：

（1）职责分工。

1）国网物资部：统筹组织开展联合资格预审工作，确定总牵头单位、专业牵头单位以及专业实施单位，明确工作进度安排，统一工作标准。

2）总牵头单位：协助国网物资部开展联合资格预审工作，配合国网物资部编制工作方案，组织专业实施单位之间协同配合，跟踪工作进度，审核联合预审结果材料，编写总结分析报告，推进联合预审评审数据结构化应用。

3）专业牵头单位：配合国网物资部及总牵头单位开展联合资格预审工作，组织各专业实施单位设置资质业绩条件，统一各专业实施单位评审标准。编制联合预审文件模板、操作手册，编制联合预审结果材料模板。配合专业实施单位对预审实施中遇到的问题进行释义说明。

4）专业实施单位：具体实施联合预审工作，参与修订核实规范、供应商信息收集模板，收集、汇总、分析各单位实际需求，确定预审物料清单及预审标段，依据资质能力核实结果设置资质业绩条件，编制联合资格预审文件，发布联合预审公告、联合预审文件，组织开展评审并审定联合资格预审结果。

（2）联合资格预审工作组织。联合资格预审工作组织流程图如图 6－3 所示。

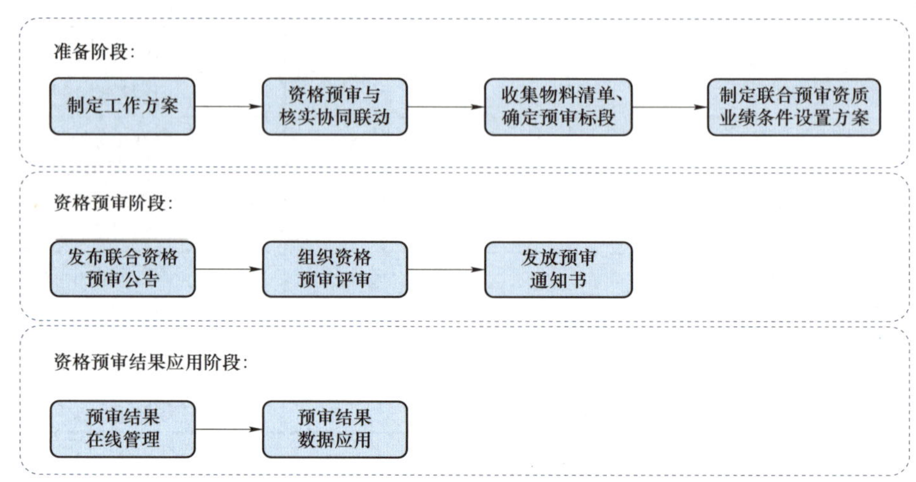

图 6－3　联合资格预审工作组织流程图

1）联合资格预审准备。

①制定工作方案。根据国网物资部安排，总牵头单位编制联合预审工作方案，明确工作模式、职责分工、预审范围、进度安排、工作流程及要求等事项。

②资格预审与核实协同联动。各专业实施单位深度参与资质能力文件核实，统一审核标准，重点关注供货业绩、试验报告、生产试验设备、人力资源等关键数据，保证数据准确可靠。

③收集物料清单、确定预审标段。各专业实施单位收集、汇总、分析各省公司实际需求，确定预审物料清单及预审标段。

④制定联合预审资质业绩条件设置方案。资质能力核实工作完成后，各专业实施单位根据资质能力核实数据，合理设置资质业绩条件，编制资质业绩条件设置方案，总牵头单位、专业牵头单位组织方案审查。

2）资格预审阶段。

①发布联合资格预审公告。各专业实施单位根据总部要求，按照自身实际情况在国家电网公司电子商务平台发布预审公告及预审文件。

②组织资格预审评审。各专业实施单位可通过视频会议系统进行远程异地评审，也可抽取异地专家到专业牵头单位评标基地开展评审。采用远程异地评审的，各远程异地配合单位需采取措施保证评审工作质量。

③预审通知书发放。各专业实施单位组织代理机构通过 国家电网公司电子商务平台向申请人“一对一”发放资格预审结果通知书。对于通过联合资格预审但未参加资质能力核实的申请人，根据预审文件要求，进行补充（专项）资质能力核实。

3）资格预审结果应用。

①预审结果在线管理。各专业牵头单位将预审结果（合格名单、不合格事项、申请人资质业绩数据等）统一通过国家电网公司电子商务平台同步至全网共享应用。

②预审结果数据应用。在评标阶段，线上同步预审数据，将业绩、生产试验设备、人力资源等预审关键数据，自动计算、回传客观量化分值。

3. 实用成效

（1）优化市场营商环境。通过开展联合资格预审，统一了对投标人的资质业绩要求，打破区域、地域壁垒，有效助力构建全国统一大市场，同时大幅减少供应商重复参加资格预审的工作量，持续营造公平、公正、阳光透明的采购市场环境。

（2）采购效能显著提升。开展联合资格预审代替各网省公司、直属单位分别组织资格预审，不仅减少重复性审核工作，有效节约采购人力、物力、资金成本，更通过将资格预审结果全网共用，切实提升采购工作质效，促进电网物资供应能力的显著提升。

二、海外项目采购实践案例

海外项目采购往往涉及多个国家和地区的供应商和承包商，面临跨文化沟通、国际贸易法律法规差异、成本及风险管理不确定性高、采购合同的执行和管理复杂等多方面的挑战。国家电网公司牢牢把握国际业务的市场需求和机遇，积极探索海外项目采购方法、组织形式、实施模式的组合应用，提升国际业务服务保障能力，为开展海外项目建设提供有力支撑。中国电力技术装备有限公司（以下简称中电装备公司）是国家电网公司开展海外电网投资—建设—运营一体化工程总承包平台，核心业务为海外电网基础设施及跨国跨区域联网项目建设，致力于国际电力能源领域业务投资、建设和运营，运用框架协议公开竞争性谈判、框架协议单一来源邀请等采购形式，形成了一系列可复制可推广的海外项目采购模板。

【案例 1】中电装备公司应用框架协议竞谈以优化海外工程采购环境

1. 案例背景

2021 年 5 月，中电装备公司启动 2021 年巴基斯坦默拉项目第一次服务类（海运框架）公开竞争性谈判采购项目，主要为运输服务，委托国网电商科技有限公司为采购代理机构。

2. 特色做法

针对国内采购物资至海外项目现场的运输服务，存在运输难度大、运输方式多、运输周期长等情况，中电装备公司通过公开竞争性谈判采购方式，选择具有国际货运代理企业资质的第三方物流服务商，打通海外项目物资物流网络，确保物资敏捷高效供应，有效提高海外总承包项目的管理水平和质量。具体采购做法如下：

（1）实施竞争采购。发挥竞争性谈判优势，通过邀请潜在物流服务商参与采购活动，扩大海外项目服务采购的公开竞价效应，获得更具有竞争力的物流服务价格，有效降低海外项目物流服务采购成本，提高项目整体经济效益。

（2）择优采购方案。根据应答人的报价、采购文件应答及谈判情况，向应答人发出报价邀请，要求应答人进行多轮报价。与服务商就物流运输服务内容、服务方式、服务价格等进行多轮谈判，择优推荐3家方案最优的服务商作为候选人。

（3）配置灵活服务。应用框架采购结果，建立优质服务商资源库，结合海外项目对物流运输服务的实际需求，通过匹配候选人服务资源，选择一家候选物流服务商独立承担或由两家候选人提供组合服务共同完成，灵活促成多家服务商的合作，提供敏捷快速的定制化物流服务。

3. 实践成效

中电装备公司在海外项目中应用框架竞争性谈判，激发了供应商的竞争积极性，为海外项目服务采购提供了更多优质的解决方案，并结合最终选定的服务商，加强对采购结果应用进行灵活配置，获得了更具竞争力的服务价格，提升了采购质效。同时，为海外项目打通稳定高效的物流运输通道，引导支持国内企业参与国际基础设施建设，构建全球物流供应链网络，为海外项目建设提供强有力的供应链采购服务保障。

【案例2】中电装备公司应用框架协议单一来源采购以保障海外工程建设

1. 案例背景

2023年6月，中电装备公司启动2023年巴基斯坦默拉项目第二次物资类（备件采购）框架单一来源采购项目，采购物资主要为断路器备件。巴基斯坦莫拉项目包括两座±660kV直流换流站、886km直流输电线路及相关配套工程，工程成套设计参照国内宁夏—山东±660kV直流输电工程，额定直流电流3030A，输电容量4000MW，项目年可用率满足98.5%。

2. 特色做法

为确保海外电网项目建设运营安全稳定，避免因属地采购资源不足、采购业务链条冗长、采购成本控制困难等现实问题，减少重复组织采购同类工程物资，中电装备公司针对备件采购需求，通过应用单一来源方式和框架采购组织形式结合的方法，定向选择与主设备兼容性较高的备件供应商，满足默拉输电公司备件供货的及时性、规范性、长期性需求。具体采购做法如下：

（1）查询同期结果。为确保海外项目中使用的断路器备件与主设备兼容，查询同期原供应商相同品类、技术参数的招标中标结果，结合工程性质、投资规模、技术条件以及当期市场价格等因素，选择单一来源采购的供应商。

（2）匹配采购资源。在采购物资品类、技术参数相同的基础上，根据同期中标价格，按照价格合理且不超出批复预算资金要求的原则，推荐成交供应商及成交价格。由招标采购管理部门组织发布成交结果，并向供应商发出成交通知书。

（3）执行框架匹配。加强采购结果执行规范管理，综合考虑供应商服务能力、服务价格、服务响应等因素，合规匹配中标人年度合同（订单），实现采购资源的快速配置，确保海外项目建设稳步推进。

3. 实践成效

通过在海外项目采购中应用框架单一来源的方法，简化前期采购准备与谈判评审过程、强化采购执行结果管理，解决了部分同品类、同配置备件需要频繁、重复组织采购的问题，提升了采购的效率效益，为海外项目建设长期稳定运行提供保障。同时，中电装备公司作为国家电网公司海外项目总承包企业，搭建海外项目采购需求与国内物资供应市场的桥梁，引领中国制造企业与国际市场融合，助力电工装备企业走出国门。

第七章

国家电网公司采购创新

国家电网公司深入贯彻落实党中央提升供应链现代化水平、提高供应链韧性和安全水平等决策部署，聚焦资源保障能力、风险防控能力、价值创造能力和行业引领能力建设，深化效率、效益、效能提升，不断加强采购标准化建设，深化采购数据结构化应用，探索采购数智化转型升级，坚持以采购需求导向为切入点，助力建设全国统一大市场，服务新型电力系统建设，支撑能源电力产业链高质量发展。

本章主要介绍国家电网公司在绿色现代数智供应链建设采购管理环节取得的创新实践成果。首先，从物料标准化、采购目录标准化、采购策略标准化、评审标准化等方面介绍了国家电网公司在采购标准化建设中的创新探索。其次，介绍了国家电网公司以数据结构化为抓手，在采购标准结构化、技术规范结构化、招投标文件结构化、资质能力核实结构化方面的深化应用。最后，介绍了以流程自动化、运营协同化、决策智慧化为特征的招标采购业务数智化转型升级实践路径。

第一节　采购标准化建设

一、采购标准化概述

企业标准化是指为实现企业的经营方针和战略目标，并为企业的长远发展打好基础，由企业独立自主地制定标准、实施并改进标准并灵活运用各种标准化形式的一系列活动过程。企业标准化是现代化大生产的必要条件，对提高质量和保护生产安全有重要的作用。

企业采购标准化是指企业在采购管理范围内为获得最佳秩序、促进共同效益，针对实际或潜在的采购问题制定规则和应用规则的活动。标准化是提升企业集团化运作能力，提高采购管理精益化水平的基础，也是实现采购业务数字化和智能化的重要根基。

二、国家电网公司采购标准化实践

国家电网公司贯彻落实国家标准化发展纲要，定位供应链标准“领跑者”，以数据应用为抓手，构建高效、规范、统一的采购标准体系，持续加强采购标准化建设，驱动传统招投标业务转型升级。通过统一物料标准，统一需求计划标准，统一采购策略标准，统一评审标准等技术标准化和业务标准化“双引擎”，强化标准引领作用，为充分发挥集团规模优势、推动质量强网战略落地创造了条件。

（一）统一采购标准体系

技术标准化方面，国家电网公司制定电网建设“三通一标”（通用设计、通用设备、通用造价、标准工艺）、“两型一化”（资源节约型、环境友好型、工业化）标准，按照典型设计、标准配置、适当冗余的办法，打破技术壁垒和提高通用水平，全面制定并推广应用统一的物资采购标准，按照“五统一”（统一分类编码、统一型号种类、统一技术参数、统一技术规范、统一技术接口）的原则，充分运用现行技术标准和国家电网公司系统标准化建设成果，实现物资采购由松散到集中、统一、精益、高效的转变，逐步消除制约可研、设计、采购、施工等环节之间有效协同的不利因素，全方位降低产品制造和研发成本，提高供应链各环节的效率效益，引导供应链相关产业转型升级。

业务标准化方面，国家电网公司进一步完善采购方式、投标资质、评标标准、授标规则、保证金比例等设置，对各品类、各采购方式的招标采购文件、投标应答文件进行梳理和结构化，构建全链统一的采购策略库、规则库、范本库。通过固化的流程、统一的平台贯穿应用全过程，实现国家电网公司采购标准、管理规范及操作程序的统一，确保集中采购率、公开采购率、上网采购率、电子招标率水平保持高水平，推进业务流程在线办、移动办、无纸化、便捷化。通过加大采购作业机器人研发应用，深化采购智能应用，提升物资采购标准化水平，依托 ECP 实现各类项目初评否决、详评、打分规则统一，实现供应链智能化作业、智慧化运营。

国家电网公司统一采购标准体系如图 7－1 所示。

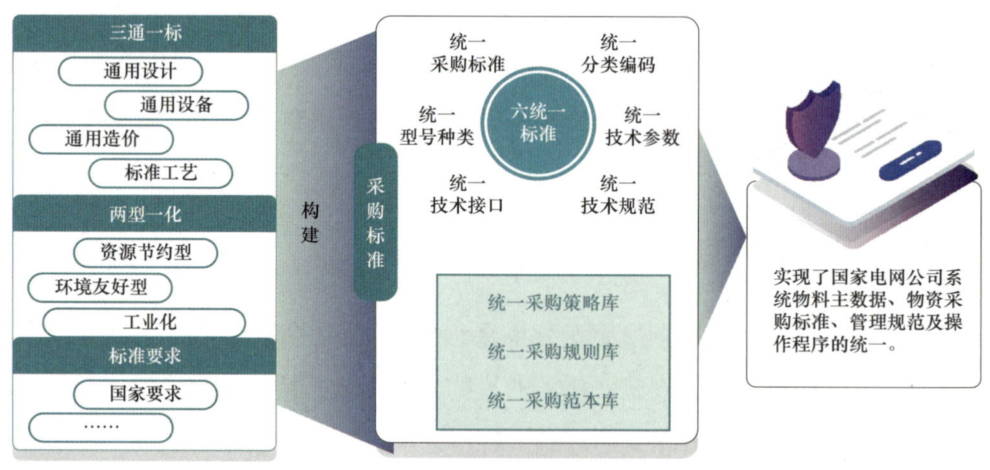

图 7－1　统一采购标准体系

（二）物料主数据标准化

国家电网公司通过建立统一主数据平台，统一物料主数据管理，实现物料信息统一共享，支撑业务高效运行和业务数据准确统计。现已覆盖 51 个大类、380 个中类、8525 个小类、181958 条主数据，已涵盖了输变电、水电工程等专业领域的物资（含服务），覆盖总部、省公司集采范围内的一二次设备、装置性材料、信息通信设备及软件、辅助类物资、配网设备材料等物资以及非生产性的物资和施工、监理及零星服务采购需求。

（三）采购目录标准化

国家电网公司制定了以主数据为基础的采购目录，按物料大、中、小类进行编制，主要包括采购范围、采购实施模式、采购方式及采购组织形式等内容，通过采购目录清单进行统一管理。原则上根据项目性质，结合专业分类，涵盖安全生产、电网发展、营销、优质服务、科技进步和信息化建设等方面所需的物资和服务。

近年来，国家电网公司持续深化两级采购目录的标准化研究，以历史数据为基础，以问题和目标为导向，从采购目录范围、采购层级、采购方式、采购组织形式四个维度，开展合规性、效率效益水平定量定性分析，构建起采购目录优化自动判别模型，实现物资需求与采购目录自动匹配，助力采购统一规范管理。

（四）采购策略标准化

国家电网公司根据《国家电网有限公司采购活动管理办法》有关规定，编制总部采购策略手册和各单位采购策略指导手册，明确采购原则，建立采购策略优化和审议机制，确保采购策略科学合理。依法合规、公开采购、统一采购管理、应采集采、“三效”最优、综合评审、绿色数智、上平台进基地等八项基本原则，有效防范采购违规风险，确保公司采购服务质效最优，带动链上企业绿色低碳发展。坚持资质业绩、评审权重、技术评审、商务评审、价格评审、标包划分、授标原则、合同文本等八方面通用原则，充分考虑潜在投标人群体、建设规模、履约能力、服务便利等因素，科学划分标包、设置评审细则、授标规则及合理中标限额，促进市场主体公平竞争。手册对一二级采购目录涵盖的变电设备、输电材料、零星物资等物资类需求及输变电工程、安检专业、设备专业等 11 类服务采购项目进行详细阐述，常态化跟进国家政策、公司发展、工程建设、市场环境变化等内外部因素，动态梳理调整采购策略，提升采购质效。

国家电网公司以国家标准招标文件为基础，以依法合规、管用实效为总体思路，结合国家电网公司采购品类特点，编制《国家电网有限公司标准招标采购文件范本》系列文本，共计 13 册，分别对应资格预审、资格后审两种资格审查方式、货物、服务、施工三种类别、招标、竞争性谈判、询价、单一来源四种采购方式。以文件范本标准化为抓手，加强文件范本的刚性执行和应用，提高采购文件编制质量，进一步提升采购规范性。

（五）评审标准化

国家电网公司秉持标准规范、切合业务、高效兼容的原则，采用“统一规划、统一设计、统一建设、统一运维”的方法，研发并推广使用精益化评审工具，保障流程的规范性和数据的可溯性，实现法规严格执行和规则灵活配置的有机统一。由系统智能评审辅助打分，规范评审流程，优化评标效率。

以“统筹规划、标准统一、因地制宜”为原则，建成“1（总部）+27（省公司）”全封闭智能评标基地。运用数字及物联技术，智能监控系统评标情况、人员违规越界等 12 个关键点，确保评标过程全程在线。依托“大云物移智”信息技术，集成多种智能化设备，构建评标基地物联网，实现评标人员自助报到、实时电子定位、智能入住、考勤、监督、通信、专家健康监测等全方位智能化管控，有效提升评标现场智能化、规范化、标准化管理水平。

三、国家电网公司采购标准化应用案例

1. 案例背景

国家电网公司坚持“质量第一、价格合理、绿色低碳、诚信共赢”的采购理念，秉持“公开、公平、公正和诚实信用”原则，夯实全网采购管理根基，聚焦全链采购管理的规范化、标准化及数智化，构建全链统一的采购策略规则库，提升公司两级采购“四同”（同类、同质、同阶段、同批量）采购策略规范管理水平，规范采购行为，提高采购质效。

2. 特色做法

（1）采购策略规则库结构化管理。依托 ECP 平台建立全网采购项目的结构化采购策略规则库，对应各采购物资品类，差异化实现招标文件范本、资格条件、价格公式、权重、评审细则、合同条款等采购策略要素的结构化管理。

（2）动态优化滚动更新采购策略。按年度动态调整各物资品类采购策略规则库，常态化跟踪国家政策、公司发展、工程建设、市场竞争态势等因素，动态优化采购策

略，形成持续有效的反馈修订机制，并依托ECP平台全网发布。

（3）采购策略自动推荐应用。将采购策略规则库与采购项目联动，按照采购计划的物资品类，ECP平台自动推荐采购策略，确认后采购策略要素可自动带入招标文件，实现招标文件的“一键式”自动生成并发布。

3. 实践成效

（1）实现统一采购管理。结合各项目专业特点和国家强制要求，按照统一采购标准、统一采购策略、统一采购文本、统一供应商管理、统一质量管理、统一合同管理的原则，强化“四同”采购分析，科学优化集中采购策略，进一步提高采购效率、降低采购成本、保证采购质量，持续提升集中采购效益。

（2）提升采购智能化水平。依托全链条、全品类统一采购策略规则库，进一步科学推荐采购方式、投标资质、评标标准、授标规则、保证金比例等设置，实现智能化发标，有效推动常规性、重复性工作的全面智能化。

（3）强化采购策略科学性。综合采购价格波动、供应商群体情况等因素，对业绩年限、商务技术评审细则、价格公式及价格参数选择等进行动态调整，充分发挥采购导向作用，提升采购策略的科学性，引导市场良性平稳发展。

第二节 采购数据结构化

一、采购数据结构化概述

结构化信息是指可以通过计算机和数据库技术进行管理的数字化数据信息。无法完全数字化的信息称为非结构化信息，如文档文件、图片、图纸资料、缩微胶片等。采购数据结构化是指将采购环节涉及的文本文件形式的信息转化为按照信息系统规则定义、可供信息系统识别、使用、存储和控制的数据文件。结构化的核心要求是确定实质性要素，并把这些要素的内容在表述属性上归并为“状态量”或者“数值量”，为实现计算机的识别和辅助判断处理打好基础。

二、国家电网公司采购数据结构化实践

在供应链发展日新月异、新技术迅猛发展的形势下，传统供应链水平落后、采购供应效率低下、协同配合不足等难点和痛点问题，制约了企业发展和价值创造。数字

化是推动供应链高质量发展的主引擎，供应链改革创新和数字化转型已经成为现代企业实现高质量发展的必然趋势。采购作为供应链建设的核心业务，其数字化、结构化发展对于提高全供应链运营效率至关重要。

国家电网公司落实国家供应链发展战略和国家数字化建设要求，顺应电子化招投标发展趋势，以数据结构化应用为抓手，逐步推动采购标准结构化、技术规范结构化、招投标文件结构化、资质能力核实结构化，驱动采购业务模式由传统的非结构化模式向结构化、数字化模式转型。建立贯穿招标采购全流程的结构化数据库，实现供应链纵向各环节、横向各专业数据一体化互通，确保“数据一个源”，以数据结构化赋能招投标领域创新发展，为绿色现代数智供应链体系建设提供有力保障。

（一）采购标准结构化

传统文本形式的采购标准在使用过程中难以快速定位和获取关键参数，无法实现采购标准在智能采购、供应商核实、合同履约等环节的高效应用。国家电网公司依托ECP平台，实施采购标准结构化部署，将文本文件形式的采购标准转化为可供计算机识别、使用和控制的数据文件，将每一项参数的使用对象、答案类型、允许范围、参数选项等，在系统字段中进行设置。建成了全球最大的电网物资采购标准体系，形成18.2万条物资和服务主数据、870余项采购标准，结构化部署于系统中，采购时一键点选。采购标准结构化的应用实现了业务流程、技术标准和管理要求在信息系统的固化，保证采购标准在采购全流程海量业务中规范选择和应用，实现了采购标准应用的“硬约束”和全流程信息共享。

（二）技术规范结构化

技术规范书是采购标准在采购过程中的具体应用，是招标文件的重要组成部分。在采购标准结构化的基础上，国家电网公司按照统一企业标准的原则，推动技术规范结构化编制和应用。结构化的技术规范基于“采购标准—关键参数—特征值”三级结构化的数据架构，与结构化的采购标准直接关联和对应，实现招标文件“一键”引用，投标人精准响应采购需求，评标专家量化评审。技术规范结构化建设思路如图 7－2 所示。

技术规范书编制经历了纸质技术规范书、全量结构化技术规范书、“三表两图”简化技术规范书、固化 ID 四个发展阶段，实现了从线下编制到系统操作、从部分固化到全面固化、从编制为主到选用为主、从业务线上化到业务数据化的转变发展，是标准程度、内容质量、管控水平、工作效率不断提升的过程。

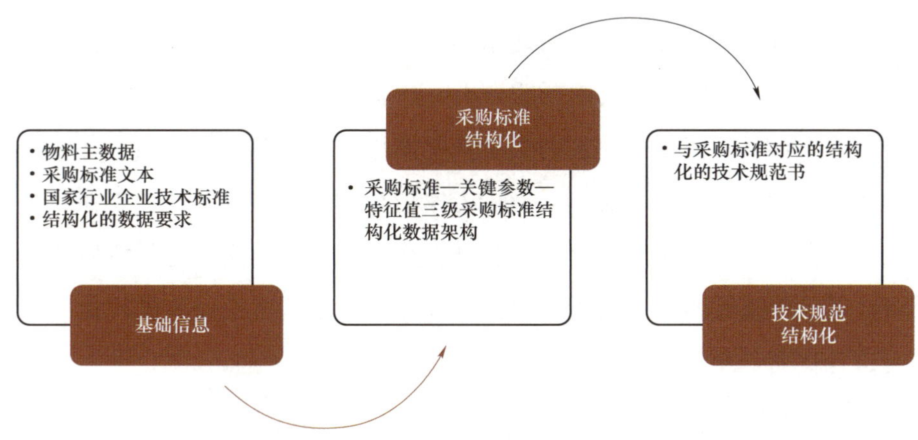

图 7－2　技术规范结构化建设思路

（三）招投标文件结构化

采用线下人工编制招投标文件的方式编制质效不高，无法实现统一、有效管控。为了更高效准确地编制招投标文件，减轻人工工作量，持续提升供应商服务水平，国家电网公司以依法合规为基础，依托 ECP 平台对招投标文件编制工作进行了结构化部署。

国家电网公司实现招标文件结构化，将招标采购工作规则与流程固化于系统，通过关联 ERP 需求计划和结构化技术规范，自动匹配采购策略和技术要求，设置评标模版和投标文件模版、选择合同条款、填写关键内容等操作，智能生成结构化的招标文件，实现招标文件与采购策略、技术规范“数据一个源、编审一条线”，降低人工操作导致的失误风险，确保数据的准确性和不可篡改性，提升招标文件编制质效。实现投标文件结构化，在采购标准制定阶段建立结构化投标模版，将相关数据贯通至发标项目，可供投标人线上数字化填报。结构化招投标数据为履约、监造等后续环节构建数据应用基础，有助于进一步挖掘数据价值，实现技术参数跟踪和价格水平分析，加快推进招标采购全流程数智化进程。

（四）资质能力核实结构化

供应商资质能力信息核实管理遵循“集中管控、分级实施、信息共享”的原则，核实工作方式分为文件核实和现场核实。供应商资质能力信息核实的内容一般包括：基本信息、财务信息、报告证书、产品业绩、设计研发、生产制造、试验检测、原材料组部件管理、数智制造、绿色发展、售后服务和产品产能。

国家电网公司依托 ECP 平台—供应商管理—资质能力核实模块，建立涵盖所有核实标准的核实标准结构化模版库，将通用信息直接固化，专用信息的主要表格全部结构化。通过对核实模板结构化数据项的分析、提炼和抽取，实现“数据”生成“文件”，“文件”表达“数据”。将核实通过的供应商基本信息、财务信息、报告证书、供货业绩等结构化资质信息生成核实证明，评标专家可根据“核实证明编码”在线查看相应资质信息，无需线下查看纸质版材料、提升工作效率。将核实通过的资质信息形成资质业绩库，供应商可按需选择资质信息，投标时一键引用，系统将结构化资质业绩与评标规则进行比对，提高专家评标效率。

（五）结构化数据互联共享

采购平台与公司投资、计划、预算、设备、法律等专业系统互联互通、数据实时共享、逻辑互为验证。贯通国家电网公司遍布全国的154家质量检测中心和99个“检储配”一体化基地质量信息，应用供应链建设多平台协同作用，将设备、营销、调度等多专业绩效评价、供应商不良行为处罚等设备全寿命周期多样化结构化数据，通过平台间数据互联互通直接进行动态抓取应用，做到“一次存储、共享共用”。通过EIP“云监造”，按照“自愿接入”原则接入企业生产制造系统，直连供应商1200余条生产线，可实时获取供应商订单排产、原材料管理、工艺控制、试验检测等信息，结构化存储并反馈至采购环节，实现海量数据全流程可追溯，为购数字化转型和智能评审奠定基础。

三、国家电网公司采购数据结构化应用案例

1. 案例背景

编制投标文件是投标环节的关键，投标文件包含价格文件、商务文件和技术文件三部分，文件类型多、编制内容复杂，线下编制、扫描后上传电子平台的投标文件制作方式耗时耗力，浪费资源。为确保投标文件高效编制，切实为投标人减轻负担，国家电网公司积极推进结构化投标模式，极大地提高了投标效率和信息准确性。

2. 特色做法

（1）建立供应商全景信息库。依托ECP平台，通过文件核实和现场核实等审核手段，广泛准确地收集11万家供应商信息，形成供应商资质业绩信息库。将信息库中包含的供应商基本信息、财务信息、报告证书、供货业绩、研发设计信息、产品产能、售后服务、原材料组部件、试验检测、生产制造等信息转化为结构化数据。对于国网系统内的合同业绩自动流转至供应商资质业绩库，国网系统外的业绩按结构化模板线上填报、核实入库。投标人投标时只需勾选信息，生成一张资质凭证单，一键完成提报。

（2）投标文件格式结构化。对于技术规范及分项报价，在采购标准制定阶段建立结构化模板，将模板数据贯通至发标项目，减少业务人员对投标模板的准备工作，投标阶段解析成可线上填报的字段，作为评标自动评审的数据基础。

（3）在线投标便捷化。通过 ECP 搭载的供应商投标工具，实现投标文件各部分（商务、技术、价格）的批量编辑、生成、加密提交，供应商可多包“一次性”批量维护。此外，供应商可通过投标工具导入历史项目参数表，在修改调整后直接投标，大幅度提高了投标文件的编制效率。

3. 实践成效

（1）投标文件“一键式”提报。供应商利用投标编制工具，实现专项技术投标文件中“技术参数表”“组部件材料表”“分项报价表”的快速编制及结构化应答。供应商通过资质业绩信息库自动提取和复用信息，“一键式”提报投标文件，“一次核实、全年适用”，大大简化了供应商纸质投标文件的制作成本，标书制作时间压缩超过 70%以上。

（2）投标过程“一次都不用跑”。投标人只需将资料电子化上传，在线生成资质业绩凭证单，足不出户就能在线获取标书、投标、开标、下载中标通知书，在线查看和跟踪投标情况和进度，投标过程“一次都不用跑”，实现真正的“远程异地”投标。

（3）落实“一个数据用到底”理念。落实“一个数据用到底”的理念，实现投标数据从采购到履约、监造、运行等环节全流程数据贯通，为技术参数跟踪、组件材料价格水平分析提供数据来源，实现资产全寿命周期管理。还可全面分析设备的要求值、试验值、抽检值、设备运行值、投标响应值等关键技术参数的波动性，为大数据多维度统计与分析提供有效的数据基础。

第三节 采购数智化转型

一、数智化采购概述

（一）数智化采购的概念

数智化采购是指利用大数据、云计算、人工智能（Artificial Intelligence，AI）、物联网、机器人流程自动化（Robotic Process Automation，RPA）等数字化新技术，整合和衔接企业内外部利益相关者信息资源，实现采购流程自动化、运营协同化、决策智慧化的方法和策略。

（二）数智化采购的特征

1. 流程自动化

数智化采购依托数字化技术，实现对采购流程中繁琐性、重复性工作的自动化处理，如自动发起采购需求、自动寻找最佳供应商、自动生成采购订单等，减少了人工操作量和时间延误，大大提高采购效率，加快采购流程。

2. 运营协同化

数智化采购可实现采购计划、招标采购、合同签订、履约供应等采购全流程的数智化管理，实现对企业内部采购部门、供应商、评审专家、招标代理机构等采购相关方的资源整合，通过数据共享和信息流通，实现供应链的高效协同管理，解决信息不对称、沟通成本高等问题。

3. 决策智慧化

数智化采购利用大数据分析和人工智能等新技术，实现对海量采购相关数据的采集、建模、分析，通过充分挖掘数据价值，辅助用户发现规律、分析研判、智慧预测，为科学制定采购决策提供依据。

二、国家电网公司采购数智化转型探索实践

随着数字技术的快速发展和普及，数智化成为企业优化供应链管理的新趋势。为响应国家加快供应链数字化转型，提升供应链智能化水平的政策要求，解决供应链上下游信息孤立分散、各环节流程繁琐复杂等痛点难点问题，国家电网公司以招标采购全过程为切入点，以采购标准化、结构化为基础，以全业务链数据融通为纽带，充分发挥数智化采购“流程自动化”“运营协同化”“决策智慧化”的优势特点，创新应用大云物移智边链[1]、RPA 等现代信息技术，探索招标采购业务数智化转型升级，实现采购业务全程在线，采购数据永久追溯，推动供应链流程优化和智慧共享。

数智化转型背景下，大型央国企普遍建立了电子采购交易平台，在数字化采购、智能采购等方面涌现出大量理论创新、实践创新和技术创新成果。《指导意见》提出“支持中央企业电子采购与大数据、人工智能、区块链等新技术融合发展，依托电子采购交易网络搭建交易平台，实现业务公开、过程受控、全程在线、永久可追溯；鼓励中央企业自建电子商城，将标准工业品、低值易耗品、通用服务项目等通过企业电

[1] 大云物移智边链指的是大数据、云计算、物联网、移动互联网、人工智能、边缘计算、区块链等先进数字科学技术的统称。

子商城采购”。

（一）建设背景

党的十九大报告中指出，要“在现代供应链等领域培育新增长点、形成新动能”。国家电网公司作为央企“国家队”，抢抓供应链发展新机遇，深化发展具有国有企业特色的现代供应链体系，贯彻落实绿色现代数智供应链体系。

招标采购环节是供应链体系的核心组成部分，国家电网公司以采购为切入点，提出《招标采购全流程智能提升顶层设计方案》，为绿色现代数智供应链体系具体落地和招标采购业务信息化建设提供指引。

持续深化电子采购系统建设应用。数智化发展是企业采购与供应链转型发展的必然趋势、必经之路。央国企采购供应链数智化建设的前期成果值得肯定，同时也需要继续发力、持续深化，进一步融入公共资源交易平台体系，因地制宜地完善电子采购交易系统，推动招标与非招标方式所有采购交易活动全流程线上化操作，实现从需求管理、采购文件编制到合同签订等采购交易全过程在线、受控、事后可追溯，提升采购交易的效率效益。

（二）建设目标

1. 建设原则

国家电网公司以“统一规划、统一设计、统一建设、统一运维”为指导，以一级平台部署、总部顶层设计、省公司分专题试点建设和应用为路径，统一配套辅助工具，按需配置采购规则，确保全流程数据依法合规存储，关键节点数据全量留存可追溯。

2. 建设要点

依托ECP平台，贯通ERP、ESC等系统，柔性融合各环节辅助工具，打造自动、智慧、开放的招标采购全流程智能化方案，以“操作智能执行、数据智能分析、感知智能视听、认知智能决策”为设计原则，实现审查智能化、发标结构化、投标便捷化、开标可视化、评标自动化、分析智能化，全面提升采购管理的效率、效益和效能。

（1）操作智能执行。依托ECP平台，应用公司人工智能“两库一平台”和流程机器人（RPA）等通用组件，通过智能检索、流程优化，整合供应链及相关平台现有成果性应用及数据，提升平台业务办理流程化、自动化及批量处理能力，为用户提供智能化指引，帮助用户减少复杂及重复性操作，提升业务响应效率。

（2）数据智能分析。应用大数据分析技术，依托ESC内置的分析算法和工具，按照不同业务需求，通过快速组建分析模型，选择需要分析的数据，系统自动以图形、表格等多种形式展示，让数据通过各种可视化视觉形式主动说话，智能辅助用户进行各项数据分析工作。

（3）感知智能视听。应用大数据分析、流媒体及物联网技术，通过建设智能化个人工作台、智能评审咨询机器人，推广在线直播开标、远程智能谈判、远程异地评标应用。打破时空界限，成为推进工作模式的新引擎、用户体验的新方式、绿色现代数智供应链的新基建。

（4）认知智能决策。应用大数据分析、人工智能技术手段，构建学习型分析模型，并对模型算法不断调优，实现招标文件智能审查、采购策略及标包划分方案自动推荐，智能化编制专家抽取方案。辅助各级业务及管理决策、运营分析与流程优化等。

（三）建设内容

采购数智化建设总体架构如图 7－3 所示。

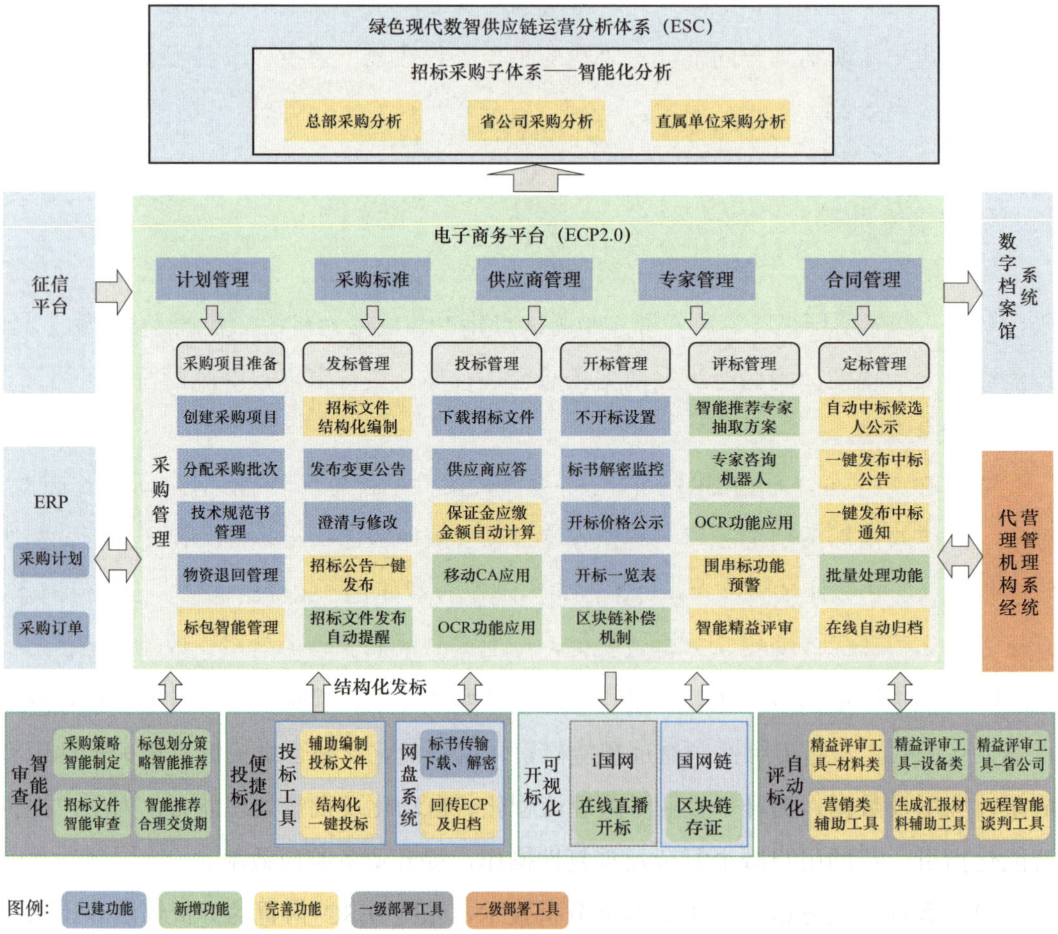

图 7－3　采购数智化建设总体架构

1. 总体建设内容

（1）项目准备阶段。根据已核实的供应商信息和历史采购数据，自动推荐资格条件、评审规则等采购策略，按品类构建结构化采购策略全量要素库。结合品类供应商群体、采购额度、需求单位分布等信息，自动推荐标包划分策略。构建招标文件范本库，支持招标文件自动编制和生成。应用图文识别（Optical Character Recognition，OCR）技术，实现招标文件在线审查智能化水平。采集设备制造周期、运输周期数据，构建交货期影响因素综合分析模型，智能推荐合理交货期。加强跨专业数据协同应用，对工程核准时间、设计方案报审时间、施工图交付时间等在发标前进行校验，防止未核先招、先实施后招标。

（2）发标阶段。推广招标文件在线会签功能应用，提升跨专业会签效率。应用投标数据结构化响应模板实现业务前台动态配置，实现招标文件澄清和修改结构化编制与发布，提升投标、评标结构化水平。拓展网盘在大容量非结构化招标文件上传及下载应用功能。按照品类汇集招标文件购买信息，分品类自动推送招标公告发布提醒，提升用户体验。

（3）投标阶段。通过结构化投标模板，辅助投标文件结构化编制。向投标人推送其资质能力核实信息、以往否决信息、中标信息，实现报价格式、税率自查功能，提升投标文件编制质量。优化投标保证金功能，实现投标人应缴额度自动计算及智能推荐，同时支持按批次、年度两种办理方式，支持汇款、保函、保险等支付方式。推广网盘系统应用，实现全量投标文件在线提交，实现远程便捷化投标。

（4）开标阶段。推广平台开标直播模式应用，实现远程异地在线开标，并支持开标全程录制。运用区块链不可篡改的特性，建设投标文件解密失败补偿功能，避免由系统引起的小概率开标解密失败给投标人带来的影响。

（5）评标阶段。根据投标人数量，智能推荐专家抽取方案。实现评委会名单组建线上完成。建设专家咨询机器人，开展制度宣讲、培训及操作指导。批量获取投标人信用信息、股权信息，通过构建模型辅助专家评审。实现施工类项目工程量清单在线校验及评审功能一级部署，按品类持续深化精益智能评审功能建设及推广应用，实现智能辅助初评否决、客观量化辅助详评打分。应用 RPA 组件，辅助专家对主观评审因素进行汇聚和评审。完善围串标功能预警提醒，汇总投标人以往否决信息、中标信息、信用信息等，提升评审智能辅助水平。推广远程在线智能谈判功能应用，提升谈判效率。

（6）定标阶段。优化中标候选人公示、中标公告自动发布功能建设，向中标人及时推送信息。支持中标通知书模板在线可配，满足不同采购类型项目发布需求。增加招投标资料按照工程项目维度查询功能，实现招标档案在线自动归档。

（7）全流程智能提升。通过对全流程时间节点的智能检索、进度提醒等方式，构建智能化个人工作台，实现人机互动。在投标人投标之日或中标公告发布之日，增加企业信用强制查询节点。实现公司发布的不良行为信息，从评标、定标到签订合同、履约全流程各个阶段自动提醒。加强业务合规管控，如对于公开招标发标20天要求，系统进行强校验，如投标保证金临近退还时间，系统以业务探针方式进行预警提醒。通过拖拉拽的方式快速组建分析模型，提升智能统计分析能力。

2. 分项建设内容

招标采购全流程智能机器人涵盖从审查会到项目归档采购全流程各个阶段的40项智能功能（40个分项机器人），旨在推动常规性、重复性工作全面智能化以及跨专业数据协同贯通应用。

（1）审查会阶段。

1）采购策略智能制定机器人：坚持“阳光采购”理念，推进“四同”（同类、同质、同阶段、同批量）采购策略规范管理，按品类构建结构化采购策略全量要素库、规则库、范本库，支持招标文件自动编制和生成，基于供应商群体特点和历史采购数据，自动推荐不同采购策略导向下各自对应的资格条件、价格公式、评审细则，供招标人决策参考。

2）标包划分方案智能推荐机器人：根据供应商群体、计划额度、需求单位数量等信息，结合历史采购数据，自动推荐标包划分方案。

3）招标文件智能审查机器人：自动整理采购计划，并自动将采购计划和技术规范推送给在线选取的中立专家审查，辅助形成审查意见。应用图文识别技术，同单位同品类招标文件实现相近批次纵向比对，同品类不同单位招标文件实现横向比对，提升招标文件在线审查智能化水平。

（2）发标阶段。

1）自动生成招标文件机器人：增加与结构化采购策略库联动机制，优化前台结构化招标文件模板配置功能，支持招标文件结构化生成。基于结构化招标文件范本，或历史招标文件复用，根据采购策略确定的资格条件、价格公式、权重、评审细则、合同条款等自动生成招标文件文本，完成法律送审及会签流程后“一键”完成发标。

2）大容量招标文件应用网盘补充发布机器人：对于受 ECP 容量限制，无法通过 ECP 上传的专用招标文件，应用国网网盘功能，将大容量招标文件上传至网盘，链接至 ECP，供投标人下载。

3）招标文件发布自动提醒机器人：按照品类汇集购买招标文件信息，分品类自动推送招标公告发布提醒，支持供应商用户按照品类订阅招标公告，提升用户体验。

4）结构化生成投标文件模板机器人：代理机构通过在线配置数据汇集模板，贯通资产全寿命周期各环节数据形成投标数据结构化响应模板，生成在招标文件（SGCC 包）中。

（3）投标阶段。

1）移动 CA 模式投标机器人：在原来 CA 基础上增加移动 CA 模式，方便供应商投标。

2）统一标书获取路径机器人：总部、省公司、直属单位统一标书获取路径。

3）投标文件辅助编制机器人：依据结构化招标文件对应的结构化投标文件模板，辅助投标人高效编制结构化的报价、商务和技术文件，并具备对报价格式、税率等自查提醒功能。

4）网盘大文件系统推广应用机器人：针对投标过程中的大文件，通过网盘系统提报。

5）投标人历史投标信息、资质业绩信息在线可查机器人：投标人在投标时，系统自动抓取并推送其参与的历史投标项目，投标品类、投标价格，中标情况等信息，同时推送其参与的资质业绩核实信息，辅助投标人分析投标行为。

6）投标保证金深化应用机器人：发标阶段支持代理机构灵活配置保证金的收取规则，并结合投标人的投标情况，实现投标人应缴额度自动计算并在办理阶段智能推荐，打通银企通道支持在线银行汇款、在线保险的办理，对实际缴纳金额进行智能拆分，以实现评标阶段对缴纳金额不足供应商发起批量否决，提升评审工作效率和比对准确率。

（4）开标阶段。

1）开标过程智能录制机器人：在开标阶段，通过调用录屏软件对开标过程进行录制并保存。

2）在线直播开标机器人：应用平台进行在线直播开标，实现以在线直播形式举行开标仪式，对价格公式浮动系数抽取等重点环节进行展示。

3）区块链补偿机制机器人：运用区块链不可篡改的特性，为开标失败的供应商提供补交文件的功能，保障补交文件与截标前的投标文件一致，降低开标解密对于供应商带来的影响。

（5）评标阶段。

1）智能编制专家抽取方案机器人：根据采购策略，自动编制专家抽取方案，推荐专家专业、专家分组策略、专家组内数量，并结合历史项目数据情况，智能推荐专家组长等。

2）评委会名单在线组建与会签机器人：支持按照专家抽取方案和分组设置，自动生成评委会名单，在线上完成会签程序后生效。

3）远程异地评标机器人：支持异地电子钥匙配置，应对疫情期间远程异地评标需求。

4）精益智能评审机器人：按品类持续深化精益智能评审功能建设及推广应用；通过结构化招投标文件自动比对和保证金自动比对，自动提示投标人不满足事项和预警围标串标情况，辅助专家评审；自动计算商务、技术、价格客观量化分值。

5）智能评审咨询机器人：通过定制化智能知识库，结合视频和页面模拟操作培训评标专家，也支持专家自助、自由咨询。

6）智能识别围串标行为机器人：借助大数据分析对围标、串标行为进行计算机识别分析，自动计算各文件是否存在连续相同的内容，并对所有投标文件计算重复率，自动预警围串标行为，同时增加股权关联关系分析，进一步提升围串标行为识别能力。

7）远程智能谈判机器人：针对单一来源类型项目，建设并推广远程在线谈判模式，提高谈判效率。

8）施工类项目工程量清单校验及评审机器人：招标人进行招标工程量清单的格式与内容校验，确保招标清单内容正确完备；投标人对已标价的投标清单进行正确性、规范性校验，对修改招标清单、计算错误等问题及时进行修正，保证投标清单质量；评标专家开展清标工作，在保证投标清单质量的基础上，完成全息多维度的工程量清单检测及评审。

9）投标文件评审要素整理机器人：在评标阶段，根据不同维度数据需求，通过配置的相应规则，代替人工将投标文件中相关数据，整理成业务需要的维度展示，实现投标文件评审要素整理。

10）评标专家辅助详评打分机器人：依据专家评审结果，开发 RPA 组件服务化功能，及相应流程配置，辅助专家详评打分等。应用 RPA 流程机器人，减少常规性、重复性人力工作，提升工作效率。

11）外部信用数据智能抓取与提示机器人：对接工商信息平台，开标后获取供应商企业信用数据，直观展示企业失信被执行人、列入经营异常名录、严重违法失信、行贿犯罪、行政处罚、国网供应商不良行为公示等信息，在评标环节支持查询供应商是否存在失信行为，并实现投标供应商信息批量查询与提示。

12）专家在线查看投标人历史数据机器人：评标专家在评标时，系统自动推送当前评标人参与的历史投标项目信息、中标情况、废标情况等，辅助专家评标。

13）自动生成评标报告和汇报材料机器人：评标结束后，辅助工具支持灵活配置评标报告和汇报材料模板，一键自动生成汇报材料等文件材料，辅助评委会掌握和汇报评标情况。

14）授标规则优化机器人：优化跨范围授标与互斥功能，支撑跨分标/跨虚拟分标/跨包范围限授/互斥等采购策略实施；辅助授标工具和 ECP 平台授标功能，支持可按分标或包组设置授标规则。

（6）定标阶段。

1）一键推荐中标候选人公示机器人：定标后，系统一键自动推荐中标候选人公示，公示期间收集投标人异议。

2）自动发布中标公告机器人：公示结束后一键自动发布中标公告。中标公告后，一键自动归档，并流转合同签约资料。

3）中标通知书模板在线可配机器人：支持资格预审、招标、非招标项目中标通知书模板在线可配，可根据业务实际需求灵活配置模板，满足不同采购类型项目发布需求。

（7）归档阶段。

招标档案在线自动归档机器人：系统“一键”自动按项目、标包维度生成业务归档文件初稿和归档目录，并将文件自动同步至档案系统，完成档案自动编号归档。

（8）资格预审阶段。

资格预审模式全链优化机器人：进一步强化资格预审与资质能力核实的线上联动，实现配网资格预审结果的灵活互联互通，推进资格预审类别与结果信息全面结构化应用，助力资格预审申请数据结构化响应与评审。

（9）其他阶段。

1）采购文件多维查询机器人：完善采购文件智能化分类管理，支持按照采购项目、工程项目等多维度查询。

2）智能化个人工作台机器人：通过对计划报送、招标采购、中标信息发布等全流程时间节点的智能检索、进度提醒等方式，实现人机互动，为用户提供操作指引。拓展批量处理功能，减少重复操作。

3）智能统计分析机器人：通过ESC系统内置统计分析算法和工具，可以通过拖拉拽的方式快速组建分析模型，在线选择需分析的数据后，系统自动以图形和表格方式展示分析结果，实现智能统计分析。

4）采购策略环节探针点投入机器人：依据四同要求，区分不同物资品类、物资类别、电压等级等信息，建立数据资源池，设定预警规则，开展采购策略探针点监控和风险提示，有效防范业务风险，促进采购策略标准规范制定。

5）全流程不良行为智能识别机器人：在线实时检索、智能识别从采购评标、定标到签订合同、履约全流程各个阶段的供应商不良行为信息，一键推送给评标专家、采购专责、合同专责等，实现不良行为监测和预警，为业务提供决策依据。

三、国家电网公司采购数智化转型应用案例

（一）全流程采购机器人应用案例

1. 案例背景

近年来，通过上线应用电子商务平台，国家电网公司招标采购业务已全面实现电子化、结构化，但采购过程中产生的电子文件仍需要人工翻阅，不便于自动检索、集中分析，难以实现数据充分融通共享与业务深度融合。为加快推进“大云物移智”等新技术在采购环节的应用，落实国家电网公司推动采购“好中选优”，建设绿色现代数智供应链的工作部署，助力国家电网公司招标采购业务数智化转型升级，某省公司坚持创新驱动，持续开展智能采购机器人研究开发和应用（见图7－4）。将采购环节数据与其他内外部平台数据融合贯通，开发业绩发票自动核验、围串标行为自动辨别等智能工具，实现多评标要素自动清标、初评智能否决与详评量化打分，推动招标采购业务向数智化转型。

2. 特色做法

（1）不良行为自动获取与否决。将评标系统与ERP系统、质量管控平台、供应链运营平台对接贯通，在业务流、信息流、数据流三方面实现互通互联。在评标过程中，通过ERP和质控平台获取供应商履约评价和不良行为处理结果，实现对问题供应商的自动否决。

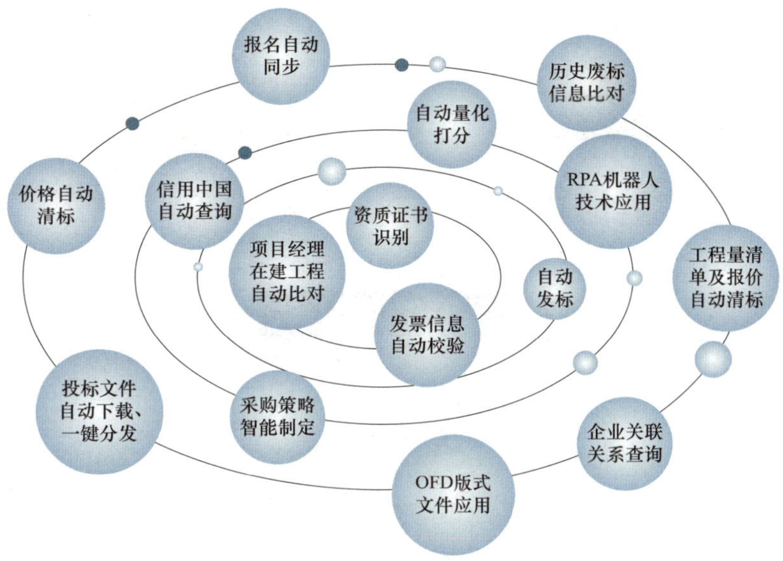

图 7－4 智能采购机器人概念图

（2）项目经理在建工程自动否决。对工程项目经理在建工程数据实时抓取维护、定期跟踪监督，动态匹配基建工程建设计划与项目经理在建工程建设计划，搭建“内网、外网、专网”的基建物资专业数据联动，自动比对投标人拟派的项目经理在建工程情况，为评标专家提供评标参考。

（3）报价文件自动识别比对。通过文档解析技术，智能识别、读取投标人报价文件中的价格、数量、分项报价等关键信息，智能评审投标人报价文件是否存在条目缺失或增加、篡改分项内容或数量、投标总价与分项金额之和不一致等常见问题，自动出具报价核验报告与判定建议。

（4）业绩发票自动查验研发发票自动核验工具。从投标文件中自动识别定位发票所在位置，并利用 OCR 技术提取发票关键内容，自动链接“国家税务总局全国增值税发票查验平台”获取发票的真伪及开票内容等信息（见图 7－5），并形成查验结果报告，为评标专家辨别业绩真伪提供参考。

（5）投标人信用情况自动查询。利用网络爬虫等技术，对投标人是否存在失信行为、行政处罚记录等内容进行自动查询，针对查询结果异常的投标人进行预警及否决提示。

（6）控股管理关系自动查询。与天眼查等网站建立合作关系，实时调取数据接口，实现对投标人及其主要人员控股关系等信息的智能识别和预警，辅助评标专家有效识别投标人围标、串标行为。

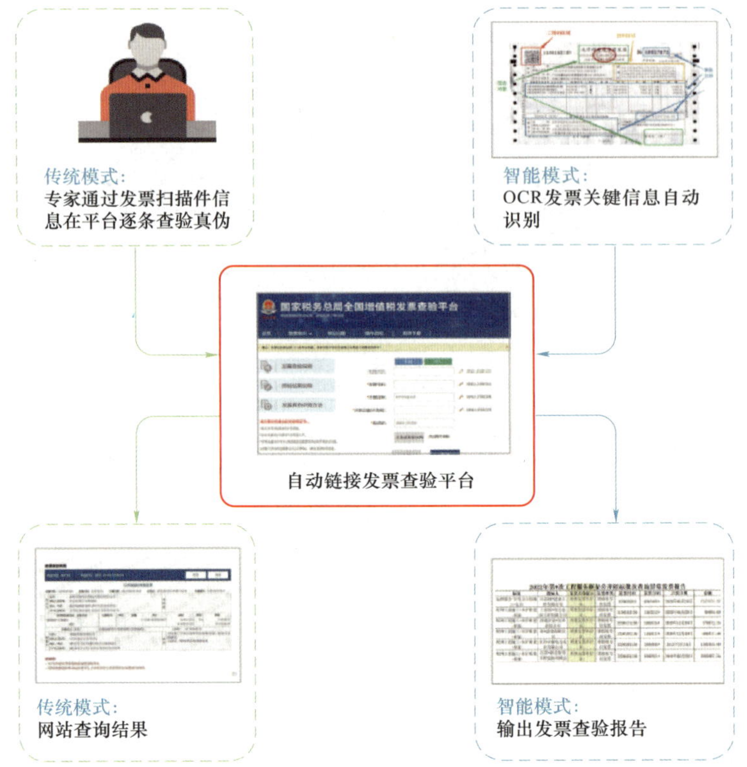

图 7－5　业绩发票自动查验

（7）资质证书文件智能评审与校验。智能识别、读取投标文件中认证证书的证书名称、证书颁发单位、证书有效期等信息，与采购文件要求进行自动核实比对，并智能链接官方网站查验投标人资质证书真伪，强化对投标人资质能力的精准评审。

资质证书文件核验流程如图 7－6 所示。

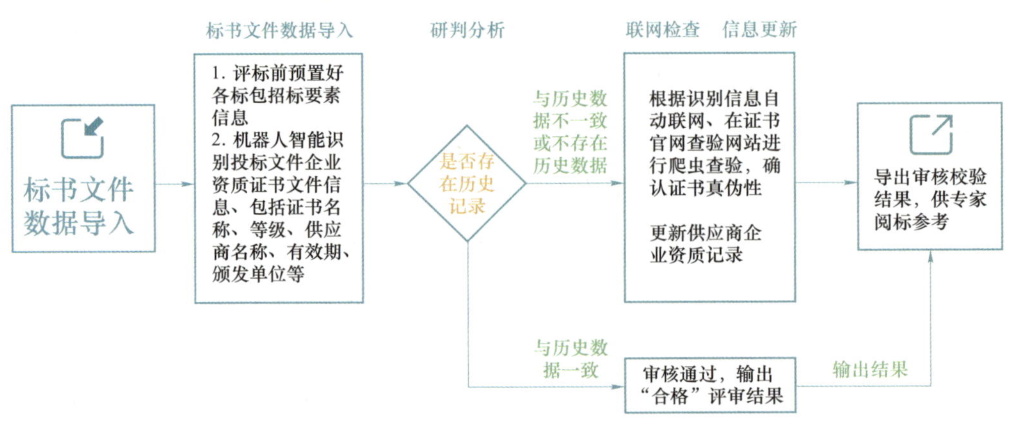

图 7－6　资质证书文件核验流程

（8）详评智能量化打分。运用数字化元模型概念，柔性定制结构化投标文件模板，在此基础上，开展量化打分采购模型搭建，合理设计评审模型，在详评阶段专家仅需对投标厂家业绩等客观响应因素进行符合性判断，由系统根据预设规则自动计算得分，减轻专家评标工作量。

3. 实践成效

（1）提升评标质效，助力采购好中选优。运用人工智能等技术，减少招投标过程中人工常规性、重复性工作，使专家精力聚焦于对投标人技术方案的评审，有效缓解专家评审压力，减少人为因素导致的评审误差，显著提升评审质效，确保评审结果公平公正、科学合理，助力采购好中选优。

（2）深化数据融通，提升协同共享能力。实现采购环节与内网其他平台的大数据贯通应用，增强数据比对准确性，有效推动供应链各环节高效运转，为招标采购精益化管理提供了强有力的支撑。应用相关功能以来共识别异常发票 139 张、项目经理在建工程 428 次、不良行为问题供应商 296 家次、失信企业 17 家次。

（3）防范外部风险，营造公平守序营商环境。通过信用中国、天眼查网站等外部数据的及时获取及对比查验，全面客观地对供应商进行评估，有效防范投标人造假、串标风险，2022 年发现并查处投标文件造假 40 起，持续净化采购市场环境，维护公平、公正的市场竞争秩序。

（二）采购策略智能辅助决策应用案例

1. 案例背景

新型电力系统建设对物资采购智能化提出了更高要求，以往采取定性分析或事后分析的采购策略制定方式，已无法完全满足智能采购发展需求。为更好地落实质量强网战略，保证集中规模采购价格在市场合理水平范围内，国家电网公司以角钢铁塔 Q420 为例，采用皮尔逊相关性分析法（Pearson Correlation），探索建立价格预测算法模型，制定采购策略量化分析模型，辅助采购策略智能决策。充分挖掘海量采购数据潜在价值，推动数据驱动业务升级，实现物资采购质优价稳，促进市场健康稳定发展。

2. 特色做法

（1）制定采购策略量化分析模型。基于集中规模采购大数据分析的采购策略制定流程如图 7－7 所示，通过融合集中招标历史采购价格、外部宏观经济指标、大宗产品原材料价格等多维信息数据，采用皮尔逊算法计算各因子与采购间隔相关系数，识别影响价格的强关联因素，充分挖掘历史采购价格信息规律，建立采购价格预测和采购策略量化分析模型，直观掌握价格变化情况，为合理价格预测建模奠定基础。

（2）构建合理价格预测模型。采用皮尔逊相关性分析法，对近 50 项内外部影响因素指标进行量化分析，测算在不同提前期下与价格之间的相关性，识别价格强关联因素。以影响角钢铁塔 Q420 价格的不同提前期影响指标为例，经模型分析最终确定的 9 项相关系数大于 0.75 的因子为强关联因素（见表 7－1），并从多元线性回归和随机森林两个方案中优选合理价格预测模型。

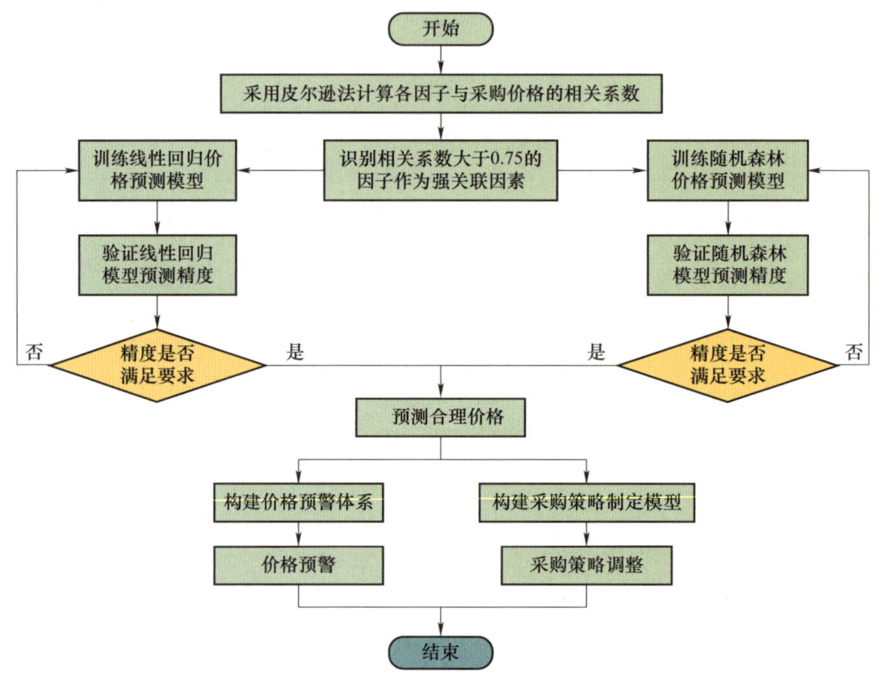

图 7－7　基于集中规模采购大数据分析的采购策略制定流程图

表 7－1　　影响角钢铁塔 Q420 价格的强关联因素

因素	指标	相关系数
电气机械和器材制造业存货本月末（亿元）	X35（－5）	0.849709
角钢价格（万元/t）	X1（－5）	0.842185
金属制品、机械和设备修理业存货本月末（亿元）	X36（－3）	0.832753
电气机械和器材制造业产成品存货本月末（亿元）	X40（－5）	0.821447
专用设备制造业存货本月末（亿元）	X34（－5）	0.820158
粗钢产量当期值（万 t）	X3	0.782648
专用设备制造业产成品存货本月末（亿元）	X39	0.755912
黑色金属矿采选业产成品存货本月末（亿元）	X37（－2）	－0.775297
黑色金属矿采选业存货本月末（亿元）	X32（－2）	－0.783905

（3）智能推荐最优采购策略。以合理采购价格为目标，建立采购策略算法模型，支持在进行单一或多项采购策略调整时定量计算并判断采购价格受影响的程度大小，再按业务实际智能推荐最优采购策略调整方案。

1）设置采购策略参数（见图 7－8）。基于多元线性回归算法，将分包策略、评审权重和价格公式中的系数 N_1、N_2、C 上限作为自变量；投标价格和合理价格的比值作为因变量，其中，合理价格是合理价格预测模型预测的合理投标价格。不同采购策略方案预测的 Y 值及其偏差见表 7－2。

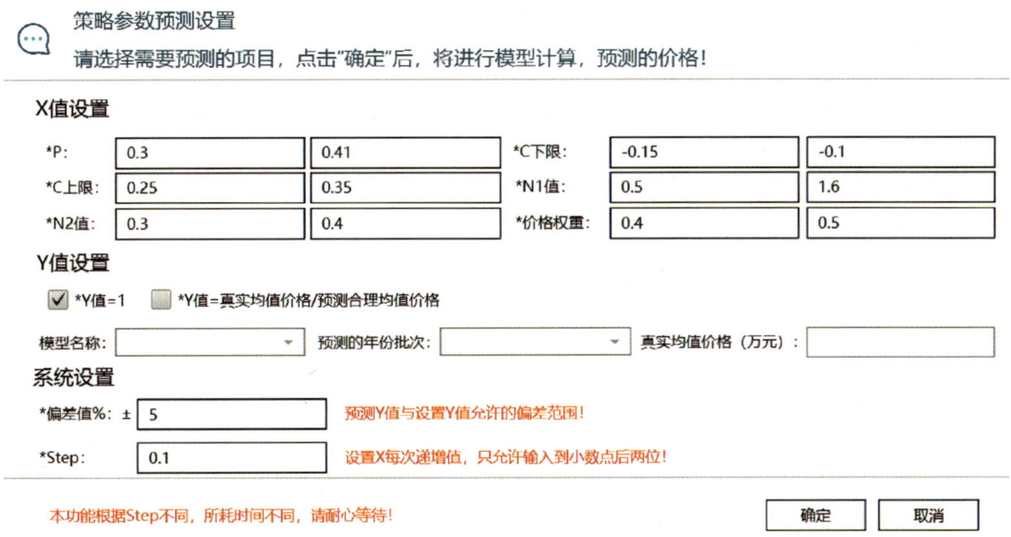

策略参数预测设置

请选择需要预测的项目，点击"确定"后，将进行模型计算，预测的价格！

X值设置

*P:	0.3	0.41	*C下限:	-0.15	-0.1
*C上限:	0.25	0.35	*N1值:	0.5	1.6
*N2值:	0.3	0.4	*价格权重:	0.4	0.5

Y值设置

☑ *Y值=1　☐ *Y值=真实均值价格/预测合理均值价格

模型名称：　预测的年份批次：　真实均值价格（万元）：

系统设置

*偏差值%：± 5　预测Y值与设置Y值允许的偏差范围！

*Step: 0.1　设置X每次递增值，只允许输入到小数点后两位！

本功能根据Step不同，所耗时间不同，请耐心等待！　确定　取消

图 7－8　采购策略参数设置界面

表 7－2　不同采购策略方案预测的 Y 值及其偏差（偏差在 1%以内）

序号	P	C 下限	N_1	N_2	价格权重	设置 Y 值	预测 Y 值	偏差%
1	0.3	－0.15	1.3	0.4	0.4	1	0.994311	－0.57
2	0.3	－0.1	1.3	0.4	0.4	1	0.996185	－0.38
3	0.3	－0.15	1.4	0.3	0.4	1	0.992428	－0.76

2）制定采购策略建模及智能推荐方面。通过将历史采购数据分为训练集和测试集，训练和验证多元线性回归的采购策略智能推荐模型，角钢塔 Q420 的采购策略推荐模型推荐 3 组优选策略。

3. 实践成效

（1）充分挖掘海量历史采购数据潜在价值，明确价格传导机制。对集中采购约 100

万+行的历史数据进行挖掘，挑选近 50 项内、外部影响因素指标进行量化分析，测算其在不同提前期下与价格之间的相关性，明确了采购价格的传导机制。

（2）创新性构建预测精度较高的铁塔合理价格预测模型。由传统定性分析为主的价格预测，推动至定量价格预测，同时结合内、外部因素，实现合理价格预测，作为数据驱动业务升级的典型应用，显著提升了采购服务支撑能力。

（3）开拓性构建基于大数据算法的采购策略模型。在集中大规模物资采购中量化采购策略，以合理价格为目标，构建采购策略模型，实现采购策略智能制定，应用效果良好，模型验证精度达 95%以上，实现对采购价格的科学管控，避免采购价格过高，取得可观经济效益。以某省公司为例，其 2022 年输变电项目线路材料采购金额 245 亿元，按采购策略制定提升节资率 0.5%估算，节约采购成本 1.225 亿元，取得可观的经济效益。

第八章

国家电网公司采购展望

国家电网公司采购管理经历了从分散到集中、从粗放到精益、从单一采购业务向全供应链管理的跨越式发展。面向新时代新阶段，国家电网公司将采购作为落实国家政策和公司战略的重要抓手，发挥超大规模采购的应用驱动、需求牵引作用，聚焦“效率、效益、效能”提升，建立市场激励机制，促进全链协同创新，推进采购业务向绿色、数智方向迈进，探索采购高质量发展路径。

第一节　采购导向绿色升级

为贯彻党中央碳达峰碳中和决策部署，加快构建生态文明体系，国家电网公司以高度的政治责任感和历史使命感，积极履行社会责任，以绿色现代数智供应链建设需求牵引为主线，以绿色采购为切入口，紧扣“绿色、现代、数智”发展主题，发挥国家电网公司超大规模市场优势和采购杠杆作用，聚焦产品、链上企业维度。强化绿色物料管控，创新构建绿色低碳标准、评价、认证体系；强化绿色采购导向作用，深化运用绿色采购策略，健全供应链全业务环节应用驱动机制；加强绿色低碳技术应用，升级数字服务平台。降碳、减污、扩绿，以实际应用带动产业链上下游生态绿色低碳发展同频共振，赋能产业链绿色低碳生态转型升级联动，显著提升公司供应链影响力、带动力以及竞争力，带动采购绿色低碳发展，打造具有国网特色的绿色低碳可持续发展模式，服务公司绿色现代数智供应链高质量发展，助力国家“双碳”目标愿景实现。

一、绿色采购概述

（一）绿色采购概念

根据GB/T 33635—2017《绿色制造　制造企业绿色供应链管理　导则》，绿色采购是指企业在采购活动中，推广绿色低碳理念，充分考虑环境保护、资源节约、安全健康、循环低碳和回收促进，优先采购和使用节能、节水、节材等有利于环境保护的原材料、产品和服务的行为。以采购为切入点，不断完善绿色采购标准与制度，实施企业绿色采购，不断完善绿色采购标准与制度，促进企业社会责任的实现，提高采购效率和质量，减轻环境和社会压力，推动可持续发展；通过引导绿色采购行为，推动供应链中的企业改善环境性能，减少资源浪费和污染排放，推动供应链绿色转型，促进社会经济可持续发展。

（二）绿色采购特点和基本要素

绿色采购具有环保性、持续性、综合性和合作性的特点。绿色采购推广绿色低碳理念，其核心在于环保，是一种追求节能减排、节能高效和对环境友好的采购方式，能够实现企业降低成本，促进社会可持续发展。同时，绿色采购作为绿色供应链的一部分，通过协调企业与供应商、社会组织、政府等相关方合作，推进整个供应链的绿色转型。

在实施绿色采购时，应统筹采购前端标准建立、供应商审核、采购实施、供应链管理及后评估，考虑如下五个基本要素：①环境标准，作为绿色采购的基础，主要包括能源消耗、废物排放、化学物资使用、可持续性等；②供应商审核，作为绿色采购的关键，主要包括评估供应商的环保性能、环保政策和管理制度等；③绿色产品采购，作为绿色采购的核心，主要包括产品的环保特性、全寿命周期成本等；④绿色供应链管理，作为绿色采购的支撑，主要包括设计、采购、生产、物流、使用、报废、回收等；⑤绿色采购评估，作为绿色采购的闭环，主要包括效果分析、影响评价、问题发现、闭环反馈等。

（三）绿色采购发展历程

美国密歇根州立大学的制造研究协会行了一项“环境负责制造”的研究，旨在综合考虑制造业供应链中的环境影响和资源优化利用，并于 1996 年首次提出了绿色供应链（Green Supply Chain Management，GSCM）的概念。绿色供应链管理主要包括绿色采购、企业内部环境管理和绿色营销三部分内容。1998 年，Carter 对绿色采购进行了定义：“所谓绿色采购，是指包含在供应链管理中的考虑环境因素的采购行为，以利于再循环、再使用和资源减少。”绿色采购经历了从起步阶段到标准化、法规推动、供应链管理、技术推动以及国际合作与共享等多个阶段的发展。未来，随着可持续发展理念的进一步普及和技术的不断创新，绿色采购将继续发展壮大，成为企业可持续发展战略的重要组成部分。

二、国家电网公司绿色采购创新实践

为贯彻国资委对中央企业“应发挥绿色低碳消费引领作用，强化产品全寿命周期绿色管理，扩大绿色低碳产品和服务的有效供给，率先执行企业绿色采购指南，建立健全绿色采购管理制度，推进绿色供应链转型”的要求，国家电网公司进一步规范电网企业绿色采购，组织编制了《电网企业绿色供应链建设导则》企业标准，标准包含通则、采购管理物流与仓储、回收与利用、评价规范等部分。其中采购管理部分，对物料绿色属性识别、物料绿色属性核查、物料绿色属性控制、绿色采购策略、绿色采购评审、绿色采购质量管控、供应商绿色管理、持续改进等方面做出了进一步规定和要求。在采购管理过程中，将降碳、降污、扩绿纳入物料采购与合格供应商评价标准，通过识别所采购物料的绿色属性，在采购过程中审核供应商的绿色特征，引导供应链上下游企业共同实施绿色减排措施。

（一）绿色物料管控

国家电网公司紧密围绕“双碳”目标，将绿色低碳理念融入物料选型。首先对物料属性进行绿色识别，依据绿色产品、生态设计产品评价等国家标准，从资源节约、能源降耗、低碳循环、环境保护、健康安全等方面，梳理明确物料的绿色低碳属性，建立物料绿色属性概念，从采购源头鼓励企业绿色发展。物料绿色属性可分为一级属性和二级属性。一级属性主要分为资源节约、环境保护、能源降耗、健康安全、低碳循环、绿色装备等；二级属性是一级属性的细分，如表 8－1 所示。

表 8－1　电网物料绿色属性分级表

一级属性	二级属性				
资源节约	原材节约	回收利用	包装及包装材料	可降解性	……
环境保护	原材风险	大气/水环境	固体废弃物	环境风险	……
能源降耗	功耗	其他节能措施	……		
健康安全	噪声	电磁辐射	振动干扰	……	
低碳循环	低碳物料	……			
绿色装备	产品性能	……			
……	……				

1. 物料绿色属性概念及分类

依据物料绿色属性的每个二级属性进行强度控制分类，根据国家法律法规、国家标准等具体判定情况分为强制控制项和优先控制项，强制控制项可包括通用强制控制项和专用强制控制项，如表 8－2 所示。

表 8－2　　电网物料二级绿色属性强度控制类别

<table>
<tr><th>控制强度类别</th><th>控制项定义</th><th>判定依据</th><th>控制标准</th></tr>
<tr><td rowspan="2">强制控制项</td><td>通用强制控制项：
所有电网物料均应符合的绿色属性</td><td rowspan="2">国家法律、法规；国家标准、行业标准、企业标准等</td><td rowspan="3">是否具备某条件、是否达到某指标值</td></tr>
<tr><td>专用强制控制项：
某类电网物料应当符合的绿色属性</td></tr>
<tr><td>优先控制项</td><td>某类电网物料中，鼓励应用的绿色属性</td><td>国家法律、法规；国标、行标、企标等；电网物料设计、生产、运行、回收等阶段的绿色属性审核结果</td></tr>
</table>

2. 物料绿色属性核查

跟踪收集法律、法规、标准和相关方要求，识别核查采购设备资源节约、能源降耗、环境保护、健康安全、产品性能等绿色属性，形成物料绿色属性核查单。核查单包括物料类别、绿色属性、判定依据等内容。以各类物料的核查单内容为基础，汇总各类电网物料的绿色属性，建立健全电网物料绿色属性信息库，完善绿色低碳标准体系，形成设备绿色采购标准，健全绿色固化技术规范，为绿色节能设备采购提供技术标准支撑。

绿色属性信息库可根据属性内容是否通用，分为通用属性信息库和专用属性信息库。进一步构建物料绿色属性信息库信息化平台，将绿色属性库与现有物料主数据相结合。对于存量物料，建立绿色属性对应关系，同步扩展对应绿色属性库，实现数据联动。

利用物料碳足迹核算对绿色物料分级分类。通过应用 LCA 方法研究建立重点物料的碳排放核算标准、碳排放数据模型和碳减排技术清单。研究典型电工装备、装备制造企业、公司供应链的碳足迹核算边界及数据清单，分级分类构建标准统一、科学规范的碳足迹核算模型，实现装备全寿命周期、企业全范围、供应链全环节碳排放跟踪，量化评估装备、企业、供应链碳减排成效，为公司绿色采购策略及标准制定提供依据。

3. 物料绿色属性控制

强化物料绿色属性信息库管理。避免高耗能高污染的电网物料，优先选择绿色属性强的电网物料。不断优化电网物料的绿色属性，推广绿色属性较强的物料，促进“双碳”目标的实现。

深化物料绿色属性技术规范标准。统筹设备技术标准、采购技术规范和专业管控要求，兼顾历史采购数据和当期实际需求，精简物料选型，减少备品备件，推动参数标准化、接口规范化，提升国家电网公司电网装备通用互换水平，提升社会规模化生产效益，实现资源标准化、减量化利用目标。

落实物料绿色属性采购环节控制。在招标采购活动中加强物料绿色属性信息库的应用，不断优化供应商的准入条件，量化供应商评标阶段绿色环保等评分要素，助力供应商绿色转型，实现节能减排、可持续发展。

（二）绿色采购策略

1. 绿色物料优先采购

（1）深化采购需求管理。推进全网采购需求统一管控、全链统领，推动需求预测、采购安排、物资生产、运输交付与工程可研、初设、施工、结算进度的精准衔接、科学排程，提升采购需求执行效率。逐步建立、动态优化绿色低碳采购目录，持续强化绿色采购导向。

（2）推进物料绿色选型。推广绿色发展理念、支撑新型电力系统建设。将水电主机、风电机组、光伏组件、储能电池等新能源工程物资，高效能变压器、环保气体环网柜、免镀锌金具等节能环保电网物资，取得绿色、节能认证标识办公用品等通用物资，纳入专项绿色低碳采购目录清单；协同相关专业部门，建立高耗能、高碳排、污染环境物资品类（如 S13 型变压器、SMC 计量箱等）动态退出采购目录机制，强化绿色低碳产品采购导向，推动绿色设计和绿色服务招标采购，有效降低建造全过程资源消耗和环境影响，减少碳排放，带动上下游企业绿色发展。

2. 绿色物料集中采购

充分发挥链主企业的绿色指导作用，将绿色低碳理念贯穿于采购活动中。深化采购模式应用，推进所有采购上平台，降低采购成本，强化绿色低碳政策法规、标准规范应用。坚持“先利库、后采购”的原则，降低库存积压助力减少资源浪费；坚持集中规模采购原则，加强统一管理助力采购可持续发展；坚持科学安排采购批次，降低采购成本助力供应链整体降碳减排。落实降碳节能减污工作要求，带动产业链供应链上下游企业协同发展。

（1）发挥平衡利库先导作用。采购过程中以“绿色采购”为指导方针，坚持“先利库、后采购”的原则，强化内部协同管理、合理降低物资储备、降低库存占用。动态更新利库实物清单，定期将库存数据与物资提报人员沟通，督促使用人合理利用结余库存，物资需求申报、采购等阶段多次平衡利库，杜绝“边积压，边采购”现象，有助于减少资源浪费、降低环境污染，为企业带来长期的经济效益和可持续发展。

（2）坚持集中规模采购原则。对需求规模大、采购规范统一的品目，实施批次采购；对需求紧急、响应要求高、同质性强的品目，实施框架协议采购；对规格品种多、需求频次高、规模难以预测的零星物资，实施电商专区交易；确保绿色采购政策统一推广，充分发挥绿色采购的规模效应。同时，有利于统一管理和监督供应商的执行情况，有助于推动整个产业链向更环保、更可持续的方向发展。

（3）科学安排集中采购批次。紧密对接采购需求，对接市场主体，灵活运用“班车+专车”、协议库存、应急采购等多种方式合理安排采购批次，统筹物资库与专业仓实物储备、协议库存剩余份额等因素，适当压减、归并采购批次，合理安排批次数量，提高单个批次采购规模，充分发挥批次规模效应，提升招标采购效率，有效控制采购成本，降低供应链整体碳排。通过大宗采购的优势，提高公司谈判能力，获取价格优势，要求供应商提供更环保、更可持续的产品和服务，加强对绿色供应链的管理。

（三）绿色采购评审

推进采购评审绿色导向，融入绿色低碳理念，立足电网和产业发展实际，发挥绿色采购实践指导作用。落实降碳、减污、扩绿、增长协同推进的工作原则，将环保失信行为，政府绿色制造认证，质量、环境、能源、健康安全等体系认证要素，清洁生产、企业碳核查、产品碳足迹等审核要素，逐步研究纳入招投标环节；将绿色采购、绿色物流、绿色供应商、绿色产品等方面要求和违约处置条款，逐步研究纳入合同文本。增加评审供应商绿色体系，逐步加大绿色低碳导向力度，助力供应商加快绿色低碳转型，全面推动绿色采购。

1. 评审要素绿色导向

（1）建立绿色低碳评价体系。遵循从低碳到绿色的路径，构建绿色低碳体系。坚持先梳理后新设，面向产品、链上企业，按照技术标准、管理标准、工作标准维度，梳理国内外现行绿色低碳相关的国家标准、行业标准、地方标准、团体标准、企业标准等，建立绿色低碳标准体系。坚持先核算后评价，参考 ISO14067 标准、PAS2050 等产品碳排放标准以及 ISO14064、GHG protocol 等企业碳排放标准构建碳排放核算模型；参考低碳产品评价技术通则、CATI 指数、CITI 指数、《企业碳评价标准》等碳评价相关标准构建碳排放评价模型，建立低碳评价体系。坚持先联合后自主，以标识为抓手，探索实施绿色低碳认证工作。以电工装备为切入点，推动认证标准的制定。

打造国网自有的绿色低碳认证标识目录，在第三方检测认证机构等支持下开展绿色低碳自主认证服务，实现国网自有绿色低碳认证标识的广泛应用，建立绿色低碳认证体系。

1）降碳评价指标。在资格预审批次和采购批次过程中，从绿色制造、管理体系、企业碳减排、产品碳减排、企业绿色物流等方面对供应商进行评价，助力上下游协同降碳。在企业碳减排上，评审供应商减排承诺、排放现状、减碳目标及措施成效等情况；在产品或服务上，评审供应商生产产品/提供服务的碳足迹，包括核算边界范围、数据可信程度，减碳措施应用及成效等情况；在绿色物流方面，评审企业绿色物流报告，如新能源车辆使用、集装单元化运输、串点联运（多式联运）、ELP 运输监控等绿色运输开展情况，减量化、无害化、可回收性、可再生性、可降解性绿色包装材料应用情况，设备包装回收利用情况，促进供应商绿色转型。

2）减污评价指标。在绿色制造方面，评审供应商生产经营活动中的环境行为、生产产品中的有害物资使用情况；在发展水平方面，评审供应商建立实施质量、环境、能源、职业健康安全管理体系情况。同时建立投标禁入名单，在评审过程中将未提供企业环境监管结果的、列入环保不良企业名单的或处于环保处罚状态等的企业列入投标禁入名单。

3）扩绿评价指标。在绿色制造方面，评审供应商绿色发展程度，获评政府主管部门颁授绿色企业、绿色工厂、绿色供应链荣誉情况。

降碳评价指标、减污评价指标、扩绿评价指标见表 8－3～表 8－5。

表 8－3　　降碳评价指标表

评价维度	评价项	评价要素
企业碳减排	“双碳”承诺	明确承诺碳达峰碳中和时间，符合碳达峰碳中和要求
	碳排放现状	提供基于碳排放核查报告的近三年企业碳排放数据，报告可由第三方机构出具或企业自行完成，碳排放数据覆盖范围 1（直接温室气体排放）、范围 2（电网产生的间接温室气体排放）、范围 3（其他间接温室气体排放）和总量
	碳减排目标	提供近三年内范围 1（直接温室气体排放）、范围 2（电网产生的间接温室气体排放）、范围 3（其他间接温室气体排放）和总量减排目标
	碳减排措施	提供企业碳减排措施，措施科学合理、取得成效并有佐证材料
	碳信息披露	通过企业官网、权威媒体、公共平台、发展报告等途径，准确披露“双碳”承诺、碳减排目标、碳排放现状、碳排放设施等信息
产品碳减排	产品碳足迹核算	核查产品碳足迹报告覆盖的核算阶段（原材料获取、原材料运输、产品生产、产品运输、产品使用、产品回收 6 个阶段），报告可由第三方机构出具或企业自行完成
	产品碳减排措施	提供产品碳减排措施，措施科学合理、取得成效并有佐证材料

续表

评价维度	评价项	评价要素
企业绿色物流	绿色运输	近三年绿色运输开展情况及成效、下一步工作计划，内容包括但不限于新能源车辆使用、集装单元化运输、串点联运（多式联运）、ELP 运输监控等
	绿色包装	近三年绿色包装材料使用情况及成效、下一步工作计划，内容包括但不限于材料减量化、环保性与可回收性、可再生性、可降解性、无害化技术说明等
		近三年包装材料利用开展情况及成效、下一步工作措施，内容包括但不限于可重复利用包装产品清单和使用方法、回收利用包装产品清单和使用方法、简化包装结构技术说明、回收利用包装产品认证情况等

表 8-4　　减污评价指标表

评价维度	评价项	评价要素
绿色制造	环保行为准入	提供企业环境行为承诺书。是否被环境保护部门评定为“环保不良企业”或“处于环保处罚停产状态”
	有害物资限用	提供有害物资限用声明。电子电气类设备是否按照国家要求限制有害物资使用
管理体系	质量管理体系	建立并实施质量管理体系，获得第三方认证证书
	环境管理体系	建立并实施环境管理体系，获得第三方认证证书
	能源管理体系	建立并实施能源管理体系，获得第三方认证证书
	职业健康安全管理体系	建立并实施职业健康安全管理体系，获得第三方认证证书

表 8-5　　扩绿评价指标表

评价维度	评价项	评价要素
绿色制造	绿色企业	开展绿色企业建设，获得政府主管部门颁授证书或入选名单
	绿色工厂	开展绿色工厂建设，获得政府主管部门颁授证书或入选名单
	绿色供应链	开展绿色供应链建设，获得政府主管部门颁授证书或入选名单

（2）绿色要素纳入评审标准。从绿色制造、管理体系、企业碳减排、产品碳减排、企业绿色物流等方面对供应商进行绿色评审，在采购实施过程中，结合所采购物资类型，选用如下全部或部分绿色采购评审要素，在采购文件中设定合理的评审标准，助力实现分级分类绿色采购。深化绿色低碳评价体系和认证体系应用，将绿色采购要素、绿色供应商和绿色产品等纳入标准合同文本，完善采购文件绿色采购评审细则，约束供应商履行其环境行为承诺、碳减排承诺、绿色运输承诺、绿色包装承诺等投标响应。

深化绿色低碳评价体系应用，构建供应商降碳减污扩绿绩效评价标准，纳入招标采购中应用，按照“要求提供、纳入评审、实施否决”先后原则，开展碳足迹核算，摸底电工装备供应商绿色发展现状，明确投标人绿色低碳评价要求，并逐步提高，通过采购助力作用带动供应商强化环保合规意识、测算碳排放情况、采取减碳措施、开展绿色生产，引导供应商持续提升绿色绩效。

绿色采购评价要素见表 8－6。

表 8－6　　绿色采购评价要素

评审维度	评审项	评审项内容	评审载体	备注
绿色制造	绿色企业 绿色工厂 绿色供应链	开展绿色企业、绿色工厂、绿色供应链建设，获得政府主管部门颁授证书或入选名单的，分别按国家级、省级、地市级及未获得证书（未入选名单）进行评分	证书入选名单	
	环境行为承诺	承诺在生产经营活动中，遵守环保法律、法规、规章、规范性文件、环境标准和履行环保社会责任，未被环保部门认定为“环保不良企业”，未处于环保处罚停产状态，按供应商提供《企业环境行为承诺书》进行评分；其中，电子电气类设备的投标人，还须提供《有害物资限用声明》	《企业环境行为承诺书》《有害物资限用声明》	《企业环境行为承诺书》《有害物资限用声明》需加盖公章，法定代表人、授权委托人代表亲笔签署
管理体系	能源管理体系	建立并实施能源管理体系，获得第三方认证证书	认证证书	
	职业健康安全管理体系	建立并实施职业健康安全管理体系，获得第三方认证证书	认证证书	
	环境管理体系	建立并实施环境管理体系，获得第三方认证证书	认证证书	
	质量管理体系	建立并实施质量管理体系，获得第三方认证证书	认证证书	
企业碳减排	“双碳”承诺	按是否明确承诺碳达峰碳中和时间，且符合碳达峰碳中和要求进行评分	企业碳减排报告	企业碳减排报告需加盖公章，法定代表人亲笔签署。 范围 1：直接温室气体排放。 范围 2：电网产生的间接温室气体排放。 范围 3：其他间接温室气体排放
	碳排放现状	提供基于碳排放核查报告的近三年内企业碳排放数据，按报告为第三方机构或企业自行完成分别设置不同分值进行评分。碳排放数据应覆盖范围 1、范围 2、范围 3 和总量，覆盖不全的，不得分		
	碳减排目标	按供应商是否提供近三年范围 1、范围 2、范围 3 和总量减排目标进行评分		
	碳减排措施	按供应商提供的企业碳减排措施，措施是否科学合理、取得成效并有佐证材料进行评分		
	碳信息披露	按企业是否通过企业官网、权威媒体、公共平台、发展报告等途径，准确披露“双碳”承诺、碳减排目标、碳排放现状、碳排放设施等信息进行评分		

续表

评审维度	评审项	评审项内容	评审载体	备注
产品碳减排	产品碳足迹核算	提供第三方机构出具的投标产品碳足迹报告，且核算边界覆盖6个阶段；核算边界覆盖不全，但覆盖原材料获取、原材料运输、产品生产的；核算边界未覆盖原材料获取、或原材料运输、或产品生产的。 提供企业自行完成的投标产品碳足迹报告，核算边界覆盖6个阶段的；核算边界覆盖不全，但覆盖原材料获取、原材料运输、产品生产的；核算边界未覆盖原材料获取、或原材料运输、或产品生产的，未提供投标产品碳足迹报告。 按前述不同情形设置分值进行评分	投标产品碳足迹报告	6个阶段：原材料获取、原材料运输、产品生产、产品运输、产品使用、产品回收
	产品碳减排措施	提供投标产品碳减排措施，措施科学合理、取得成效并有佐证材料	投标产品碳减排技术清单	
企业绿色物流	绿色运输	提供近三年内绿色运输开展情况及成效、下一步工作计划，内容包括但不限于新能源车辆使用、集装单元化运输、串点联运（多式联运）、ELP运输监控等，视报告质量进行评分；未提供绿色运输报告不得分	企业绿色运输报告	
	绿色包装	提供近三年内绿色包装材料使用情况及成效、下一步工作计划，内容包括但不限于材料减量化、环保性与可回收性、可再生性、可降解性、无害化技术说明等，视报告质量进行评分；未提供绿色包装材料部分不得分	企业绿色包装报告	
		提供近三年内包装材料利用开展情况及成效、下一步工作措施，内容包括但不限于可重复利用包装产品清单和使用方法、回收利用包装产品清单和使用方法、简化包装结构技术说明、回收利用包装产品认证情况等，出具报告绿色包装回收部分质量进行评分；未提供包装材料利用部分不得分		

2. 评审过程绿色低碳

（1）采购模式。灵活采用“远程异地、网络协同”招投标模式，实现招标、投标、开标、评标、定标全流程在线作业；推广智能采购机器人，不断提高招投标工作无纸化率，免费在线提供招标（采购）文件、资格预审文件、废旧物资竞价文件，降低供应商参与投标活动成本；构建标准化、结构化、数字化的供应商资质业绩库，助力供应商实现投标文件一键生成、智能提报。通过数智赋能降低企业资源消耗和碳排放，助力实现全链数字化、智慧化、协同化、低碳化作业，有效降低供应链全环节人耗、物耗、能耗。

（2）评审过程。应用全流程电子化采购提升采购效率，充分发挥数据作为企业战略性资源的重要作用，深入推进业务数字化转型，以数字赋能智能采购，持续推动采购设备质量提档升级，以精益智能评审为手段，实现绿色数智采购。

1）灵活配置评审规则。应用人工智能技术，将供应链内外部数据在采购评审环节深化应用，推广客观量化评审，精益智能辅助评审按照“筛选＋汇总”的模块化评审规则配置思路进行功能设计，使评审规则通过筛选层和汇总层两个模块分步进行配置。

2）初评辅助智能否决。智能校验和识别，以大数据思维，打通精益智能辅助评审功能与外部数据库之间的联系，引入天眼查、信用中国外部数据，准确评估投标人资信水平、经营情况是否满足招标要求，并对投标文件业绩信息、相关材料真实性进行校验，进一步杜绝不合格投标人通过弄虚作假的方式取得中标资格。

3）详评辅助量化评分。依据招标文件及电子商务平台详评模板，梳理关键因素，明确分档标准，形成一整套规范的量化评审细则，客观分值占比不低于 70%。

（四）供应商绿色引导

1. 推进绿色采购全面落地

（1）开展绿色供应商资质能力核实。将供应商绿色管理体系、绿色工厂认证、绿色产品标识、绿色采购制度、环评能评报告、污染排放报告等绿色低碳信息逐步纳入资质能力信息核实范畴。引导供应商使用无害材料、应用节能设备和工艺；开展供应商动态考核，进行文件和现场核实，统计供应商天然气、煤炭、热力、电力等能源消耗量，并公示结果，对比同类供应商能源消耗水平。拓展电工装备智慧物联平台 EIP 功能，创新应用“云核实”＋现场复查方式，收集企业能源消耗数据，核实供应商绿色低碳信息，掌握供应商绿色生产情况，服务企业绿色发展。

（2）加强供应商生产制造过程跟踪。深化设备监造、抽检过程管理，推广电工装备智慧物联平台 EIP 应用，实时采集数据，智能监测产品能耗指标，跟踪管理原材料组部件、主要工序及出厂试验；开展环境保护、污染治理等过程追踪和数据收集；助力供应商加快清洁生产、推动绿色低碳转型。

（3）创新绿色采购金融服务。结合供应商绿色低碳评价，基于绿色采购结果，联合金融机构创设优惠的供应链绿色金融产品，为绿色供应商拓宽融资渠道，降低融资成本。合作开展绿色融资、绿色保险等多元化金融服务，探索绿色供应链中的碳资产开发和碳金融服务，构建绿色金融服务、绿色发展市场机制，引导支持供应商加大绿色低碳转型投入，促进全供应链脱碳减排增绿。

2. 强化供应链全环节应用驱动

（1）实施物资绿色质量监督。深化绿色低碳认证体系应用，研究绿色认证产品免检制度。开辟快速检验检测通道，试行绿色低碳物资“优先检测”“优质少检”。严格物资抽检制度，物资安装使用前，组织物资抽样检测，检验验证所供物资性能参数、绿色条款是否满足采购要求、合同要求。重点检测绿色低碳设备，如高效节能配电变压器等，确保每台设备空载损耗、负载损耗等能效指标达标。加快检验检测标准化、数字化建设，实现检验检测数据标准统一、数字化传输共享。

（2）深入推进绿色物流管理。探索绿色物流体系建设，实施配送状态全程在线监测。引导供应商和承运商优化装载策略、选用环保车型，合理规划布局物流运输线路，降低物流对环境影响。推广电力物资零碳仓库技术标准，试点建设“零碳”检储配基地，实现仓储日常运营及物资物流运输的绿色化、低碳化。研究探索产品本体价与物流成本相分离招投标评价机制，努力降低物流成本。

（3）加强施工安装绿色管控。采用绿色性能优良的建筑材料，遵循“计划备料、限额领料、合理下料、减少废料”的原则，根据施工进度、材料使用时点、库存情况等制订材料采购和使用计划。建立施工机械设备数据库，采用高性能、低噪声和低能耗的机械设备，实现施工安装环节绿色低碳。

三、国家电网公司绿色采购实践案例

（一）案例背景

国家电网公司坚决落实国网绿链部署，主动践行“应用驱动、需求牵引、采购落地”的工作思路，抓牢“三聚力”，争创“三突破”，加快推进实践，成为《中国绿色供应链发展报告2021—2022》中入选“示范性绿色供应链实践企业”六家企业之首，在绿色采购方面实施了一系列的实践并取得了巨大的成效。

（二）特色做法

1. 聚力绿色物料属性，深化采购标准绿色升级

识别物料绿色属性。物料的绿色属性是推进绿色采购的基础。依据绿色产品、生态设计产品评价等国家标准，收集法律法规标准和相关方要求，从资源节约、环境保护、低碳循环、能源降耗、健康安全等方面，识别物料的绿色属性和控制指标，纳入物料标准化体系管理。截至2022年底，核查85类物料，形成核查单63份，识别绿色属性436条，引用标准70余项。

研究物料碳核算。推进供应链“碳双控”，产品的碳足迹核算是建立产品碳足迹核算标准、实现碳排放量化评审的基础。组织内外部单位，依据 ISO 14067—2013《温室气体　产品的碳足迹　量化要求和指南》等标准，建立电工装备碳足迹核算模型，完成电工装备碳足迹核算导则，编制变压器、电力电缆等 5 类典型装备碳足迹核算技术规范，完成冀北企标报批。

2. 聚力绿色采购策略，提升采购计划绿色能效

（1）强化绿色物资采购导向。理解把握节能环保产品政府采购执行机制的实施内涵，试行绿色物料强制采购优先采购。强制采购高效能变压器，减少碳排放 14.2t、节约标准煤 7429.8t、减排二氧化硫等污染物 9.1t。优先采购空气绝缘柱上断路器、免镀锌金具等绿色物料。制定生态工作服采购标准，完成电商专区上架。有序推进高耗能、高碳排、污染环境物料退出采购，禁报 S13 型变压器、SMC 计量箱新增需求。

（2）坚持集中采购模式应用。借鉴欧盟绿色公共采购手册的推荐工具，将集中采购纳入绿色采购范畴，落实节本降碳，统一推广绿色采购政策。探索采购活动碳排放核算模型，经测算在 2022 年的集中采购活动中，节约纸张约 2666 万张，减少出行 24868 人次，减少碳排放 1804t。推广子公司集合采购，2022 年压降采购批次 50%、提升批次平均规模 2 倍。

（3）深化库存资源高效利用。把提高资源利用效率作为推动绿色发展的重要举措。实施采购需求总量管理，严格“先利库、后采购”机制，全面应用全品类物料组采购模式，核减协议库存采购规模；年内新增采购协议执行率 112%；压降超期协议库存，首次实现年内基本清零；实现利用实物库存，库存水平位居全网第 3 低位。

3. 聚力绿色采购评审，推进采购设备绿色入网

（1）构建绿色低碳评价指标。落实降碳、减污、扩绿、增长协同推进的工作原则，构建 3 方面 13 项绿色评价指标，纳入新增采购实施。在降碳方面，考量企业的碳排现状和减碳的目标措施成效，考量产品的碳足迹和减碳技术应用；在减污方面，考量企业的四大管理体系、环境保护信用、有害物资限用；在扩绿方面，考量企业的绿色企业、绿色工厂、绿色供应链建设情况。

（2）推进绿色要素评审。坚持系统观念，立足电网和产业实际，统筹供应链安全稳定和绿色低碳转型，遵循“调研市场、纳入评审、实施否决”的先后步骤，逐步摸

清供应商群体绿色发展状况，逐步加大绿色低碳导向力度，稳中求进推动绿色采购。与2022年初相比，绿色评审得分率低于10%的投标人占比由88.3%降低至39.4%，开展降碳工作的由11.6%提升至38.6%，通过能源认证的由5.4%提升至8.2%，获评绿色企业、绿色工厂、绿色供应链的由8.2%提升至39.6%。

（3）推行有害物资限用。推动有害物资替代和减量，是采购绿色产品的重要手段。目前，采用检测认证方式，既存在标准理解把握不透彻、检测报告不普及的问题，又面临高成本、应用滞后、仅对样本负责等困难。立足市场实际，参考联想、惠普等先进经验，依据GB/T 26572—2011《电子电气产品中限用物质的限量要求》等国家标准，选取电源系统、电压在线监测装置等30余种电子电气类物料，采用有害物资限用声明的投标人承诺方式，引导企业在设计制造过程中管控有害物资，2022年接收声明约750家次。

（三）实践成效

1. 推进行业绿色化升级

通过实践绿色采购管理，指导和规范电力企业践行绿色发展理念，发挥电力行业供应链核心企业的“链长”作用，参编GB/T 40600—2021《风电场功率控制系统调度功能技术要求》、GB/T 40604—2021《新能源场站调度运行信息交换技术要求》、GB/T 37016—2018《电力用户需求响应节约电力测量与验证技术要求》等国家标准19项，并推广应用于招标采购。识别436个物料绿色属性，在1.05万家核心供应商中推广2203个标准物料采购。良乡中心库、承德上板城、廊坊固安等6家仓库获评“中国绿色仓库”，所属4家市供电公司建成废旧蓄电池专用仓库。发布“电力看冬奥”等31项大数据产品，获得国家能源局、北京冬奥组委、河北省政府批示肯定。

2. 推动供给侧结构性改革

实施电力企业供应链绿色化管理，推动供给侧生产方式的绿色低碳化改造，从供给侧减少乃至淘汰高污染、高耗能、高排放企业和落后产能产品，解决产业结构不合理、绿色制造比重偏低、环境污染较大等可持续发展问题。有助于形成绿色发展市场化机制，促进企业主动寻求绿色化发展，推动节能、环保和人体健康安全等管理从政府主导向市场主导转变。以支撑碳达峰碳中和目标为主要技术方向，通过发布“关于面向全社会公开征集新技术（新产品）的公告”，诚邀潜在供应商提供具备创新性、安全性、可靠性的新技术（新产品）。发挥上下游产业链供应链服务优势，在绿色采购中应用产品信息全寿命周期一码追溯，完善招标评审规则，引导供应商绿色运营、清洁制造。鼓励低碳原材料组部件创新、无害化减量化包装。

3. 提高企业品牌形象

通过建立电力企业绿色供应链管理标准体系，提升我国电力企业在全球产业链分工中的绿色核心竞争力，提高电力行业企业美誉度。风光储可持续发展范例获得“金钥匙—面向 SDG 的中国行动”低碳发展类冠军奖，在联合国气候变化大会中国企业馆发布。“基于现代智慧供应链思维的物资质量管理体系创新与实践”“构建源—网—荷全过程精益化能源管理体系，助力碳达峰碳中和及能源互联网绿色低碳发展”获第三十五届北京市企业管理现代化创新成果二等奖，“基于全过程管理的六氟化硫循环再利用创新与实践”获 2020 年电力行业质量创新成果二等奖，“基于供应链智慧运营的精益库存管理体系的构建与实施”入选中国仓储与配送协会行业典型案例。2021 年发布绿色供应链倡议书，人民网、中国电力网、中国物流与采购联合会等多家媒体报道。

四、国家电网公司绿色采购未来发展方向

（一）绿色采购体系更加标准化

随着碳达峰碳中和政策的全面实施，对资源利用和环境保护提出了更高要求，同时也对采购标准提出了新要求。为贯彻落实国家标准化发展纲要，定位供应链标准“领跑者”，发挥产业主导优势，国家电网公司利用丰富的业务及应用场景形成标准建设成果，系统性规划贯穿全链业务环节、产品服务的统一标准体系架构。通过不断完善绿色采购低碳体系，优化采购阶段设置的绿色采购评审要素，进一步量化投标人的原材料采购和产品技术标准等评审指标，更加客观化评审投标文件的响应情况，逐步体现低碳、绿色要素，深化绿色采购标准和认证体系，从而推进绿色采购的全面开展。

（二）绿色采购领域更加多样化

随着绿色采购应用领域的扩大，无论是政府机构、企业组织还是个人消费者，都将采用绿色采购方式，选择环境友好的产品和服务。推进电网运行节能降损。积极研究、开发、推广先进适用的节能降损新技术、新工艺、新材料与新设备。有序实施存量设备能效提升，积极开展电力变压器更新改造。严格执行环境保护标准，加强污染防治设施运维管理和技术监督，确保噪声、废水、电磁环境等达标。退役回收物资绿色处置。加强再生资源交易专区应用，加强统一回收商库建设，优选资质能力强的电

网物资回收商，细化处置过程管控，提高处置效率效益。规范危废品环保管理，加强专业存储设施建设，确保危废品转运、存储、处置不发生环境污染。建设绿色拆解分拣中心，由整台处置拆解为原材料处置，推动绿色拆解业务常态开展，防范报废物资回流风险。

（三）绿色采购链条更加协同化

随着政府、企业和社会组织等多方主体在供应链的不断汇聚，打通供应链业务全链条，构建绿色现代数智供应链生态网络，将绿色环保理念贯穿规划计划、设计制造、招标采购、物流运输、建设施工、运行维护、回收处置等全过程全环节，推动供应链数据贯通、资源共享、业务协同，实现链上企业融合发展，推动节能降碳、无毒无害、易降解回收等工艺及材料使用，推动节能低碳制造和节能设备应用，强化施工建设破坏保护区、污染生态环境的监管和惩罚机制。分阶段构建绿色采购体系，推动供应链绿色可研设计、绿色施工、绿色监理，深化绿色物流服务，推行简约绿色包装，强化绿色建设服务，推进再生资源高值化循环利用和绿色回收处置，推进供应链绿色发展升级。

（四）绿色采购平台更加数智化

随着数智化全面发展，深化应用 5G、人工智能、物联网、大数据、区块链等新技术，数字人民币等新业务。强化关键业务场景协同交互，推动电力装备网络化智能化转型发展，为供应链赋能赋效。升级建设行业级供应链公共服务云平台、基础大数据库和高端智库，以“大企业建平台、小企业用平台”的模式，向所有链上企业开放，提供“一网通办”服务。围绕供应链商流、物流、资金流、碳流、信息流，创新业务模式、运营模式、商业模式，推出战略规划、寻源比价、质量监督、检验检测、认证评价、仓储物流、绿色管理、数字转型、行业发展咨询、交流合作等供应链管理服务，推广标准查、开标查、履约查、行业查、绿色金融、供应链金融等数据增值服务，拓展供需匹配、交易撮合、支付结算等电商交易服务，发展协同设计、协同采购、协同物流、协同制造等线上协作服务，催生供应链数字经济新业态。

（五）绿色采购成果更加国际化

依托我国超大规模市场优势，以国内大循环吸引全球资源要素，强化资源、技术、装备支撑，推动国际产业和装备制造合作，提升境外投资质量和水平，增加境外分销和流通服务网点，逐步构建形成全球供应网络体系。促进绿色采购标准和认证一体化，积极参与国际产业合作及海内外供应网络建设，拓展同主要贸易国家（地区）和共建

“一带一路”国家（地区）的合作渠道，实现资源、产品和技术供应来源的多元化和目标市场的多样化，不断加强跨国合作及绿色采购经验交流，扩大全球绿色金融支持，提供更加全面的绿色金融服务，协调政府、国际组织和行业协会，实现绿色采购平台数据共享，促进全球范围内的绿色采购合作与政策交流，共同推动绿色供应链的建设，加速绿色采购在全球范围内的推广和应用，有效应对供应异常波动。

第二节　采购助力全寿命周期管理

一、全寿命周期采购概述

（一）全寿命周期采购的概念

全寿命周期管理（Product Lifecycle Management，PLM）是指在需求、规划、设计、生产、经销、运行、使用、维修保养、直到回收处置的全寿命周期阶段实施跟踪介入的管理理念和管理方式，是现代制造企业中一项重要的信息化发展战略，也是企业信息化过程中的一项关键管理技术。

全寿命周期成本（Life Cycle Cost，LCC）也被称为全寿命周期费用，是指产品在寿命周期或预期有效使用期间所发生的与该产品有关的所有成本，包括产品设计成本、制造成本、采购成本、使用成本、维修保养成本、废弃处置成本等。

全寿命周期采购管理是全面融合全寿命周期管理理念，以设备为主体，对设备采购安装成本、设备运行成本、设备维修成本、故障处置和设备报废成本进行建模计算，得出设备历史全寿命周期成本，并将其应用至招标采购环节，辅助选择成熟可靠、先进适用、经济高效的设备的管理活动。

（二）全寿命周期采购的特征

全寿命周期采购区别于传统仅关注一次性购买成本的采购行为，更聚焦于整个供应链条，关注全局性、长期性和竞争性，通过创新采购方式方法，降低供应链全链条成本，打造可持续、有竞争优势的双赢供应链。

（1）全寿命周期采购强调综合权衡，既是性能、可靠性、安全性、稳定性等诸多因素的权衡，也是费用与效益之间的权衡，通过多方权衡，实现设备全寿命周期经济效益最大化。

（2）全寿命周期采购管理的重点是实现整个寿命周期内的成本绩效最优，不再将一次性采购成本绩效最低作为采购优选指标，而是综合考量设备全寿命周期各个阶段的运行结果作为决策依据。

（3）全寿命周期采购管理的主要手段是全寿命周期成本管理，核心是由各阶段成本明确可量化的直接指标构成的计算公式，通过量化计算提高资产成本评价的准确性，进而评估全寿命周期采购效率。

二、国家电网公司全寿命周期采购创新实践

为应对传统采购聚焦设备一次性采购成本最低，忽视连续性重要生产设备高效运行带来的经济价值等问题，国家电网公司引进全寿命周期管理理念，坚持采购引领和全面统一管理，推动采购业务由设备单一比选向全寿命周期比选、内部协同向全链协同、策略驱动向数据驱动转变，建立设备全寿命周期采购管理的长效机制，真正发挥采购管理对电网设备质量提升的引领作用，实现采购设备“好中选优”，有力支撑新型电力系统建设。

（一）构建全寿命周期采购管理体系

将全寿命周期管理理念全面融入公司采购管理，实现数据架构、实施规则、落地平台“三统一”。

（1）以设备全寿命周期数据资产为基础，挖掘设备全寿命各阶段数据价值，研究数据应用目标内涵，构建设备全寿命周期采购比选的统一数据架构体系。

（2）以设备安全、质量、效益平衡协调为导向，建立设备 LCC 采购多维量化评价模型，全品类建立统一 LCC 采购实施指导规则。

（3）以实物“ID”全链应用为纽带，在线全链归集设备全寿命周期质量和成本信息，基于统一平台贯穿需求计划、招标采购、生产制造、产品交付、履约执行、退役回收各环节，实现公司级统一落地应用场景。

（二）推行全寿命周期质量评审

以全寿命周期质量指标（见表 8－7）作为采购评标的重要量化依据，用客观指标和运行数据实现对供应商的精准评价。其中，评审指标信息以供应商为主体，范围从招标前贯穿至运行环节，涵盖质量监督、运输验收、安装调试、运行维护、履约服务等环节，且可历史追溯多年运行结果。

表 8-7 全寿命周期质量指标

一级指标	二级指标	三级指标	数据来源
采购阶段评价	生产先进性	原材料组部件管控/工艺控制/试验检测	EIP 质量评价模块
	监造配合性	供应商质量问题发生率/监造配合度	ECP 绩效评价
	质量可靠性	抽检合格率	ECP 质量监督模块
		出厂试验一次通过率	ECP 质量监督模块
安装阶段评价	履约服务性	到货及时率/履约配合度/安装调试支撑	ECP 绩效评价
运行阶段评价	运行稳定性	质量缺陷累计扣分	PMS 设备
检修阶段评价	运行可靠性	运行故障率	ECP 绩效评价
		非计划停电累计扣分	PMS 设备
报废阶段评价	废旧处置情况	废旧资产回收收入	ECP 废旧专区

三、国家电网公司全寿命周期采购应用案例

（一）配网设备探索全寿命周期采购模型研究

1. 案例背景

自 2020 年起，某省公司开展设备全寿命周期采购试点工作，先后完成配网设备型号及供应商资质审查、直流 48V 通信电源设备全寿命周期采购试点应用、开关柜设备全寿命周期成本测算及模型优化等先行先试工作。2022 年，为持续提升电网实物 ID 实用化水平，选取“四小器”（电压互感器、电流互感器、耦合器、避雷器）及蓄电池组作为研究对象，开展设备全寿命周期采购模型研究，梳理各阶段成本费用构成，确定设备全寿命周期成本体系，并开展设备全寿命周期采购应用指标试算，提高设备全寿命周期成本评分项的分值占比，完成了蓄电池组设备全寿命周期采购应用，进一步提升了设备全寿命周期管理能力。

2. 特色做法

（1）构建配网设备全寿命周期采购模型。

1）构建全寿命周期成本模型。设备全寿命周期成本模型包括投入期成本、运维期成本、检修期成本、故障期成本和报废期成本，分别用 C1、C2、C3、C4、C5 表示（如图 8-1 所示），有助于及时了解并掌握公司资产设备从项目建设开始到最终报废整个过程的成本组成，掌控成本管理的薄弱环节，促进成本管控方法优化。

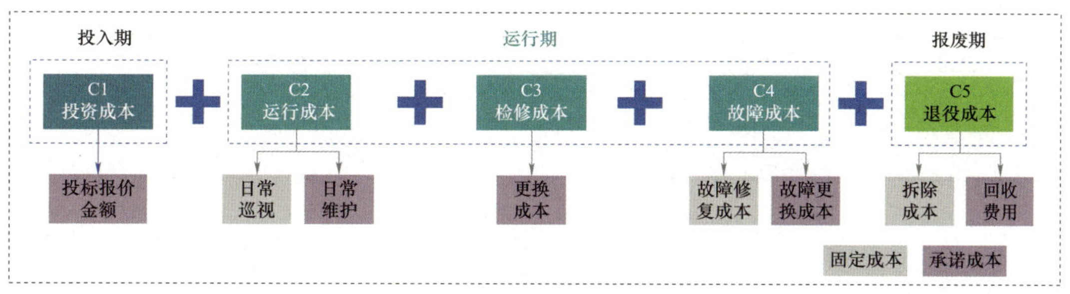

图 8－1　全寿命周期成本模型

2）构建全寿命周期采购打分模型。投标人成本数据由不同阶段成本数据构成，采用年均成本直接计算投标方 LCC 得分。

$$\text{LCC得分} = \frac{\max(\text{LCC}_{\text{年均}}) - \text{LCC}_n}{\max(\text{LCC}_{\text{年均}}) - \min(\text{LCC}_{\text{年均}})} \times 100$$

其中，LCC_n 的下角 n 表示投标人的编写。将投标方百分制得分对应不同档位得到设备全寿命周期成本评标分值，具体见表 8－8。

表 8－8　　投标人百分制得分与 LCC 评标分值对应关系

设备全寿命周期成本得分	档位	设备全寿命周期成本评标得分
95 分及以上至 100 分	第一档	15 分
90 分及以上至 95 分	第二档	12 分
80 分及以上至 90 分	第三档	9 分
70 分及以上至 80 分	第四档	6 分
70 分以下	第五档	3 分
无效数据	第六档	0 分

（2）开展配网设备全寿命周期采购应用。

1）在招标准备阶段，成立设备全寿命周期采购应用工作小组和设备全寿命周期采购供应商联络跟踪专班，在开标前与投标人进行一对一充分沟通，帮助投标人充分理解招标文件中有关设备全寿命周期采购的说明及要求。同时，对技术评审详评细则、招标文件进行修订。将设备全寿命周期采购评分标准纳入某二次设备采购的技术评审详评细则，具体见表 8－9。在标准招标文件基础上，新增设备全寿命周期采购相关说明要求，并构建试点设备标准化招标文件库。

表 8－9　　技术评标细则

LCC 得分（0－15）	根据供应商 LCC 成本数据，对供应商在投入成本、运行成本、检修成本、故障成本、报废成本等方面进行全周期成本量化评审，分为六个等级，分档为：第一档 15 分，第二档 12 分，第三档 9 分，第四档 6 分，第五档 3 分，第六档 0 分。数据无效的供应商按第六档执行。（0～15 分）

2）在招标阶段，选定试点应用对象根据采购计划申报情况，选定 2022 年新增第四次物资集中规模招标采购项目，对该采购批次中“分标 2－蓄电池组”包 1 采用设备全寿命周期采购模式。

3）在评标阶段，在评标启动会上，针对技术专家开展设备全寿命周期采购目的、理念、规则、流程的宣贯及培训工作。在评标阶段，工作小组第一时间进驻评标现场，对蓄电池组标段进入详评的 9 家投标供应商的预估成本计算因素填报表进行分析，应用设备全寿命周期成本打分模型对 9 家投标供应商预估成本打分。

4）在合同签订阶段，与中标人签订《关于 LCC 数据表在供应商运行绩效评价应用的补充协议》，并根据中标人历年额外检修成本与年均预估检修成本，历年故障成本与年均预估故障成本的大小关系，对供应商运行绩效评价得分进行加减评分及评级。

5）在履约阶段，对蓄电池组设备全寿命周期采购试点应用结果进行深入分析，比对实际生产情况，持续优化设备全寿命周期成本打分模型及采购策略，以年为单位建立中标厂家的跟踪评价机制，提升中标供应商管理实效。

3. 实践成效

（1）内部挖潜，降本增效。通过开展资产设备全寿命周期成本管理，从仅注重设备采购成本到注重全寿命周期成本，增加单体设备结构化质量和成本信息，解决了中长期、短期的成本与效益平衡问题，实现电力企业评标立足点由短期成本向长期成本的转变。

（2）采购引领，驱动创新。通过优化采购策略，用需求侧采购标准倒逼供给侧产品升级，驱动牵引市场主体加强创新，引导供应商高度重视并加强产品制造质量保证体系建设，切实发挥采购引领作用。

（3）节能降碳，绿色发展。以全寿命周期管理为基础，以绿色低碳为导向，推动节能低碳制造、节能设备应用、环保建设运行和绿色回收处置，推动电力装备体系绿色升级。

（二）发挥全寿命周期质量数据价值的电网物资采购技术先进性评审

1. 案例背景

国家电网公司将高质量采购设备作为物资管理工作的价值目标追求，通过融合传统技术评审内容与设备技术新趋势、供应链发展要求等，建立一套电网物资采购技术先进性评审理论体系，提出了电网物资的技术先进性“五维”框架以及各维度的具体特征表现，并围绕电网物资的“五维”框架（见图 8－2）、11 项特征表现，构建技术先进性水平评价指标体系与评价模型，梳理指标测算逻辑，总结形成电网物资技术先进性水平评价的实施路径与方法（见图 8－3），支撑电网物资的技术先进性“五维”特征落实于电网物资采购评审实践，推动采购设备“好中选优”。

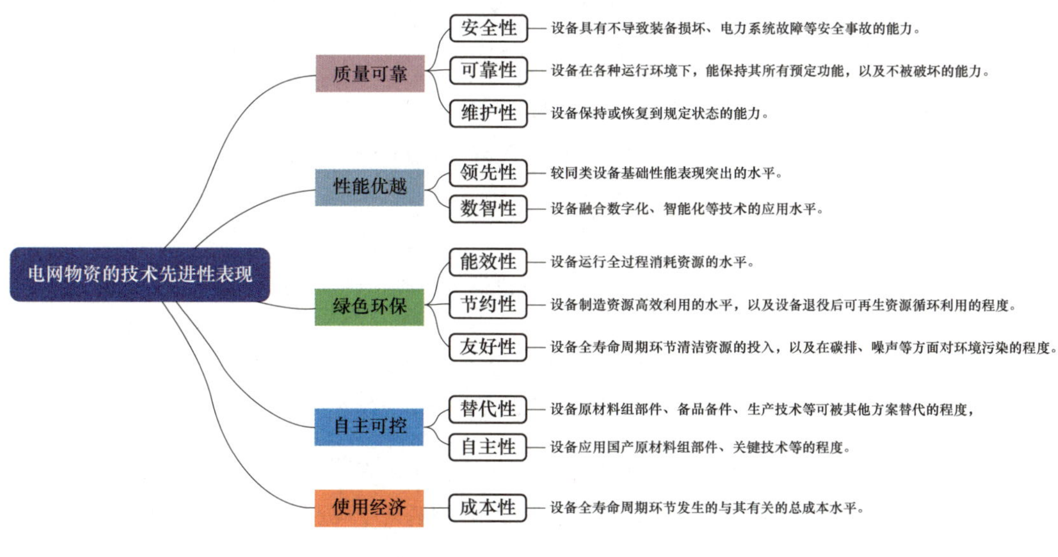

图 8－2 电网物资技术先进性的“五维”框架

2. 特色做法

（1）采集与处理物资全寿命周期质量数据。借助 ERP 系统、ECP 平台、EIP 平台、ESC 智慧运营平台、PMS 系统等信息系统，以“标段名称＋物料编码”，全面采集物资可研初设、招标采购、生产制造、出厂验收、运输、到货验收、质量抽检、安装调试、运维检修、报废回收等全寿命周期各环节的设备质量数据信息，开展数据的简单预处理，形成以单条物资为基础单元的行条目，建立技术先进性评审策略制定的基础数据库。

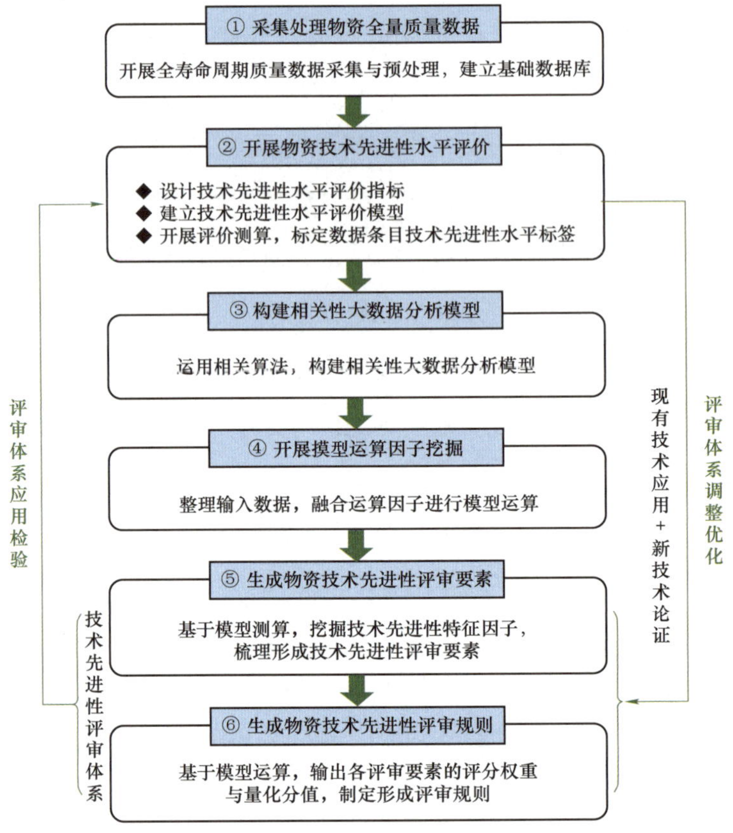

图 8-3　电网物资技术先进评审策略制定路径图

（2）基于指标模型设计开展技术先进性水平评价。

1）建立物资技术先进性水平评价体系。基于电网物资技术先进性理论框架，围绕质量可靠、性能优越、绿色环保、自主可控、使用经济等技术先进性的 5 大特征 11 项表现，基于国家电网公司全寿命周期质量结果统计型数据情况，本着“数据库优先应用、适当拓展增加”的原则，设计技术先进性水平评价指标，明确指标取数来源、计算逻辑。建立评价分析模型，制定单一指标归一处理区间，划分相应的评价结果等级，设置各指标的评价权重。

2）开展物资技术先进性水平评价与结果标定。依据评价指标与模型，输入物资全寿命周期的质量结果数据，进行单个物资的技术先进性水平评价测算；根据评价结果等级，对单条物资质量数据条目的技术先进性 11 项表现维度水平进行标定。

（3）构建相关性大数据分析模型算法。应用数据挖掘、根因分析、关联分析等模型算法，考虑物资质量全寿命周期数据情况，构建相关性大数据分析模型，支撑实现挖掘技术先进性特征因子，输出评审要素与评审规则。其中，相关性分析模型

与技术先进性水平评价模型的逻辑关系如图 8–4 所示，即相关性分析模型是针对技术先进性 5 大特征 11 项表现（见图 8–2），经过大数据关联分析，挖掘出对应的关联因素，也就是技术先进性的特征因子。

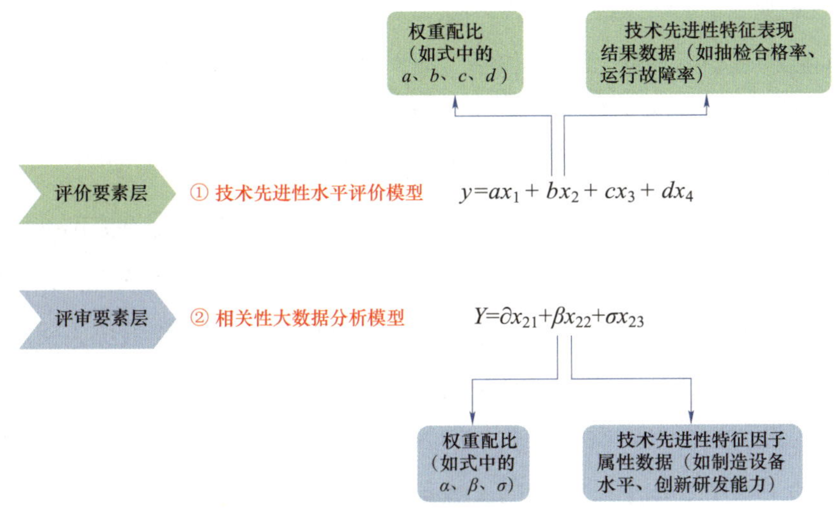

图 8–4　模型逻辑关系示意图

（4）基于模型运算挖掘生产工艺水平因子。整理输入物资全寿命周期质量的全量数据和技术先进性水平评价结果数据，进行相关性分析模型运算。具体以技术先进性五维中的单一维度，根据相关系数有序挖掘出高度影响技术先进性的特征因子，如供应商生产制造工艺、装备配置、产能、资质条件等工艺水平因子。

（5）生成物资技术先进性评审要素。根据模型分析的关联影响程度，对各维度下的交叉特征因子，按关联系数就高进行合并归类，确保要素与技术先进性特征表现高度关联，且相互独立不重复，形成完整的物资技术先进性评审要素。

（6）生成物资技术先进性评审规则。基于模型运算，找出不同技术先进性水平下特征因子的具体量化表现，输出各评审要素的评分权重与量化分值，制定形成评审规则。如针对工装设备，能够根据设备参数、数量的不同进行更加客观量化的评分。

（7）开展技术先进性评审体系应用评估。采购评审实践中应用上述建立的技术先进性评审体系，中标供应商提供的设备投入运行后，采集设备新产生的质量数据，运用技术先进性水平评价指标与模型，对新购设备开展技术先进性水平评价，将技术先进性水平评分结果与采购评审环节的各项得分情况进行对比分析，以此检验技术先进性评审体系的应用成效。

（8）开展技术先进性评审体系动态调整。基于技术先进性水平评价结果反映的问题，结合国家政策导向、行业技术发展趋势以及公司物资管理相关要求、供应商不良行为等质量事件等，动态修正技术先进性特征表现，开展新一轮的模型测算，优化调整技术先进性评审要素与策略。

3. 实践成效

（1）创新构建技术先进性评价体系。基于全寿命周期质量数据，构建电网物资技术先进性水平评价指标体系与评价模型，挖掘和丰富物资全寿命周期质量评价要素，为开展技术先进性采购评审提供了理论依据和量化工具。

（2）完善采购评审策略体系。基于“评工艺”的视角，融合了供应链的时代特征、国家电网公司的战略目标，构建了技术先进性评审体系和采购策略滚动优化机制，有效解决了传统技术评审“表象评审不精确、评审规则量化不足”等现实问题。

（3）推动采购设备质量“好中选优”。延伸采购引领的链条作用，推进设备全寿命周期质量要素与招标采购联动，进一步落实采购源头“好中选优”目标，引导供应商对标先进的生产制造水平，推动电工装备行业的高质量发展。

四、国家电网公司全寿命周期采购发展目标

（一）全寿命周期采购更加价值化

深化供应商制造体系评估，深入挖掘设备全寿命周期质量数据价值，强化质量追溯，联合产学研用多方对影响电网安全运行的设备故障问题、质量缺陷隐患等诊断治理，推动质量监督向产品制造质量保证体系评估延伸，帮助供应商快速找准薄弱点，助力供应商提升产品质量。

（二）全寿命周期采购更加生态化

深化设备全寿命周期质量评价和供应商资质绩效评价，通过与招标采购联动，依据质量、服务、进度等方面进一步量化绩效评价细则，强化供应链上下游企业“质量第一”意识，建设链上企业协同共赢的供应链生态，服务电力系统高质量发展。

（三）全寿命周期采购更加标准化

发挥实物 ID 流程贯通和数据共享纽带作用，加大设备全寿命周期质量监督管控力度，应用实物 ID“一码贯八码”（项目编码、WBS 编码、物料编码、设备编码、资产编码、调度码和废旧物资编码），基于数据中台贯通汇聚供应链各阶段的质量信息，构建设备全寿命周期质量信息库，靶向开展设备质量问题专项治理，提升质量监督管理水平。

（四）全寿命周期采购更加集成化

构建链上企业全息数据库和多维量化评价体系，对接全国企业交易寻源询价和供应商信用认证评价系统，归集供应商产品质量价格、创新效能、绿色低碳等数据，融合供应商资质能力现场核实、采购资格审查等信息，常态化开展供应商质量保证和履约服务能力评价。

（五）全寿命周期采购更加优质化

将质量强网战略和价值创造理念融入招标采购，突出技术水平、产品质量、采购成本和运行绩效等要素评审，深化产品价格分析，推进全寿命周期成本采购，强化采购设备性价比选用，优选优质优价产品，实现采购设备“好中选优”，助力公司和电网高质量发展。

第三节　采购协同技术发展

中央全面深化改革委员会第二十三次会议提出：“构建新发展格局，迫切需要加快建设高效规范、公平竞争、充分开放的全国统一大市场，建立全国统一的市场制度规则，促进商品要素资源在更大范围内畅通流动。”这一重要论断，揭示了全国统一大市场的核心内涵，即“高效规范、公平竞争、充分开放”，明确阐明了建设全国统一大市场的根本要求。“高效规范”就是要在更大范围有效配置资源，最大限度提高资源配置效率；“公平竞争”就是要营造公平竞争的一流营商环境，消除妨碍公平竞争的各种要素；“充分开放”就是要增强国内国际两个市场联动，进而形成国内国际双循环相互促进的“联动效应”。党和国家高度重视能源电力发展，先后作出碳达峰碳中和、构建新型电力系统、规划建设新型能源体系等重大部署，能源安全关系我国经济社会发展全局，是最重要的安全之一。党和国家把能源保障和安全摆在了“国之大者”的战略高度，也为能源电力科技技术发展提供了根本遵循。

一、采购技术发展概述

国家电网公司作为电力领域唯一同时承担原创技术策源地和现代产业链链长建设的中央企业，有责任、有能力、有条件在发挥“三个作用”上当排头、作表率，切实发挥好行业级需求引领型供应链“链主”企业带动作用，以市场需求引导科技技术发展布局，通过采购精准施策激发技术发展活力，实现关键核心技术自主可控，持续提升产业链供应链韧性和安全水平，加快构建新型电力系统，努力抢占新一轮能源技术革命制高点，在保障能源安全、实现“双碳”目标上彰显新担当。

二、国家电网公司采购技术发展创新实践

国家电网公司稳步落实国家“加快建设高效规范、公平竞争、充分开放的全国统一大市场”工作要求，以市场需求引导技术发展资源有效配置，用市场手段推动构建链上企业分布式、网络化的协同技术发展服务模式，激发市场技术发展活力、形成技术发展合力、增强技术发展动能，助力“专精特新”企业持续创新，在关键技术方面实现突破，推进技术发展成果规模化应用和迭代升级。发挥产业集群和融通带动作用，驱动“产学研用”开展联合，加快核心技术产品的薄弱技术攻关，形成技术储备，强化供应链自主可控力，促进产业链与供应链上下游效能提升。

（一）采购技术发展管理助力全国统一大市场建设

国家电网公司充分发挥公司电子化交易的平台优势，最大限度放开市场，筑牢统一的采购管理体系，坚持从源端强化需求集约管控，强化采购全过程标准化作业，将国家战略、公司要求和发展导向融入采购策略，建立完备的采购策略库，灵活应用市场化机制促进市场竞争，助力产业链供应链高质量发展。

在全网范围内统一采购标的对投标人的资质业绩条件设置，打破地方保护、区域壁垒和技术壁垒，维护统一、完整、和谐的产业链供应链生态，建设国家电网公司内部统一市场，实施大规模采购提升采购效率效益，持续培育潜在供应商群体、促进形成良性健康市场竞争环境，推动建设高效规范、公平竞争、充分开放的全国统一大市场，服务构建新发展格局。

（二）建立完善市场激励机制促进全链创新

国家电网公司充分发挥创新领军企业优势，依托大数据、云计算等现代数字技术，用市场手段推动构建链上企业分布式、网络化的协同创新服务模式，创新资源柔性组合，创新基础设施共建共享，逐步形成一套成熟的市场激励机制并落实到采购活动中。

根据不同生产服务企业创新活动的规律和特点，研究分类建立健全链上企业创新能力市场评价体系。探索制定参与企业贡献度评价策略，将评价结果纳入采购评审要素，激发链上企业创新创造活力。在采购策略中，加强关注“专精特新”企业，加大力度遴选创新能力强、绿色环保、业绩好的优秀企业，建立并完善需求牵引供给、供

给创造需求的更高水平的市场激励机制。

（三）坚持采购应用驱动、需求牵引解决技术发展难题

国家电网公司坚持以采购需求导向为切入点，加强在招标采购领域技术发展探索，不断增强国有经济竞争力、创新力、控制力、影响力、抗风险能力，确保国有企业“六个力量”的定位和价值充分体现，更好扛起中央企业的政治责任、经济责任、社会责任。执行两级集中采购模式，按照物资分类、实施范围，提出建议采购方式、采购组织形式。采购目录清单实行全流程线上管控，嵌入综合计划、合同签订、资金支付等关键节点，确保所有项目“应采必采”。依据不同采购品类，在评审权重、商务、技术、价格评审方面，建立不同采购策略。所有招标采购活动在电子商务平台开展，实现招标文件自助编制与在线发布、投标文件结构化提交、开标过程线上见证、初评阶段自动否决、详评阶段辅助赋分、预制规则自动授标，全程电子化、无纸化操作，最大限度减少人为干预。实施精益智能评审，汇集投标人技术参数、试验报告、运行绩效和资质业绩等客观量化信息，建立数据配置、抓取、比对规则，系统自动比对招标、投标关键技术参数，应用客观量化数据自动打分（专家审核），一键完成在线自动授标，提高专家评审质效，确保线上评审规范性、公正性。

国家电网公司发挥采购交易对产业链供应链发展、自主可控能力提升的生态主导力作用，开展采购需求分析和预测，梳理新型电力系统建设卡脖子技术发展清单，加强跨工程、跨企业、跨行业需求整合，形成规模化采购市场，“以用促研”吸引专精特新企业加大科技创新投入，推动单一企业集中采购向行业集中采购、中小企业同类需求集中采购转变。统筹国内国际产业链供应链布局，围绕电网物力资源供应链关键原材料、技术和产品，重点突破一批卡脖子关键装备与技术，助力加快提升安全可靠产品替代水平。

国家电网公司灵活应用市场化机制，以市场需求引导技术发展资源有效配置，发挥规模采购需求牵引驱动作用，激发市场技术发展活力、形成技术发展合力、增强技术发展动能，技术发展突破，推进技术发展成果规模化应用和迭代升级，引导产业链供应链高质量发展。建立科技创新的市场化激励机制，开展技术发展类采购需求预测，结合需求市场大小，制定统一提级、搭配组合等采购策略，加强跨工程、跨单位的需求整合，形成规模化市场，开展专项采购，吸引头部企业积极技术升级。建立企业新装备新技术研发等评价模型，制定新型电力系统创新贡献度“三维三级”评价体系（重点方向、核心成果、参与程度三个维度，每个维度划分三个参与度等级）。通过评价

结果与采购联动，加大优秀企业的产品采购，形成成熟的市场化激励机制，激发“专精特新”企业积极参与新型电力系统构建。

三、国家电网公司采购助力技术发展应用案例

1. 案例背景

国家电网公司实积极探索企业科技创新贡献度评价和采购应用机制，建立了新型电力系统科研攻关参与企业贡献度三维三级评价体系，锚定新型电力系统科研攻关重点方向及关键技术，聚焦参与企业成果形式及完成情况，形成具有三维三级特征的体系架构，并开发评价分析软件工具，实现参与企业贡献度的自动快速科学评估和可视化展示，进而将贡献度评价结果纳入采购评审环节，提升企业参与新型电力系统科研攻关和加大技术发展投入的积极性，指导供应链上下游高质量发展。

2. 特色做法

国家电网公司构建新型电力系统科研攻关参与企业贡献度三维三级评价体系。以重点方向、核心成果、参与程度三个维度为框架。重点方向维度，以重点行动举措、关键技术问题、常规建设内容三个层级判断为导向。核心成果维度，以重大科研攻关成果、先进科研攻关成果、常规科研攻关成果三个层级判断为导向。参与程度维度，以科研攻关项目中为牵头单位、科研攻关项目中为主要完成单位、科研攻关项目中为主要参与单位三个层级判断为导向。

企业参与新型电力系统科研攻关的综合贡献度（C）为

$$C=\sum_{n=1}^{N}\min\{A_n\times\alpha_n\times\beta_n, A_{n,\max}\}$$

其中，N 表示企业参与新型电力系统科研攻关取得的核心成果总数；A_n 表示第 n 个核心成果的贡献度评分值（由核心成果维度评分标准得到）；$A_{n,\max}$ 是第 n 个核心成果的贡献度评分值的上限；α_n 表示第 n 个核心成果在重点方向维度的折算系数（由重点方向维度评分标准得到）；β_n 表示第 n 个核心成果在参与程度维度的折算系数（由参与程度维度评分标准得到）。

开发新型电力系统科研攻关参与企业贡献度评价分析软件工具，基于该体系开发参与企业贡献度评价结果自动测算模型，根据企业提供的成果数据，系统自动测算出评价结果，实现参与企业贡献度的自动、快速、科学评估，并实现评估结果的可视化展示。

该模型计算有赖于参评企业参与新型电力系统科研攻关取得的核心成果信息的关键业务字段，主要包括：成果类型、成果名称、成果等级、成果内容简介（用于匹配成果的重点方向维度）、成果完成单位排名（用于匹配成果的参与程度维度）。上述关键业务字段来源于参评企业上报的《企业参与新型电力系统科研攻关成果统计表（加盖企业公章）》及相关成果证明材料（科技获奖证书、论文检索报告、专利授权证书等）。

将贡献度评价结果纳入采购评审要素，即将“企业参与新型电力系统科研攻关贡献评价结果”纳入技术评审，作为独立评审项进行评审。评审细则见表 8－10。

表 8－10　　科研攻关贡献评价详细评审细则

科研攻关贡献评价（5 分）	对满足招标公告要求的科技成果进行评审，按照成果贡献度数值从高到低对供应商进行排序并评价 优：成果贡献度评价结果分值在 80 分及以上，科研攻关贡献评分为 5 分 良：成果贡献度评价结果分值在 41～79 分的，科研攻关贡献评分为 3～4 分 一般：成果贡献度评价结果分值在 40 分及以下的，科研攻关贡献评分为 0～2 分

3. 实践成效

（1）提高企业参与新型电力系统科研攻关的积极性。为参与新型电力系统科研攻关的企业提供了明晰的贡献度评判标准，能够为参与企业合理设置工作计划及目标成果提供相应依据，进而提高企业参与科研攻关的积极性，为提升科技攻关成果质量提供保障。

（2）提升精益化管理水平和技术发展效益。通过贡献度评价，能够精准研判参与企业在新型电力系统科研攻关中的贡献，为制定相关的激励措施提供参考依据，进而推动攻关技术发展成果与生产实践的有效融合，提升电力行业的精益化管理水平和技术发展效益。

（3）助力新型电力系统建设和“双碳”目标实现。为相关企业开展新型电力系统长期科研攻关合作提供了客观、可行的制度环境，从而最大限度保障多方智慧的凝聚与协同，为促进新型电力系统高效建设及“双碳”目标实现提供支撑。

四、国家电网公司采购技术发展未来优化举措

（一）盯好制度体系的指挥棒

提炼吸收国内外供应链先进管理体系、流程、方法与技术，融入“双碳”和新型电力系统等专业知识，建立知识共享共用的文化体系，搭建知识共享平台，持续丰富

供应链知识图谱。结合公司新型规章制度体系建设，精简归并制度，滚动开展修编，提升制度科学性、有效性和可操作性。深化推进制度流程化、流程信息化，将制度固化嵌入供应链平台刚性执行，加强制度宣贯、培训和执行情况检查，确保制度一贯到底、落实到位。

（二）装好合规评估的稳定器

深入推进供应商合规性评估机制建设，固化嵌入供应链平台刚性执行，严格审核供应商的环境管理系统、社会责任政策以及可持续性报告等，确保供应链的绿色和可持续性。推动供应链知识要素向实际作业嵌入，促进供应链发挥实用实效，提升绿色采购执行和控制的运营管理水平。

（三）跑好技术发展的高速路

以技术发展驱动绿色采购，加强与国内外领先企业、科研机构交流合作，着力推动供应链绿色低碳关键技术创新。加快碳排放核算、绿色低碳评价等绿色低碳关键技术攻关，提升绿色低碳科技技术牵引能力，推动技术成果落地应用和推广，打造一批具有国内外影响力的新标准、新技术、新产品、新服务、新方案。

（四）注好人才培养的蓄水池

通过科学评估绿色采购管理对专业人才的多元化需求，建立人才选聘、培养、使用和储备机制，探索绿色采购管理关键人才的激励办法，吸引和聚集具有行业领先和具有国际化视野的绿色低碳优秀人才。完善供应链人才培训体系，强化复合型和实践型人才培养，为建设世界一流绿色供应链提供人才保障。

（五）用好协同共享的大平台

践行绿色行动，推动需求侧与供给侧协同发力，加快绿色低碳产品替代和服务供给。结合政府、社会、行业等方面有关工作进展和先进经验，联合上下游和产学研，建立多方协同合作机制，搭建数智共享的公共服务平台，凝聚共识、形成合力。

通过以上优化举措的实施，全面贯彻创新、协调、绿色、开放、共享的新发展理念，以绿色采购和创新采购为切入点，建设协同化、智慧化、精益化、绿色化、国际化的现代供应链，提升供应链发展支撑力、行业带动力、风险防控力、价值创造力和效率、效益、效能，构建绿色现代数智供应链管理体系，为推动国家电网公司高质量发展和建设世界一流企业提供有力支撑，助力建设具有中国特色国际领先的能源互联网企业。

参 考 文 献

［1］ 于丹. 采购的发展历程和趋势［J］. 科技视界，2014（14）：208+251.

［2］ 朱琪，林东龙. 国内外大型企业集团化采购管理特点探究［J］. 管理观察，2019（36）：7-9.

［3］ 周蓉，于春燕. 采购管理实务［M］. 杭州：浙江大学出版社，2016.

［4］ 国家电网有限公司. 现代智慧供应链创新与实践［M］. 北京：中国电力出版社，2020.

［5］ 文丹枫，周鹏辉. 智慧供应链：智能化时代的供应链管理与变革［M］. 北京：电子工业出版社，2019.

［6］ 丁俊发. 供应链理论前沿［M］. 北京：中国铁道出版社，2018.

［7］ 陈怀宇，张子源，杜赫. 面向“双循环”构建绿色经济“内循环”的路径选择——基于县域制造业企业 GSCM 中碳减排实践的实证分析［J］. 生态经济，2021，37（07）：57-64.

［8］ 刘伟. 我国商业绿色采购体系构建［J］. 商业文化，2020（24）：41-44.

［9］ 毛涛. 中国绿色供应链管理实践评价及“十四五”工作建议［J］. 供应链管理，2020，1（10）：29-36.

［10］ 毛涛. 中国绿色供应链发展报告（2019）［R］. 北京：中国绿色供应链联盟，2020.

［11］ 李焕，牟桂芹，陈俊，等. 绿色企业行动计划助力中国石化高质量发展［J］. 石油石化绿色低碳，2019，4（06）：11-15+39.

［12］ 段喆. 太原市政府绿色采购问题及对策研究［D］. 晋中：山西农业大学，2019.

［13］ 陈蕾. 低碳经济时代绿色供应链管理研究探究［J］. 中外企业家，2019（30）：2.

［14］ 王皓杰. 低碳绿色供应链绩效评价研究［J］. 合作经济与科技，2019（19）：126-127.

［15］ 柳键，周辉. 绿色差异化产品的定价与绿色度决策研究［J］. 贵州财经大学学报，2018（2）：98-110.

［16］ 吕汉阳. 探讨完善国家绿色政府采购制度［J］. 中国招标，2018（12）：21-23.

［17］ 李亚亚，王茜，吕汉阳. 新时代完善我国绿色政府采购制度的政策建议［J］. 中国政府采购，2018（03）：33-35.

［18］ 贾蒙蒙. 我国政府绿色公共采购的环境效益评估研究［D］. 北京：北京建筑大学，2017.

［19］ 展刘洋，鞠美庭，刘金鹏，等. 基于生命周期方法的政府绿色采购环境效益评估方法研究——以

天津市 2010 年政府采购为例［J］. 生态经济，2015，31（07）：56－59.

［20］ 孙楚绿，慕静. 产品环境足迹的供应链绿色采购政策分析——欧盟的实践与启示［J］. 天津大学学报（社会科学版），2017，19（01）：7－11.

［21］ 赵勇. 美国联邦政府绿色采购制度对我国的启示［J］. 中国政府采购，2016（02）：54－56.

［22］ 鲁岩. 欧盟及德国、西班牙绿色公共采购对我国的借鉴［J］. 招标采购管理，2014（08）：14－17.

［23］ 顾玮，廖良美. 加入 GPA 政府绿色采购的生态效应与保障措施［J］. 特区经济，2015（04）：85－88.

［24］ 任妙丹. 山西省循环经济发展财政支持政策研究［J］. 经营与管理，2017（07）：92－94.

［25］ 张晓瑞，尹彦，冯永琴，等. 欧盟绿色采购技术标准体系研究［J］. 标准科学，2015（12）：124－128.

［26］ 傅京燕，章扬帆，乔峰. 以政府绿色采购引领绿色供应链的发展［J］. 环境保护，2017，45（06）：42－46.

［27］ 梁艳艳. H 公司绿色供应链构建及绿色度评价研究［D］. 哈尔滨：哈尔滨理工大学，2017.

［28］ 国务院国资委. 关于中央企业在建设世界一流企业中加强供应链管理的指导意见［R］. 国务院国有资产监督管理委员会文件，2023.

［29］ 朱国弟. 打造阳光采购环境　推动采购数智化转型　建设“世界一流”现代智慧供应链［J］. 招标采购管理，2022（08）：20.

［30］ 包雨霏，蒋增平，黄达春. 供应链管理视野下招标采购全面风险管理的探索［J］. 现代工业经济和信息化，2023，13（05）：251－254.

［31］ 吕晓斌. 从全寿命周期成本理念探讨落实政府采购需求管理办法［J］. 中国政府采购，2023（03）：46－54.

［32］ 姜宏锋，张喆，程序. 数智化采购：采购数字化转型的方法论与实践［M］. 北京：机械工业出版社，2021.

［33］ 2023 数字化采购发展报告（拥抱数字供应链）［R］. 北京：中国物流与采购联合会公共采购分会，2023：5－8.

［34］ 程建宁，王颖花，薛烨. 供应链数智化创新推动采购活动合规高效［J］. 招标采购管理，2023（3）：53－56.

[35] 沈建新，周儒荣. 产品全寿命周期管理系统框架及关键技术研究［J］. 南京航空航天大学学报，2003（05）：565－571.

[36] 陈晓川，方明伦.制造业中产品全寿命周期成本的研究概况综述［J］. 机械工程学报，2002，（11）：17－25.

[37] 孙振魁.全寿命周期视角下的物资采购管理［J］. 中国商论，2017，（21）：183－185.

[38] 中共中央国务院关于加快建设全国统一大市场的意见［J］. 创造，2022，30（06）：1－6.

[39] 张献方. 以新型电力系统推动建设新型能源体系［N］. 国家电网报，2023－09－27（001）.

[40] 张茹莹. 我国企业核心技术创新能力评价研究［D］. 济南：齐鲁工业大学，2023.

[41] 孙晓晨，李英杰. 创新采购助力科技创新产品发展——以《政府采购法（修订草案征求意见稿）》为切入点［J］. 中国招标，2022（11）：51－54.

[42] 生态环境部宣传教育中心. 绿色发展新理念. 绿色供应链［M］. 北京：人民日报出版社，2020.

[43] 供应链管理专业协会 CSCMP. 供应链管理 9 册：运营管理＋精益管理＋采购管理＋库存管理＋需求管理＋物流管理＋仓储管理采购与供应链［M］. 北京：人民邮电出版社，2020.